9 x 10 Symbolpredigten durch das Kirchenjahr

Veröffentlichungen von Willi Hoffsümmer im gleichen Verlag

Für die Gottesdienstgestaltung
Bausteine für Familiengottesdienste. Die Evangelien der Sonn- und Feiertage in Symbolen, Geschichten, Spielen und Bildern – Lesejahr A (^{3}1998); – Lesejahr B (^{3}1997); – Lesejahr C (^{2}1995); Bausteine für Familiengottesdienste. Besondere Anlässe im Kirchenjahr in Symbolen, Geschichten, Spielen und Bildern (1996); Seniorengottesdienste 1: 177 Gottesdienste für ältere Menschen und andere Altersgruppen (^{2}1991); Seniorengottesdienste 2: 166 Gottesdienste für ältere Menschen und andere Altersgruppen (1994); 111 Bausteine für Gottesdienste mit 3–7jährigen und religiöse Feiern im Kindergarten (^{5}1995); Gottes Spur in der Schöpfung. 200 Ideen für Feriengottesdienste und Freizeiten (^{2}1993); 2 x 11 Bußfeiern mit Gegenständen aus dem Alltag (^{4}1995); 3 x 7 Bußfeiern mit Gegenständen aus dem Alltag (^{2}1996); Umkehr. 25 Bußfeiern mit Gegenständen aus dem Alltag (1996); Anschaulich verkündigen. 30 Ideen zur kreativen Gottesdienstgestaltung (1998); 15 Aufnahmefeiern für Ministrantinnen und Ministranten. Mit Zeichen und Symbolen (1998)

Zeichen- und Symbolpredigten
Anschauliche Predigten für Kinder-, Jugend- und Familiengottesdienste (^{5}1993); 144 Zeichenpredigten durch das Kirchenjahr. Mit Gegenständen aus dem Alltag (^{7}1998); 99 Kinderpredigten. Mit Gegenständen aus dem Alltag (^{4}1996); 133 Kinderpredigten. Mit Gegenständen aus dem Alltag (^{9}1996); 122 Symbolpredigten durch das Kirchenjahr. Für Kinder, Jugendliche und Erwachsene (^{3}1994); 88 Symbolpredigten durch das Kirchenjahr. Für Erwachsene, Jugendliche und Kinder (^{2}1995)

Geschichtensammlungen für die Gemeindepraxis
Kurzgeschichten 1: 255 Kurzgeschichten für Gottesdienst, Schule und Gruppe (^{17}1998); Kurzgeschichten 2: 222 Kurzgeschichten ... (^{11}1998); Kurzgeschichten 3: 244 Kurzgeschichten ... (^{8}1997); Kurzgeschichten 4: 233 Kurzgeschichten ... (^{7}1999); Kurzgeschichten 5: 211 Kurzgeschichten ... (^{4}1998); Geschichten als Predigten (^{3}1998); In Geschichten das Leben spiegeln. Band 1. 140 Geschichten für Gottesdienst, Schule und Gruppe (1997)

Geschichtensammlungen als Bildband – das besondere Geschenk
Geschichten wie kostbare Perlen (^{7}1998); Geschichten wie Spiegel des Herzens (^{4}1995); Geschichten wie Wegweiser (^{3}1997); Geschichten wie offene Türen (^{3}1998); Geschichten wie Brücken zum Leben (^{4}1998); Geschichten wie Brunnen in der Wüste (1995); Geschichten wie Schlüssel zum Glück (1998)

Bücher zu den Sakramenten – mit Geschichten
Geschichten zur Taufe. Topos Taschenbuch 210 (^{3}1997); Bußgeschichten. Topos Taschenbuch 99 (^{6}1993); Kommuniongeschichten. Brot fürs Leben. Topos Taschenbuch 79 (^{18}1998); Firmgeschichten. Hinführung zur Firmung für Jugendliche und Gruppenleiter. Topos Taschenbuch 126 (^{9}1998); Geschichten zum Sakrament der Ehe. Topos Taschenbuch 166 (^{5}1998); Geschichten für Kranke. Topos Taschenbuch 188 (^{3}1994); Brot in unserer Hand. Mein Erstkommunionbuch (^{2}1998)

Für Gruppen und Schule
33 Gruppenstunden für Ministranten, geeignet auch für Schule, Kinder- und Jugendarbeit (^{6}1998); 27 Modelle für Gruppenstunden und Religionsunterricht (^{2}1997); Religiöse Spiele für Gottesdienst und Gruppen. Band 1 (^{6}1994); Religiöse Spiele für Gottesdienst und Gruppen. Band 2 (^{4}1993); 77 religiöse Spielszenen für Gottesdienst, Schule und Gruppe (^{3}1994); 9 x 9 Spielszenen für Gottesdienst, Schule und Gruppe (^{2}1998)

Glaubensvermittlung
Von der Schöpfung, Gott und Jesus erzählen. 100 Ideen für 3–7jährige (^{3}1998); Glaube trägt. Kleiner Katechismus für junge und erwachsene Christen (^{9}1998)

Gesamtauflage: über 950.000

Willi Hoffsümmer

9 x 10 Symbolpredigten durch das Kirchenjahr

Für Erwachsene, Jugendliche und Kinder

Matthias-Grünewald-Verlag · Mainz

All denen im Weinberg des Herrn,
die nicht müde werden,
der Stimme Gottes Raum zu verleihen

 Der Matthias-Grünewald-Verlag ist Mitglied
der Verlagsgruppe engagement

Die Deutsche Bibliothek – CIP-Einheitsaufnahme
Hoffsümmer, Willi:
9 x 10 Symbolpredigten durch das Kirchenjahr : für Erwachsene,
Jugendliche und Kinder / Willi Hoffsümmer. – Mainz : Matthias-
Grünewald-Verl., 1999
 ISBN 3-7867-2153-X

© 1999 Matthias-Grünewald-Verlag, Mainz
Das Werk einschließlich aller seiner Teile ist urheberrechtlich geschützt. Jede Verwertung
außerhalb der engen Grenzen des Urheberrechtsgesetzes ist ohne Zustimmung des Verlags
unzulässig und strafbar. Das gilt insbesondere für Vervielfältigungen, Übersetzungen,
Mikroverfilmungen und die Einspeicherung und Verarbeitung in elektronischen Systemen.

Umschlag: Harald Schneider-Reckels & Iris Momtahen, Wiesbaden
Foto: Peter Friebe, Germering
Druck und Bindung: Wagner, Nördlingen

ISBN 3-7867-2153-X

Inhalt

Hinführung 9

Hinweise 10

Kurztitel und Abkürzungen 11

Festzeiten im Jahreskreis

Advent 13
1. Bereitet dem Herrn den Weg / 2. Ein Stern will aufgehen / 3. Hochsteigen – um Überblick zu gewinnen / 4. Den Sündenmüll entsorgen

Weihnachten / Familiensonntag / Jahreswende / Darstellung des Herrn 19
5. Die Macht von Weihnachten / 6. Das Bild ist wichtiger als der Rahmen / 7. Dreh- und Angelpunkt des Lebens / 8. Vom Korb mit den wunderbaren Geschenken / 9. Umgraben und hoffen / 10. Beim Nüsseknacken helfen / 11. Im Netz – gefangen oder geborgen? / 12. Die Geschenke der modernen Könige / 13. Die Erdteile an der Krippe

Fastnacht / Karneval / Fasching 35
14. Botschaft des Clowns / 15. Von der Narrenliebe zur Nächstenliebe 16. Wahrhaftig leben – auch ohne rote Nase

Aschermittwoch / Fastenzeit / Passion 42
17. Den Farbkasten unseres Lebens säubern / 18. Im Gleichnis einer Blumenzwiebel / 19. Zwei Seelen in meiner Brust / 20. Vom Unbewußten / 21. Vom Leid zum Heil / 22. In der Nachfolge Christi / 23. Kreuzweg mit Passionssymbolen / 24. Mit leeren Händen vor dem Kreuz / 25. Das zweiseitige Kreuz

Ostern 58
26. Jonathans Ei / 27. Wenn das Weizenkorn stirbt, bringt es reiche Frucht / 28. Das Lebensseil ist angebunden / 29. Begeisterter Jesus-Fan? / 30. Ein Fest der Tiefenschärfe / 31. Osterwasser / 32. Der neue Bund zwischen Himmel und Erde

Weißer Sonntag / Kommunion / Erstkommunion / Eucharistie / Fronleichnam 69
33. Jesus im Herzen tragen / 34. Unscheinbare Kostbarkeiten / 35. Bleibt mit mir verbunden! / 36. Ausstrahlend wie eine Sonne / 37. Der „zweite" Himmel

Pfingsten / Kirche / Dreifaltigkeit 77
38. Sieben Flammen des Heiligen Geistes / 39. Drei Jünger an Pfingsten / 40. Der Heilige Geist – weiblich? / 41. Als Speiche im Rad am „Karren" Kirche / 42. Jeder ein Missionar oder eine Missionarin / 43. Baustelle Kirche / 44. Das Jerusalemer Kreuz / 45. Zum Abschied von der Kirche / 46. Volkskirche ade, was nun?

Sonntage im Jahreskreis

Pfarrfest / Kirchweihfest / Jubiläum einer Kirche /
Gemeinschaft 93
47. Das Licht des Himmels durchscheinen lassen / 48. Das Kreuz hält unsere Gemeinschaft zusammen / 49. Bleibe bei uns, Herr!

Gott / Glaube / Jesus Christus 98
50. Gehalten / 51. Meine Stimme, deine Stimme – in der Melodie Gottes / 52. Der Glaube – wie ein Herzschrittmacher / 53. Was erblühen läßt / 54. Glaube – wie ein Fallschirm / 55. Im Symbol des Delphins / 56. Jesus – unser Lot

Hauptgebot / Liebe / Christsein / Sakramente 110
57. Mehr Rück-Sicht! / 58. Das Band der Liebe / 59. Im Geiste der Bergpredigt / 60. Auf die Blüte des Kaktus schauen / 61. Obdachlos / 62. Ihr seid ein Brief Christi / 63. Taufe – mehr als ein Tropfen auf den heißen Stein / 64. Der Ring der Treue / 65. Die Ehe – wie ein Tandem / 66. In guten und bösen Tagen in Gottes Nähe

Sinn des Lebens / Frieden 128
67. Auf den Blick kommt es an / 68. Wie beim Atom / 69. Der kostbare Schatz / 70. Von der Vision und der Ausdauer – Ein Frosch als Vorbild / 71. Wider die Gewalt

Verschiedenes 138
72. Vom Geschenk der Freundschaft / 73. Am Sonntag der Seele Flügel schenken / 74. Der Sonntag – verloren? / 75. Mehr scheinen als sein / 76. Das Loslassen üben. Ein Evangelium in der Sprache der Hände

Schöpfung / Umwelt / „Dritte" oder Eine Welt 149
77. Interview mit einem Goldregenpfeifer / 78. Staunen, danken und erhalten / 79. Mehr Gerechtigkeit *vor* dem Tod

Maria / Rosenkranz 155
80. Maria – Mutter und Fürsprecherin / 81. Maria – ein Klangspiel Gottes / 82. Von Rose zu Rose beten

Heilige 160
83. Peter und Paul (29. Juni) / 84. Am Kreuz kommst du nicht vorbei: Hubertus (3. November)

Allerheiligen / Allerseelen / Gericht / November /
Zeit – Ewigkeit 164
85. Der Siegeskranz / 86. Am Grab / 87. Am Ende des Regenbogens / 88. Sich voller Vertrauen am Kreuz festhalten / 89. Auf dem Pilgerweg

Weltmission 172
90. Gehet hin in alle Welt!

Anhang

Register der eingesetzten Symbole und Zeichen 174

Stichwortregister 175

Verzeichnis der Kurzgeschichten, die erwähnt oder benutzt wurden 176

Schriftstellenregister 177

Hinführung

„Ein Wort, ein Bild oder ein Gegenstand ist symbolisch, wenn es mehr enthält, als man auf den ersten Blick sagen kann." (C.G. Jung)
Alles sinnlich Erfaßbare und Erforschbare liegt eingebunden in größere Zusammenhänge, die unseren Sinnen verborgen bleiben. Wer aber das „dritte Auge" einsetzt, wer mit dem Herzen das Wesentliche dahinter zu ergründen sucht, der kann in Stern und Baum, Tier und Mensch Symbolisches entdecken, das von Höherem und Unvergänglichem spricht. Im Symbol füge ich dann gewissermaßen das Sichtbare und das Unsichtbare zusammen, wie es das griechische Ursprungswort „symballein" = „zusammenfügen" meint. Weil unsere Kultur durch zuviel Technik und Überangebot verflacht, ist es höchste Zeit, über sichtbare Zeichen wieder Ausschau zu halten nach der unsichtbaren Lebenskraft; denn ohne Symbole verkümmert der Mensch.
„Wir sehen wie durch einen Spiegel" (1 Kor 13,12). Unser Verstand wird das Symbol, das verhüllt und zugleich offenbart, nie ganz begreifen. Wir können wie Maria die Worte, die Menschliches und Göttliches, Erfahrung und Offenbarung enthalten, im Herzen bewegen (Lk 2,19). Jedes Symbol ist mehrdeutig: Wir können darüber in einen Dialog eintreten. Ein Beispiel:
Der Kölner Dom kann für den einen nur ein Zeichen, ein bedeutendes Bauwerk, sein: Er kennt seine Geschichte, die Maße und was er Köln jährlich durch die Touristik „bringt". Für einen anderen kann er ein Symbol für die Gedankenwelt des Mittelalters sein, das die Gottbezogenheit vergangener Generationen widerspiegelt und deshalb erhalten bleiben muß, was immer es koste. Ein Dritter dagegen erkennt in ihm nur noch ein Symbol klerikaler Macht, ein Überbleibsel toter Vergangenheit, ein Verkehrshindernis, das Unsummen verschlingt, die besser für hungernde Kinder ausgegeben würden.
Unser Glaubensbekenntnis ist auch ein Symbol: der Versuch, das Sagbare und Unsagbare über Jesus Christus verbindend und verbindlich zu bezeugen.
So mögen die Beispiele in diesem Buch helfen, den Blick zu weiten und wieder mehr die Mitte unserer faszinierenden Welt zu erahnen. Hoffentlich komme ich in meinen Versuchen auch der Sprache Jesu näher, von dem es bei Mk 4,33 heißt: „Durch viele solcher Gleichnisse verkündete er ihnen das Wort, so wie sie es aufnehmen konnten." Einschränkend darf ich noch sagen: In manchen Predigten dient das Symbol mehr als Gedankenstütze oder visueller Reiz, der ein Erinnern erleichtert.
Bedanken darf ich mich für die kritische Begleitung bei Gerhard Dane/Kerpen, Hildegard Görke/Düsseldorf (die auch die Schreibarbeit übernahm) sowie bei Ursula Möltner/Langwaden, Inge Ruland/Bergheim, Margarete Vogt/Düsseldorf.

Willi Hoffsümmer

Hinweise

1. *Für jedes Alter.* Wenn nach dem Gottesdienst jemand zu mir kommt und sagt: „Das war aber heute schön für die Kinder", ist das für mich manchmal wie eine Ohrfeige; denn Worte zum Symbol müssen *jedem* Alter etwas sagen, sonst habe ich die Kernaussage des Symbols verfehlt.

2. *Positiv predigen.* Der mitgebrachte Gegenstand muß in seiner Zielaussage eine positive Deutung zulassen. Wenn ich einen Hampelmann mitbringe und mit Hilfe der Schnur seine Arme und Beine bewege, dann kann ich damit eindrucksvoll zeigen, wie Mächte, zum Beispiel Modetrends, auf Menschen Einfluß nehmen. Möchte ich aber aufzeigen, daß wir in der Hand des barmherzigen Gottes keine Hampelmänner sind, sondern einen eigenen Willen geschenkt bekamen, dann wird dieses Symbol gefährlich, selbst wenn ich es im Ambo verschwinden lasse; denn das Negativ-Bild hat sich zu stark eingeprägt und eventuell erinnert sich eine/r der ZuhörerInnen nach Wochen noch daran, daß doch alles „Kismet", „Schicksal" ist. – Ein stacheliger Kaktus dagegen sieht zunächst negativ aus, aber durch die Volksweisheit „Kein Kaktus hat die Stacheln so dicht, daß nicht Platz bliebe für eine Blüte" prägt sich die Vorstellung von Blüten ein, die selbst dann noch bleibt, wenn Kinder keine gemalte Blüten aufstecken (vgl. Nr. 60 in diesem Buch).

3. *Sich selbst einbringen.* Betrachten Sie meine Ausführungen nur als Skelett einer Predigt, um das Sie das Fleisch Ihrer Glaubenserfahrungen legen. Wenn dabei ganz andere Akzente in den Vordergrund rücken, freue ich mich.

4. *„Hilfe!"* dürfen Ihre ZuhörerInnen nicht rufen, weil Sie zu oft mit einem Symbol „unter dem Arm" in die Kirche einziehen. Wechseln Sie bitte unter den vielen anschaulichen Wegen in der Verkündigung ab: zwischen Spiel, Dia, Fotokarte, Overheadprojektor, Kurzgeschichte, Flanelltafel oder Beispielen aus dem Leben ... Es darf nicht der Ruf nach „Entsorgung" von Symbolen aufkommen.

Und nun gutes Gelingen und Gottes Segen zu Ihrem Tun!

Kurztitel und Abkürzungen

Bücher des Autors, die unter folgenden Kurztiteln zitiert werden und ebenfalls im Matthias-Grünewald-Verlag erschienen sind:
„Kurzg. 1" = Kurzgeschichten 1: 255 Kurzgeschichten für Gottesdienst, Schule und Gruppe
„Kurzg. 2" = Kurzgeschichten 2: 222 Kurzgeschichten ...
„Kurzg. 3" = Kurzgeschichten 3: 244 Kurzgeschichten für ...
„Kurzg. 4" = Kurzgeschichten 4: 233 Kurzgeschichten für ...
„Kurzg. 5" = Kurzgeschichten 5: 211 Kurzgeschichten für ...

Nach mehreren Predigten finden Sie einen Hinweis auf „ausformulierte Gottesdienste". Diese können Sie sich von mir zuschicken lassen. Sie umfassen in der Regel sechs DIN-A4-Seiten. Wenn Sie die Portokosten hinzurechnen, ahnen Sie, was Sie an Briefmarken beilegen können.
Meine Anschrift: Willi Hoffsümmer, Glescher Str. 54, D-50126 Bergheim

Zeitschriften, die im Text zitiert werden:
„FaJu" = Familien- und Jugend-Gottesdienste: Zu beziehen beim Verlag Bergmoser + Höller, Karl-Friedrich-Str. 76, D-52072 Aachen.
„Kibö" = Kindermessbörse. Zu beziehen beim Verlag Kindermessbörse, Hoher Turm 5, D-31137 Hildesheim.
„PuK" = Der Prediger und Katechet, Erich Wewel Verlag, Anzinger Str. 15, D-81671 München.

Abkürzungen:
Gl. = Der Gottesdienstleiter oder die Gottesdienstleiterin
Spr. = Die Sprecherin oder der Sprecher

FESTZEITEN IM JAHRESKREIS

Advent

1. Bereitet dem Herrn den Weg

(Eine Babuschka- bzw. Matrjoschka-Puppe, in der, wird sie auseinandergenommen, viele kleiner werdende Puppen stecken; manchmal bis zu zehn)

Evangelium: Lk 3,1–9: Bereitet dem Herrn den Weg.

Viele Familien besitzen solche Puppen. Kinder nehmen sie gerne auseinander und staunen, wie viele kleiner werdende Babuschkas oder Matrjoschkas herauskommen. Beim Zuschauen wurde mir auf einmal klar: eigentlich ein Symbol für den Menschen – was alles in ihm steckt! Fast jede Tageszeitung offenbart da Erschreckendes: Da besucht der leibliche Onkel die elfjährige Tanja im selben Dorf. Ahnungslos öffnet sie ihm die Tür, die sie vor Fremden verschlossen hält. Und der eigene Onkel fällt über sie her, tut ihr Gewalt an und erdrosselt sie. Entsetzlich. Und umgekehrt der berühmte, gefeierte Filmschauspieler, der alles hinter sich läßt und sich nur noch für die Ärmsten der Armen einsetzt.
Ich möchte jetzt diese Puppe auseinandernehmen, und wir denken über uns nach *(beim Sprechen holt Gl. immer wieder ein Püppchen heraus und setzt es gut sichtbar hin):*
– In jedem von uns müßte ein Jugendlicher sitzen mit genug Widerspruchsgeist, um auch gegen den Strom schwimmen zu können ..., oder ein Kind, das noch verspielt und phantasievoll sein kann ...
Da ist der „Bengel" in uns, der Wolf, der Macho, der Sadist und Verführer, der Kain und Teufel ..., aber auch der Engel, das Lamm, der Helfer, das Opfer ...
Da fällt Traurigkeit auf unsere Seele, vielleicht sogar Depression ..., und dort spielen wir den übermütigen Clown, sind himmelhoch jauchzend und nicht unterzukriegen ...
Da wagen wir alles, werden zum Rebell, sprühen wie ein Vulkan ... und sitzen morgen wie ein Mauerblümchen herum, fühlen uns wie Aschenputtel oder träumen in die Stille hinein ...
Was alles in uns steckt! Der Löwe und das Mäuschen, der Säufer und Asket, der Motzer und der Mystiker, der Draufgänger und das „stille Wasser".

Was habe ich denn hier? *(Gl. zeigt das letzte, innerste Püppchen.)* Unter all diesen Schichten die Sehnsucht nach einer inneren Heimat, nach einem Erlöser, nach einem Gespräch wie einem Gebet, nach einem Arm, der mir Halt gibt; nach einer Gemeinschaft Gleichgesinnter, nach ...
„Bereitet dem Herrn den Weg?": Was kann das für mich heißen, wenn *Er* in mir den innersten Platz einnehmen will? Was muß ich freilegen, damit die innere Quelle wieder sprudeln kann, die all meine anderen Kräfte durchpulst, belebt und in Schach hält? Welche Schutzwände muß ich niederlegen, damit die Helligkeit wieder in manche Dunkelheiten strahlt? *(Stille)*
(Gl. fügt still und langsam die Puppe wieder zusammen. Zum Schluß kopfschüttelnd:) Was alles in mir steckt: der Engel und der Teufel, der Clown und der Depressive, das Opfer und der Wolf! Und was besitze *ich* ganz innen drin?
(Vgl. dazu das Gedicht „Babuschka" von H.J. Coenen: Freiheit, die ich meine, Patmos Verlag, Düsseldorf 1995, S. 20)

2. Ein Stern will aufgehen (Vierter Advent / Dreikönige)
(Sieben gebastelte Sterne zum Aufhängen; ein Tannenbaum oder -zweig)

Lesungen: Tit 3,3–8: Die Güte und Menschenfreundlichkeit Gottes ist erschienen; Jes 9,1–6b: Ein Licht strahlt auf; Lk 3,10–18: Was sollen wir denn tun?; Joh 1,1–11: Das Licht leuchtet in der Finsternis.

(Die Sterne, auf deren Rückseite der Text steht, werden nach dem Verlesen von den jeweiligen Sprecherinnen und Sprechern in den Tannenbaum gehängt.)
1. Es gibt in unserer Welt viele Sterne: die Gütesterne an den Hotels, den Mercedesstern oder die Illustrierte „Stern", so viele Osram- und Neonsterne. Sie erinnern uns auch an den Davidsstern. Aber sie alle bleiben kalt und fern. – Wir suchen einen Stern, der nach innen strahlt. *(Stern aufhängen!)*
2. Besonders in der Adventszeit begegnen uns viele Sterne: gebackene mit Zimt zum Beispiel, Weihnachtssterne in Blumentöpfen in ihrer leuchtend roten oder weißen Pracht, Stroh- und Papiersterne – und wenn wir Glück haben, stimmen uns auch Schneeflockensterne auf Weihnachten ein. Aber auch diese Sterne können unsere Sehnsucht nicht stillen: Es muß noch mehr geben als all die Geschenk- und Dekorationssterne. *(Stern aufhängen!)*
3. Wir wissen von aufgehenden Filmstars und -sternchen, die schnell wieder verblassen. Andere befragen im Horoskop die Sterne. Verliebte wollen gar die Sterne vom Himmel holen.
Halt! Die Liebenden zeigen, wozu der Mensch fähig wird, wenn er sich nach Erlösung und Nähe sehnt. *(Stern aufhängen!)*
4. So erlebten die Weisen aus dem Morgenland eine Sternstunde: Sie er-

blickten den neuen Stern am Himmel und folgten ihm trotz der Dunkelheit ihres Zweifels. *(Stern aufhängen!)*
5. Dann fanden die Weisen in Bethlehem den Stern aus Fleisch und Blut; den Stern, der tröstende Worte für uns hat, Auge und Ohr zeigt und vor allem – Herz. Darum fielen sie nieder. Sie spürten: Dieses Kind kann unser Leben hell und froh machen. Dieser König stellt alle Sterne und Stars in den Schatten; dieser Friedensfürst kann uns sogar „heimleuchten"! *(Stern aufhängen!)*
6. In den Schweif des Jesus-Sterns sind viele getreten, die unsere Welt heller gemacht haben. Diese leuchtenden Heiligen laden auch uns ein, Sterne der Hoffnung aufgehen zu lassen. „Es genügt das Fehlen eines Sterns, und eine Karawane in der Wüste verliert die Richtung!", sagt ein bekannter Schriftsteller. *(Stern aufhängen!)*
7. Bald (Heute) ziehen kleine Könige hinter einem Stern von Haus zu Haus, um den Segen des Kindes aus der Krippe in die Welt zu tragen. Sie teilen Zeit und Mühe wie das Sterntalerkind im Märchen, um Armen und Kranken ein Licht aufgehen zu lassen. *(Stern aufhängen!)*

Gl.: In Jesus ist uns die Güte und Menschenfreundlichkeit Gottes erschienen (vgl. Tit 3,3–8). Dieser Lichtstern ist uns in die Hand gegeben: Ob wir ihn nach Weihnachten in die Schublade legen oder aller Welt zeigen! *(Gl. weist auf den jetzt mit den Sternen geschmückten Tannenbaum oder hebt noch einmal die Krippe mit dem Jesuskind hoch)*

Hinweis: Denkbar sind auch übergroße Sterne, die ein Bild, etwa das eines Heiligen (wie Nikolaus oder Luzia) zeigen. An jedem Adventssonntag kommt einer dazu, so daß sie an Weihnachten die Krippe einrahmen.

3. Hochsteigen – um Überblick zu gewinnen (Vierter Advent)
(Foto oder gebasteltes Modell eines Hochsitzes – wie ihn Jäger zur Beobachtung des Wildes aufstellen)

Lesungen: Ps 80: Komm uns zu Hilfe, Herr! (in der Auswahl wie der Antwortpsalm zum 4. Advent, Lj. C). Im Advent: Lk 1,39–45: Begegnung Mariens mit Elisabet (4. Advent, Lj. C). Auch in der Fastenzeit möglich: Mt 17,1–9: Verklärung Christi auf dem Berge Tabor (2. Fastensonntag, Lesejahre A – C).

(Gl zeigt den Hochsitz) Von solch einem Hochsitz beobachten Menschen stundenlang nachts oder im Morgengrauen die Tiere, wenn diese den dichten Wald verlassen, um auf einer Lichtung Nahrung zu suchen. Sagt nun jemand: „Das muß doch langweilig sein, darauf so lange zu warten!", dann würden diese Menschen lächelnd den Kopf schütteln und antworten: „Ach, was ich alles gesehen habe, und ich hatte auch Zeit für mich selbst!"
(Hochsteigen andeuten) Ein paar Stufen auf der Leiter hochsteigen, und man

staunt, wie viel mehr zu überblicken ist! Auf einem Hochsitz mit vielen Metern Höhenunterschied rückt soviel mehr in mein Blickfeld. Und hier oben ist Stille. Hier kann ich über mich selbst nachdenken!
So wie Maria übers Gebirge eilte, um mehr Überblick über ihr Leben zu bekommen (vielleicht floh sie vor jenen, die sich in ihrer Heimatstadt die Mäuler darüber zerrissen, daß sie schwanger war, bevor sie geheiratet hatte), lade ich Sie ein, jetzt in Gedanken auf einen Hochsitz zu steigen und diese Chance nicht auf die lange Bank zu schieben. *(In der Fastenzeit:* So wie die Jünger mit Jesus auf einen Berg stiegen, um mehr Überblick über die vielen Worte und Wege zu erlangen ...)
(Kennt ihr, Kinder, die Legende von den drei Teufeln, die eine Prüfung bestehen mußten, bevor sie Menschen verführen durften? Der erste sagte: „Ich werde den Menschen einreden, es gibt gar keinen Gott!" „Durchgefallen", entschied der Oberteufel. „Alle, die noch ein bißchen nachdenken, finden heraus, daß hinter der großartigen Schöpfung ein großer Geist stecken muß und daß auch eine Sehnsucht nach Gott in ihren Herzen liegt!"
Der zweite sprach: „Ich werde ihnen einflüstern: ‚Es gibt keine Strafe nach dem Tod. Halte dich ans elfte Gebot: Du darfst alles, du darfst dich nur nicht erwischen lassen!'" „Durchgefallen!" erwiderte der Oberteufel, „mit der Zeit fällt den Menschen schon auf, daß jede böse Tat schließlich Strafe nach sich zieht, ob in ihm oder um ihn herum. Es gibt auf der Erde jetzt schon ein bißchen Gerechtigkeit!"
Dann kam der dritte an die Reihe: „Ich werde sie dazu verführen, alles auf die lange Bank zu schieben. Morgen, morgen, nur nicht heute!" „Bestanden!", rief der Oberteufel. „Du treibst sie uns in die Arme – denn aus Bequemlichkeit werden sie die Umkehr vor sich herschieben!" – Ein Sprichwort bestätigt das: „Die lange Bank ist des Teufels liebstes Möbelstück."
[Nach „Kurzg. 3", Nr. 2: Bleibt wach!])

Also verschieben wir nichts und nehmen uns ein paar Minuten Zeit. Setzen wir uns bequem hin, vielleicht schließen wir sogar die Augen, werden still und denken nach. *(Das Folgende sehr meditativ sprechen:)*
1. *Mich selbst wahrnehmen.* Können wir anderen gerecht werden, wenn wir uns selber ein Stück verloren haben? Sind wir nur noch abgehetzte Schatten unserer selbst? Ich brauche auch für mich selbst ein aufmerksames Herz. Wenn alle etwas von mir wollen, dann darf ich auch selbst etwas von mir wollen. Denn wenn es mir selbst schlechtgeht, wem kann ich da gut sein? Ich gönne mir also ab und zu mich selbst. Immer wieder einmal. Ich kämpfe dafür. Ich bin – wie für alle anderen – auch für mich selbst da (nach Bernhard v. Clairvaux). Macht mir noch etwas Freude? Gibt mir noch etwas Flügel für den Tag? Nein? Dann lebe ich gefährlich!
2. *Ich sage danke* für das, was ich vom Hochsitz aus sehe: Ein Stück Natur! Dank dem Schöpfer, der sie uns anvertraut hat, und den Menschen, die sie uns erhalten. Ich danke denen, die meine Arbeit, meinen Erfolg möglich

machen. Dankbarkeit zieht uns die falschen Häute von den Augen. Wir sind doch auf andere angewiesen! Wir überdenken einen Satz von Dietrich Bonhoeffer, der schon vor über fünfzig Jahren sagte: „Undankbarkeit beginnt mit dem Vergessen; aus dem Vergessen folgt Gleichgültigkeit; aus der Gleichgültigkeit Unzufriedenheit; aus der Unzufriedenheit Verzweiflung; aus der Verzweiflung der Fluch (d.h. ich will mein Leben wegwerfen). Laß dich fragen, ob dein Herz durch Undank so mürrisch, so träge, so müde, so verzagt geworden ist!"
Ich sage danke, weil ich gesund bin – weil ich gebraucht werde – (Kinder!) weil ich in eine Schule gehen kann – weil ich arbeiten darf – weil ich hier in einer geheizten, schönen Kirche sitzen darf ... Ein frohes „Danke!" rief auch Elisabet Maria zu, als sie sich begegneten.

3. *Bitte um den Glauben.* Wir schauen im Geist vom Hochsitz über die Lichtung hinaus in einen dunklen Tannenwald. Undurchsichtig, dunkel liegt er da – wie ein Dickicht. So undurchdringlich erscheint manchen die Welt des Glaubens. Wenn ein Detektiv dich und mich einen Tag lang beobachten würde, könnte er feststellen, daß ich ein Christ bin? Woran denn?
Vor Gott darf ich leere Hände haben. Wir brauchen nichts zu leisten! Uns nur für ihn zu öffnen. Wenn ich das für wichtig halte, nehme ich mir auch die Zeit dafür!
Ich lese jetzt noch einmal den Psalm, den wir in der Lesung gehört haben. Es genügt, die Worte in unsere Seele fallen zu lassen oder sie in Gedanken zu wiederholen. Alles andere darf ich Gott überlassen. So bete ich jetzt wie Menschen vor dreitausend Jahren – vielleicht nach der Stille eines Bergerlebnisses:
Richte uns wieder auf, o Gott! – Laß uns dein Angesicht leuchten / und wir sind gerettet. – Du bist doch unser Hirte! – Biete deine gewaltige Macht auf und komm uns zu Hilfe! – Wende dich uns wieder zu! – Blick auf uns! – Deine Hand schütze uns! – Erhalte uns am Leben! – Wir wollen auch deinen Namen anrufen / und nicht von dir weichen!

4. Den Sündenmüll entsorgen (Gleichnis Abfalleimer)

(Eine Abfalltonne steht im Beichtstuhl und eine im Altarraum; zwei Kerzen liegen bereit. Folgende drei Worte stehen auf großen Plakaten: Entsorgen / Vermeiden / Wiederverwerten)

Hinweis: Der Fremdkörper Abfalltonne fordert heraus, weil in der Kirche ungewöhnlich.

Lesungen: Eph 4,24–5,2: Alles Böse verbannt aus eurer Mitte; Mt 5,29–30: Was zum Bösen verführt, wirf fort!
Eventuell „Kurzg. 4", Nr. 12: Das Kind an der Krippe: Jesus kann ich Zerbrochenes geben.

Oft haben die Propheten Gleichnisse benutzt, die zunächst schockierten. Zu diesem Mittel habe auch ich gegriffen: Die Abfalltonnen hier und am Beichtstuhl sind nicht beim Reinemachen vergessen worden. Sie sind unser heutiges Thema. So wie unsere Erde nur bewohnbar bleibt, wenn wir die Müllprobleme in den Griff bekommen, so ist das auch mit der geistigen Umweltverschmutzung: mit dem Seelen- und Sündenmüll, den die Menschen hinterlassen.
(Gl. zeigt das erste Transparent: Entsorgen)
Der Beichtstuhl ist eine Entsorgungsmöglichkeit. Wie manche sich auf verbotene Weise des Mülls entledigen, so verdrängen viele ihre Sünden, d.h. sie werden unter den Teppich gekehrt. Ob dann wirklich alles entsorgt ist?
(Gl. zeigt das zweite Transparent: Vermeiden)
Vermeiden: das wäre beim Müll wie bei den Sünden einfach toll. Wenn sich alle schon nur an die Zehn Gebote hielten ...!
(Gl. zeigt das dritte Transparent: Wiederverwerten)
Wiederverwerten – wie das geht? Es gibt zum Beispiel die Redensart, daß einer „aus Fehlern lernen kann": Wer einen Fehler beging und ihn als solchen eingesehen hat, kann ihn leichter vermeiden als einer, der ihn noch nicht gemacht hat, und er kann einem anderen besser helfen, ihn zu vermeiden.
Wer seine Sünde bereut und sie bekennt, für den gibt es eine Art „Müllverbrennung": In der Liebe Gottes und in der Liebe, die wir verschenken, kann Schuld verbrennen, gewandelt werden oder verschwinden – in der Liebe des barmherzigen Vaters zum verlorenen Sohn (Lk 15,11–32) steht uns das tröstlich vor Augen. Darum stellen wir als Symbol dieser verzeihenden Liebe eine brennende Kerze auf beide Abfalltonnen: In ihrer Wärme entschwindet das Kalte, in ihrem Licht löst sich das Negative und Dunkle schon etwas auf.
(Felicitas Hestermann in einem ausformulierten Gottesdienst zum Thema „Gleichnis Abfalleimer: Entsorgung der Sünden" in „FaJu" November 98)

Weihnachten / Familiensonntag / Jahreswende / Darstellung des Herrn

5. Die Macht von Weihnachten (Weihnachten)
(Ein Postpaket, in dem ein Schmusetier liegt – ein Teddy)

Lesungen: Von Weihnachten.

Es war schon spät am Heiligabend. Die Kinder schliefen endlich. Jetzt erst kamen die Eltern dazu, sich hinzusetzen und Krippe und Christbaum in Ruhe zu betrachten. „Ach", sagte die Mutter und sprang auf, „in die Post habe ich noch gar nicht geschaut!" Sie brachte auch *(Gl. bückt sich und nimmt das Paket hoch, das im Altarraum liegt)* dieses Paket. „Es ist noch an meinen Mädchennamen adressiert. Ich heiße doch schon acht Jahre lang nicht mehr so! Mutter hat es nachgeschickt! Was mag darin sein?" *(Gl. öffnet das Paket und schlägt das Papier zurück; der Teddy wird sichtbar.)*
„Mein Heinrich, mein Schmusetier!" rief sie. „Schau, wie abgewetzt er ist von all den vielen Küssen und vom Streicheln. Und hier und hier ist er geflickt!"
„Und woher kommt der so plötzlich?" wollte der Vater wissen.
„Ich weiß es selbst nicht so recht. Ach ja, er könnte von Fräulein Charlotte kommen. Als ich ungefähr sieben war, habe ich ihn ihr geschenkt; sie gab mir Flötenstunden, eine gelähmte, ganz arme Frau. Ich erinnere mich nur noch schwach; ist ja schon über 25 Jahre her. Vielleicht ist ein Brief dabei?!" *(Gl. sucht im Papier nach.)* „Hier ist er – ‚An Gesa von Charlotte Frey'. Schau mal, mit welch müden Buchstaben das geschrieben ist! Und hier mit anderer Schrift darunter: Verstorben am 1. Dezember.
(Gl. faltet den Brief auf und liest vor:) ‚Meine liebe Gesa, als ich am einsamsten war, hast Du mir geschenkt, was Du am liebsten hattest, Deinen Heinrich. Er war das Wertvollste, das mir jemals geschenkt wurde; denn er hat mir den Glauben an das Gute im Menschen erhalten, auch wenn ich oft anderes erleben mußte. Ich danke Dir, Deine Charlotte.'"
(Gl. faltet den Brief wieder zusammen, legt ihn in das Paket, setzt es auf den Boden, nimmt aber den Teddy in den Arm.) Die Mutter setzte sich. „Jetzt fällt mir wieder alles ein. Du weißt, ich war ein sehr einsames Einzelkind. Vater stand in der Backstube, Mutter im Geschäft. Keiner hatte Zeit für mich. Zum dritten Geburtstag bekam ich diesen Teddy geschenkt. Er wurde mein Freund. Er ersetzte Eltern und Geschwister. Wir waren Tag und Nacht zusammen, wurden ‚ein Herz und eine Seele'. Dann schickte mich Mutter an einem Heiligen Abend zu Charlotte. Sie gab mir einen schön verpackten Christstollen mit und Weihnachtsgebäck und sagte: ‚Beeil dich. Wenn du zurück bist, fangen wir mit der Bescherung an!' Es wurde schon dunkel. Ich nahm Heinrich mit. In Fräulein Charlottes Wohnung war es noch dunkler. Ich gab die Sachen ab und fragte:

‚Wann fängt denn bei dir Weihnachten an?' ‚Jetzt gleich', meinte sie, bewegte den Rollstuhl zum Tisch, zündete die einzige Kerze im Raum an und legte das Päckchen von Mutter daneben. Ich war unzufrieden. ‚Wir singen: Ihr Kinderlein kommet', bat ich. Es war mein und Heinrichs Lieblingslied. Nach dem dritten Vers wollte ich gehen. Ich stand schon an der Tür – in Heinrichs Glasaugen spiegelte sich der Schein der einzigen Kerze –, da flüsterte er mir zu: ‚Ich muß hierbleiben!' Ich verstand Heinrich sofort, er hatte recht, und ohne zu überlegen, ging ich zurück zu der einsamen Frau. ‚Er will mit dir Weihnachten feiern', sagte ich und setzte ihr mein Schmusetier auf den Schoß. Ich lief dann laut heulend durch die Straßen. An diesem Fest habe ich viel geweint!"
„Und du hast ihn nicht wiedergesehen?" wollte der Vater wissen. „Doch, zur Flötenstunde. Heinrich saß immer in der rechten Sofaecke und schaute mich freundlich an. Aber jedesmal sagte er, wenn ich ging: ‚Ich muß hierbleiben!' Dann sind wir weggezogen, und die Verbindung ging schnell verloren."
Beide schauten auf den schönen Weihnachtsbaum. Dann sagte die Mutter leise: „Woher nahm ich damals die Kraft, mein Schmusetier abzugeben? Woher spürte ich überhaupt, daß hier ein Mensch Trost brauchte, und ich dann das Richtige tat? Woher kam die Kraft dazu?"
„Von Weihnachten", sagte er. *(kurze Stille)*
(Nach der Geschichte „Mein Heinrich" von Barbara Hug, aus: dies., Weihnachtsglanz, Ein Adventskalender für Erwachsene, Kreuz Verlag, Stuttgart 1997)

Diesem Wort ‚Weihnachten' muß ich noch etwas hinzufügen, denn dieses Wort ist wie eine Nuß: Wenn ich ihren Kern kosten will, muß ich die Schalen entfernen. Die Schalen, das ist das Brauchtum, der Christbaum, die Geschenke, das Heimelige. Der süße Kern von Weihnachten aber ist das Kind in der Krippe, das uns die Kraft geben kann, loszulassen und neu anzufangen. Wir haben noch einen Moment Zeit, in die Stille zu horchen, um zu hören, wozu es dir und mir neue Kräfte schenken kann. (*Stille)*
(*Gl. legt den Teddy in das Paket zurück und setzt es vor die Krippe oder gut sichtbar in den Altarraum.)*

6. Das Bild ist wichtiger als der Rahmen (Weihnachten)
(Ein kostbarer Rahmen, bei einem entsprechenden Geschäft ausleihen; eine stilisierte Sonne, ein Herz, eine Krippe mit etwas Stroh)

Lesungen: Von Weihnachten.

Sehen Sie, ein wunderschöner Bilderrahmen! *(Gl. zeigt den Rahmen)* Der hat etwas gekostet! Trotzdem hängt sich niemand einen leeren Rahmen an die Wand. Da fehlt das Bild. Das Bild ist wichtiger als der Rahmen.
Auch das Weihnachtsfest hat einen Rahmen, und den lassen wir uns etwas kosten – im geschmückten Weihnachtsbaum, in den teuren Geschenken, den

vielen Karten mit Porto und den Aufmerksamkeiten. Aber dieser Rahmen kann doch nicht alles sein! Wer nur den Rahmen feiert, dem fehlt doch das Wesentliche, und deshalb fliehen so viele und sagen: Dieses Alibi der knallharten Ellbogengesellschaft, dieses Opium einiger sentimentaler Stunden in Gefühlsschwemme und mit künstlichem Zauber – nein, ohne mich, da helfen auch nicht das warme Kerzenlicht und der Geruch von Weihnachtsgebäck. Hiermit wird also eigentlich der Rahmen abgelehnt, nicht das Bild.

Was aber ist das Bild von Weihnachten, damit wir es „von innen" feiern können? *(Gl. läßt den Rahmen jetzt halten)*

Drei Bilder zur Auswahl:

1. *(Gl. hält eine **Sonne** in den Rahmen)* Eine Wende ist mit dem göttlichen Kind eingetreten. Eine Sonnenwende. Die winterliche Dunkelheit muß beim Ruf des Engels weichen: „Ich verkünde euch eine große Freude" (Lk 2,10)! Wer sich auf diese Sonne einläßt, dem schmilzt der Eispanzer vom Herzen; da werden Traurige getröstet; da trocknen die Tränen der Weinenden; da schwinden die Schatten und Nebel der Depression; da erfahren die Hoffnungslosen neue Zuversicht. In diesem Kind fällt der Himmel auf die Erde. Wer sich auf diese Sonne einläßt, erfährt die innere Freude. *(Gl. gibt die Sonne einem Kind, das sich damit neben den Rahmen stellt)*

2. *(Gl. hält ein **Herz** in den Rahmen)* Im Kind in der Krippe zeigt Gott den Menschen sein liebendes Herz; da gibt er sein Liebstes her: seinen einzigen Sohn. Gott hätte auch am Horizont eine lange Fahne heraushängen können, auf der er in goldenen Buchstaben verkündet: „Ich liebe euch!" Er hätte auch mit Macht auftreten können, um den Mächtigen dieser Erde ihre Ohnmacht zu zeigen – wie er das für das zweite Kommen seines Sohnes versprochen hat. Aber nein: Er schenkt uns ein hilfloses Kind. Da ist nichts Bedrohliches, da braucht keiner Angst zu haben. Darum ruft der Engel: „Fürchtet euch nicht! Ich verkünde euch eine große Freude" (Lk 2,10). Die Liebeserklärung Gottes hat in diesem Kind Hand und Fuß. Ein Kind, das „ja" zu uns sagt, so wie wir sind; das uns versichern wird: „Du bist von Gott geliebt!"
Gott, der Barmherzige, zeigt in diesem Kind sein Herz für uns. Die Liebe hat ein Gesicht bekommen! Seitdem zählt nicht mehr das Äußere, der Rahmen, sondern das Herz. Das Vertrauen auf Gott und die Liebe zum Nächsten werden zum Sinn des Lebens. Und in jedem Kind sind wir gefragt: Hast du ein Herz? *(Gl. gibt einem Kind das Herz, das sich damit auf der anderen Seite neben den Rahmen stellt)*

3. *(Gl. hält eine **Krippe** in den Rahmen)* Wenn eine Zeitung gefragt hätte: „Gesetzt den Fall, Sie wären der Retter der Welt, wo möchten Sie geboren werden? Im Weißen Haus, im Vatikan, in der Greenpeace-Zentrale oder – in einer Notunterkunft?", wer hätte dann die Notunterkunft gewählt? Keiner – strategisch ungünstig! Keiner, außer – Gott.
„Friede auf Erden bei den Menschen seiner Gnade" (Lk 2,14), ruft der

Engel. Gottes Lobby sind die Armen und alle, die sich innerlich arm fühlen. Gottes Sohn wird sagen: Dein Reichtum liegt nicht im Haben, sondern im Sein. Damit wir geheilt werden können, stellt er ein Kind in unsere Mitte. Auch er will geliebt werden wie so ein Kind – absichtslos. Die Krippe im Stall ist die erste Kreuzwegstation. Hart und kalt liegt es sich auf dem oft leeren Stroh dieser Welt. Es führt ein gerader Weg von der Krippe bis ans Kreuz. Das Kreuz will nicht vom Kopf begriffen werden, sondern dieser unglaubliche Schritt Gottes will unser Herz ergreifen.

Das Bild des Weihnachtsfestes hat also mit Gott zu tun und mit den Menschen. Seitdem steckt Gott in unserer Haut: Wir dürfen seine Sonne widerstrahlen *(Gl. zeigt auf die Sonne)* und barm-*herz*-ig *(Gl. zeigt auf das Herz)* sein, weil uns Gott in unserer Armut *(Gl. zeigt auf die Krippe)* angenommen hat. Darum ist *das Bild* von Weihnachten so kostbar; da wird der Rahmen unwichtig. Vor diesem Weihnachtsbild können wir den Kopf schütteln und weitergehen oder – davor in die Knie gehen.

(Auf die Idee zu dieser Predigt brachte mich ein Beitrag von Hans Albert Höntges in „Christ in der Gegenwart" 52/95.)

7. Dreh- und Angelpunkt des Lebens (Weihnachten)
(Eine Weihnachtspyramide – ausleihbar bei vielen Familien. – Das Funktionieren der Pyramide könnte erschwert werden durch eine übervolle Kirche, vor allem bei einer mit relativ niedriger Decke: durch Gegenströmungen der Luft)

Lesungen: Vom Fest, besonders Tit 2,11–14: Die Gnade Gottes ist erschienen, um alle Menschen zu retten, und Tit 3,4–7: Die Güte und Menschenliebe Gottes erschien.

(Gl. entzündet die Kerzen an der Weihnachtspyramide:) Nun drehen sich Maria und Josef, Hirten, Weise und Engel um die „Mitte" = das Kind in der Krippe. *(Gl. hält sein Ohr einige Sekunden in Richtung der dargestellten Personen:)* Ihr hättet gerade den Hirten hören sollen, als ich mit meinem Licht näher kam. „Gleich geht's wieder los", schimpfte er, „jeden Tag dieses Karussell, ein Leben lang. Kaum ist man aufgestanden, beginnt das endlose Einlösen von Pflichten. Abends ist man kaputt, und der Schlaf dient nur dazu, am nächsten Morgen für die gleiche Mühle wieder fit zu sein. Schon die Kinder werden im Elternhaus und in der Schule dahingehend beeinflußt, diesen mörderischen Trott, dieses ständige Rotieren durchzuhalten. Nur von Urlaub zu Urlaub lebe ich; auf Weihnachtsgeschenke kann ich gerne verzichten – hab' doch alles! Das geht so vierzig Jahre lang – wenn man Glück hat. Und dann trägt man die Hälfte des verdienten Geldes zum Arzt, weil der Körper ruiniert ist. Was soll das eigentlich?"

(Gl. hört wieder hin) Habt ihr gehört? Der erste König hat ihm eine Antwort gegeben: „Ich sehe das anders, lieber Hirte! Wir haben unsere Mitte gefunden, den Dreh- und Angelpunkt unseres Lebens. In Jesus haben wir die Menschenfreundlichkeit Gottes erkannt. Gott stellt uns kleinen Menschen seinen Sohn an die Seite. Er läßt sich ein auf uns, die wir so oft unsere Freiheit mißbrauchen. Jetzt wissen wir, woher wir kommen und wohin wir gehen. Dann ist das ganze Leben kein sinnloses Rotieren mehr: Wir drehen uns um die Mitte – bis wir in diese Mitte einmal eintauchen dürfen. Wir sind Wanderer zur wirklichen Heimat."
(Gl. hört wieder hin) Und was sagte er jetzt? „Wißt ihr, Glauben heißt zuerst hören, dann gehorchen und dann angehören, d.h. sich fest an Gott als Mitte binden und ihm vertrauen." – Darum höre ich weiter ... *(Stille)*
Der zweite König hat sich auch gerade an den Hirten gewandt. „Ja", sagte er zu ihm, „Gott hat uns durch seinen Stern in Bewegung gebracht. Wir lebten im Wohlstand und dachten, Reichtum sei alles. Nun erkennen wir, mit wie wenig wir auskommen. Es kommt nicht auf die tausend äußeren Dinge an, die halten uns nur auf: Das Entscheidende hängt vom Inneren ab. Ja, je mehr einer ‚außen' braucht, um so weniger ist ‚innen'! Dieses Kind hat uns jetzt in Schwung gebracht. Ihm folgen wir. – Wir verzweifelten beim Anblick des Elends in der Welt; jetzt schauen wir auf dieses Kind, und das gibt uns immer neuen Schwung, etwas gegen das Elend zu unternehmen."
(Gl. hört wieder hin. – Stille)
Auch der dritte König hat dem Hirten etwas zu sagen! Er meint: „Schau mal, Hirte, es braucht nur wenig, was uns in Bewegung setzt, was aus dem Alltagstrott heraus antreibt: ein wenig Licht – Orientierung – und ein wenig Wärme. Dann können die großen Flügel über uns die schönsten Lichtspiele an die Zimmerdecke werfen. Nur ein wenig Orientierung und ein wenig Wärme – und alles ist anders."
Ich höre zum letzten Mal hin ... – *(Stille)*
Der Hirte sagt nichts mehr. Vielleicht hat er sich tatsächlich anstecken und begeistern lassen von dem Schwung der drei Könige.
Das wäre auch toll für uns alle: Uns begeistern lassen für den Dreh- und Angelpunkt unseres Lebens, den menschgewordenen Sohn Gottes, damit wir wieder neuen Schwung erfahren. Der Blick auf ihn und ein wenig mehr Wärme genügen!
(Neu formuliert nach der Idee und wesentliche Gedanken von Wolfgang Raible, Spiel mir das Lied vom Leben, S. 16 + 17, © by Panico Verlag, D–73257 Köngen)

8. Vom Korb mit den wunderbaren Geschenken
(Weihnachten)
(Ein kunstvoll geflochtener Korb mit Deckel)

Lesungen: Von Weihnachten.

(Gl. nimmt den Korb, der gut sichtbar im Altarraum steht und zeigt ihn:)
In diesem Korb sind die schönsten Weihnachtsgeschenke, die ich mir vorstellen kann. Noch wertvoller, als wenn ein Mann – aus einem schlechten Gewissen heraus, für die Familie zu wenig Zeit zu haben – ein paar Hunderter oder sogar Tausender anlegt, um seiner Frau seine Liebe auch spürbar in die Hände zu geben. In diesem Korb sind Geschenke, die stellen all das in den Schatten, was nah und fern an diesem Weihnachtsfest und den schön geschmückten Bäumen zu finden ist – behaupte ich. Aber um diese Geschenke hier sehen zu können, brauchen wir das „dritte Auge". Ja, zwei Augen haben wir, um die Wirklichkeit zu betrachten, um *genau* hinzusehen, was uns diese immer noch schöne Erde alles schenkt. Aber das „dritte Auge" schaut weiter, schaut hinter die Dinge, sieht mehr als nur die nackte Wirklichkeit. Es hat sich doch das Wort von Antoine de Saint-Exupéry schon weithin herumgesprochen: „Man sieht nur mit dem Herzen gut. Das Wesentliche ist für das Auge unsichtbar!" Und er umschreibt es in einem anderen Ausspruch noch drastischer: „Erwarte nichts von einem Menschen, der nur für seinen Lebensunterhalt arbeitet und nicht für seine Ewigkeit!"
Damit ihr noch besser versteht, welche Geschenke in diesem Korb sind, muß ich euch ein Märchen erzählen. *(Gl. stellt den Korb wieder ab)*
Da war ein Mann, der wollte die schnelle Mark verdienen. Er wußte, wenn er sorgenfrei und reich werden wollte, dann mußte das Geld die oberste Stufe der Vorstellungen einnehmen. Geldverdienen: wichtiger als die Zeit für die Familie, heiliger als die Ruhe am Sonntag, entscheidender auch als das Eintauchen in diese Gemeinschaft hier. Also: Er hatte sich einen Stall voller Kühe hingestellt. Ihr seht daran, daß das Märchen schon etwas älter ist, denn wer würde sich heutzutage Kühe anschaffen, um das große Geld zu machen? Jedenfalls, eines Tages stellt der Mann fest, daß die Kühe morgens ausgemolken im Stall stehen. Am nächsten Morgen wieder. Sein ganzer Profit ist weg! Das kann er nicht zulassen! Er legt sich auf die Lauer.
Da sieht er in einer sternklaren Nacht etwas Merkwürdiges: Eine Strickleiter aus geflochtenen Strahlen fällt vom Himmel, und Sternenmädchen steigen behende und kichernd herab. Sie verteilen sich singend im Stall und melken die Kühe aus – einfach so, ohne Eimer! Diese Verschwendung kann er nicht mitansehen. Er stürzt aus seinem Versteck, um sie daran zu hindern. Aber er hat keine Chance: Flink und kichernd stehen sie schon wieder auf der Sternenstrickleiter und ziehen sie hinter sich hoch. Doch – für ein Mädchen wurde sie zu schnell hochgezogen. Das packt er an den Haaren und will es zur

Rechenschaft ziehen. In dem Augenblick geht die Sonne auf, und er sieht, wie schön dieses Mädchen ist. Und wie im Märchen üblich, fragt er es: „Willst du meine Frau werden?" „Ja", sagt das Mädchen, „aber nur unter einer Bedingung: daß du nie in den Korb schaust, den ich hier habe!" Ach ja, jetzt sieht er erst den kleinen, kunstvoll geflochtenen Korb. Nein, Männer sind nicht neugierig! Das kann er versprechen: Nie wird er da hineinschauen.
Es geht auch monatelang gut. Doch mit der Zeit denkt er immer häufiger, wenn er an dem Korb vorbeimuß: „Was mag wohl da drin sein?" Und einmal, als seine Frau nicht im Hause ist, da – hebt er den Deckel ab, schaut hinein und – muß lachen: Da ist gar nichts drin!
An dieser Stelle muß ich unterbrechen und alle fragen, die in einer Ehe oder Partnerschaft stehen: Was hält Ihre Gemeinschaft zusammen? Das schöne Haus, der tolle Wagen, das dicke Konto, die phantastische Ferienreise? Oder sind es nicht all die Werte, die für das Auge unsichtbar sind? Ob da noch Vertrauen ist, Sympathie, Geborgenheit, Liebe, Treue ...?
Da steht die junge Frau schon in der Tür und sagt traurig: „Du hast in den Korb geschaut." Der Mann lacht sie an: „Ach, dummes Ding, stell dich nicht so an! Da ist ja gar nichts drin!" Sie aber schaut ihn noch einmal an, dreht sich um, geht und wird nie wieder gesehen.
(Nach einem Märchen aus Afrika nach Käthe Recheis)

Hier läßt uns das Märchen etwas im Stich: Geht sie, weil er sein Versprechen gebrochen hat, oder wird ihr klar, daß das Miteinander mit diesem Mann auf die Dauer doch keinen Zweck hat, weil er all das nicht sehen kann, was sie in diese Ehe hineingebracht hat?
Dieser „Korb mit den wunderbaren Geschenken" steht überall!
Wenn Sie, liebe Eltern, die Kinder nur zum Wissenserwerb in die Schule schicken, dann fehlt Ihnen das „dritte Auge", denn die entscheidenden Prozesse laufen an anderer Stelle ab: Es lernt, auch mit einem/einer unsympathischen Mitschüler/in oder vielleicht sogar Lehrer/in zu leben, mit einer schlechten Note fertig zu werden, das „Fegfeuer" einer Prüfung durchzuhalten, sich das nötige Durchhaltevermögen anzueignen ..., alles Werte, die für das Leben bleiben; das Wissen kann schnell „verdunsten"!
Liebe Jugendliche! Zwei Augen sehen im Zuhause die Eß- und Schlafstelle: Der Kühlschrank ist voll, also bleibe ich noch ein Jahr. Wenn euch das „dritte Auge" fehlt, merkt ihr gar nicht mehr, daß ihr erwartet werdet; daß sich die Mutter – vielleicht sogar der Vater – erst in den Tiefschlaf verabschiedet, wenn um drei Uhr nachts die Haustür gegangen ist.
Oder die Arbeit: Ist sie nicht mehr als ein Job zum Geldverdienen? Fragen Sie einen Arbeitslosen: Arbeiten dürfen hat etwas mit der Würde eines Menschen zu tun ... das, was unsichtbar ist!
So ein „Korb mit den wunderbaren Geschenken" steht auch hier in der Kirche! Wer den Blick nicht dafür hat, der kommt hier herein und sagt nach kurzer Zeit „laaangweilig!" Das „dritte Auge" fehlt hier auch manchem Erwachsenen, wenn

zu hören ist: „Gut, daß die Predigt ausgefallen ist" oder „Der Festgottesdienst hat nur 35 Minuten gedauert, toll!" – Vielmehr: Hier können wir unsere Seele in die Sonne halten; unser Herz an einen anderen hängen; in Ruhe überlegen, wie gehe ich jetzt meinen Weg weiter? ... Im Trubel zu Hause fällt das schwerer. Allein, daß wir hier zusammen singen – alt und jung, reich und arm, gesund und krank –, ist schon ein „wunderbares Geschenk". Wo kommt das sonst noch vor?
(Gl. holt wieder den Korb und hält ihn hin)
Wißt ihr jetzt, welche tollen Geschenke hier in diesem Korb sind? Muß ich dafür den Deckel heben? Malen wir uns aus, welches Geschenk unsere Partnerschaft, unsere Familie, unser Zuhause am meisten braucht:
- das Geschenk, mehr einander zu vertrauen, weil da ein Kind geboren ist, das uns neue Hoffnung schenkt;
- das Geschenk, zu Hause mehr Geborgenheit und Zeit füreinander einzubringen, weil Weihnachten ein Fest der Familie ist (was aber nicht nur in diesen Tagen spürbar sein sollte);
- das Geschenk, einmal miteinander darüber zu sprechen, was uns das Kind in der Krippe, das Kreuz und die Auferstehung denn wirklich bedeuten;
- das Geschenk, dem Miteinander durch Versöhnungsbereitschaft eine neue Chance zu geben.

Es sind also Geschenke in diesem Korb, die ich nicht kaufen und nicht sehen kann – aber wunderbare Geschenke, weil sie Freude und Friede von innen her und nach innen möglich machen. Um des Kindes in der Krippe willen!

9. Umgraben und hoffen (Zum Familiensonntag)
(Eine Axt und ein Spaten)

Lesungen: Kol 3,12–15: Die Liebe ist das Band, das eine Familie zusammenhalten kann; Lk 13,6–9: Ich will aufgraben und düngen.

Wer mit jungen Bäumen, d.h. mit Jugendlichen zu tun hat – ob als ErzieherIn, PolitikerIn, AusbilderIn –, kann das Stöhnen nicht überhören: Es macht keinen Spaß mehr: Sie sind zu satt, anspruchsvoll, phantasielos, zu sehr Einzelkämpfer mit totalem Ich-Bezug. Ich möchte dies nicht verallgemeinern, aber häufig ist es so! Es ist, als ob man in einen Eimer ohne Boden schöpft. Am liebsten *(Gl. nimmt die Axt)* würden die „Gärtner" manchmal mit der Axt dazwischengehen und umhauen.
Aber jeder weiß, so autoritär geht es nicht, denn dann suchen sich die jungen Leute andere, oft gefährliche „Ventile", um ihre Freiheit auszuleben. Und außerdem würden wir uns die eigene Zukunft „abschlagen". *(Gl. stellt die Axt an den Ambo und nimmt den Spaten)*
Vielleicht versuchen wir es doch besser mit dem Spaten – wie es eben im Evangelium hieß: „Ich will den Boden um ihn herum aufgraben und düngen. Vielleicht trägt er doch noch Früchte!"

Ein paar mögliche Wege dazu möchte ich vorstellen. Sie können vielleicht das Richtige für Ihre Situation heraussuchen.
1. Ein Vater von fünf Kindern vertrat in einer Hörfunkrede den Standpunkt: „Die große Gelassenheit in der Kindererziehung mutet uns zu, Jugendliche manchmal am Rande der Verwahrlosung zu dulden" (Helmut Sutter am 8.6.89 im SWF Baden-Baden). Wir wissen um die geheimen Miterzieher in den großen Schulsystemen und Medien. „Bis an den Rand der Verwahrlosung", weil ich sie sonst in noch größere Abhängigkeiten stürze.
2. Ein anderer möglicher Weg begegnet uns in einer Fabel: Ein Schaf entdeckt ein Loch im Zaun, entwischt und freut sich über die gewonnene Freiheit. Es läuft immer weiter fort, bis es den Wolf hinter sich spürt. Todesangst erfaßt das Schaf – da kommt der rettende Hirte, der es zurück in den Schafstall bringt. Und jetzt merken Sie auf!: Aber der Hirt weigert sich, das Loch im Zaun zu flicken!
3. Einen dritten Weg umschreibt der freikirchliche Pfarrer Ernst Sieber aus Zürich, der sich besonders in der Drogenszene engagiert. Auch er schildert seinen Standpunkt an einem Tierbeispiel – er hält Ziegen hinter seinem Haus: „Mit Jugendlichen ist es wie mit Ziegen: Selbst ein haushoher Zaun würde sie nicht am Ausreißen hindern. Sie lassen sich nicht einsperren, sie durchbrechen aus Prinzip jeden Zaun. Viel wichtiger als eine Vergitterung ist unsere Gegenwart auf der Wiese, gepaart mit liebevollen Worten und etwas Salz in der Tasche. Mit Steinen und Prügeln werden sie nur verscheucht, und es braucht unendlich viel Zeit, sie wieder einzufangen. Ziegen brauchen beides: Liebe und Strenge. Und Jugendliche, die Freiräume brauchen, sind nicht anders."

Kinder brauchen Grenzen und Herausforderungen, ja Strenge. Ich verstehe kaum die Eltern und LehrerInnen, die sich bei den Kindern beliebt machen wollen und ihnen darum alle Schwierigkeiten aus dem Weg räumen. Ich jedenfalls habe rückblickend nur noch Hochachtung vor den LehrerInnen, die mich damals gefordert haben und nicht zuviel Störung zuließen. – Also Geduld, Liebe und Strenge in der Erziehung!

Aber wie weit muß die Liebe gehen? Das Gleichnis vom barmherzigen Vater erzählt uns folgende Geschichte: Nachdem der jüngere Sohn das ganze Vermögen in einem zügellosen Leben verschleudert hat, landet er unter Schweinen. Aber schließlich geht er in sich und kehrt reumütig zum Vater zurück. Da heißt es dann wörtlich: „Der Vater(!) lief dem Sohn entgegen, fiel ihm um den Hals und küßte ihn!" (Lk 15,20) Das muß man zweimal lesen, um sich vom Staunen zu erholen: Der Vater läuft dem Sohn entgegen, der noch nicht sein Schuldbekenntnis formuliert hat!

Stellen wir uns das konkret vor: Ihr Sohn ist 18 Jahre alt geworden. Er packt seine Sachen, ohne ein Wort zu sagen und steigt zum Freund ins Auto. – Sie werden vielleicht sagen, wenn einer auf diese Weise aus dem Haus geht, dann liegen schon große Erziehungsfehler vor. Aber Vorsicht! Aus meiner Erfahrung

weiß ich, welche gefährlichen Folgen ein negativer Einfluß von „Freunden" haben kann. – Dann kommt zwei Tage später ein unverschämter Brief: „Da Du weißt, daß Du für mich aufkommen mußt, hier die Kontonummer." Ohne Anrede. Ohne alles.
Wochen später sehen Sie ihn plötzlich aus dem Bus heraus vor dem verhaßten Haus des Freundes stehen. Ihnen stockt der Atem, denn Sie sehen blitzschnell: Der Junge sieht nicht gesund aus. Die Jeans hängen ihm am Leib. Die Augen ganz wirr. Hat er Fieber? Drogen? Arbeitslos? Wie entscheiden Sie jetzt?
Ich habe in einer Geschichte den inneren Zustand eines Vaters gut geschildert vorgefunden. Darum lese ich diese Passage mal vor:
„Laß ihn hängen, bist du denn verrückt? *Er muß kommen.* Laß ihn hängen. Damit er sieht, wie es ist. Wie man auskommt ohne die Eltern. Laß ihn hängen. Der hat uns genug Nerven gekostet. Denk an den Brief. Er will ja in Ruhe gelassen werden. Er ist ja alt genug. Er weiß ja alles besser. *Er ist gegangen, also muß er auch zurückkommen. Wir* haben ihn doch nicht vor die Tür gesetzt. Im Gegenteil. Er hätte noch lange bei uns bleiben können. Laß ihn hängen!
Schweiß steht ihm auf der Stirn. Und zugleich ist ihm kalt. Die Finger hat er in die Tasche gesteckt. Fäuste sind es. Nein, er hat sich nicht getäuscht. Krank ist der Kerl. Das hat er mit einem Blick gesehen. Ganz elend. Und offensichtlich ohne Freunde. Und ohne Freundinnen. Wie allein er dastand! Da ist was nicht in Ordnung. Da ist was nicht in Ordnung. – Und wenn er nichts von dir wissen will? Wenn er dich stehen läßt? Du machst dich lächerlich. Du bist dumm. *Er muß kommen,* sonst meint er, du liefst ihm nach. *Er muß kommen.* Dann kann man ja sehen, was man tut. Aber zuerst muß *er* kommen.
Der Busfahrer ruft die nächste Station aus. Da steht Peter K. auf, steigt aus und – geht den Weg zurück, seinem Sohn entgegen."
(Vgl. „Kurzg. 2", Nr. 40; hier verkürzt nach Anton Jansen, Aachen)

So weit geht die Liebe! – Es ist gut zu wissen, daß Gott so mit uns Menschen als seinen Kindern verfährt! Der Spaten ist ein Symbol für die Geduld Gottes, der wachsen lassen kann, und für das Vertrauen, das er in uns setzt: „Ich will den Boden um ihn herum immer wieder aufgraben. Vielleicht trägt er doch noch Früchte!"
(Gl. stellt den Spaten vor den Altar)

10. Beim Nüsseknacken helfen (Silvester / Neujahr)
(Eine Nußknackerfigur)

Lesungen: Vom Jahreswechsel.

(Gl. nimmt den Nußknacker) Da es auch im neuen Jahr wieder viele Nüsse zu knacken gibt, dachte ich, dieser Nußknacker kann uns helfen, die Aufgaben klarer zu sehen.

Zwei Dinge gefallen mir allerdings nicht an ihm: Erstens, daß ich bisher nur männliche Nußknacker gesehen habe. Aber wie viele Frauen knacken zu Hause und anderswo oft ganz große Nüsse! Und zweitens sieht er mir zu ernst, ja bärbeißig aus. Wenn er immer so stupide sein Handwerk verrichtet, befürchte ich, zermanscht er manchen Kern. Damit ist keinem gedient.
Auf den ersten Blick hat so ein Nußknacker eine kummervolle Aufgabe: Er muß alle Nüsse knacken, aber ihm selbst bleiben nur die Schalen; denn den süßen Kern essen andere. Ist das die ganze Wahrheit?
Wer zum Beispiel junge Eltern beobachtet, die ihren Kleinkindern ja auch die kleinen und großen Nüsse knacken und ihnen den süßen Kern in den Mund schieben, der sieht das Leuchten in ihren Augen. Denn richtige Liebe weiß ja: Im Schenken kommt so viel Freude vom Beschenkten zurück, daß der Gebende keineswegs leer ausgeht! Wie gut täte es unserer Gesellschaft im neuen Jahr, wenn viele Menschen diese Erfahrung weitergäben und unser Miteinander so bereichern würden.
Von all den Nüssen, die wir im Leben zu knacken haben, ist die größte nicht die Arbeitslosigkeit, die Einsamkeit oder eine Krankheit; die größte Nuß ist der Tod. In der Weihnachtszeit erinnern wir uns an das göttliche Kind, das uns später diese Nuß durch seinen Tod und seine Auferstehung geknackt und den Kern freigelegt hat: die Befreiung von der Angst vor dem Tod – nicht vor dem Sterben. Wir können mit dem Kopf nicht die Gefühle des Leibes kontrollieren; Angst vor dem Sterben wird uns in der einen oder anderen Weise überfallen, sie ist kreatürlich. Aber dieses Kind läßt mich die Angst vor dem Tod überwinden und Kräfte freisetzen für die Bewältigung so vieler Aufgaben, die im persönlichen Bereich bis hin in Staat und Kirche auf uns warten.
Deshalb herzlichen Dank an alle, die in unserer Gemeinde im letzten Jahr geholfen haben, Nüsse zu knacken, um das Süße für uns herauszuholen. Und das in ehrenamtlicher Arbeit! Ohne sie könnten wir nicht eine so lebendige Gemeinschaft sein. Ich danke auch allen, die jetzt hier sind; die nicht vom Bett her oder hinter dem Sektglas herwinken und denken, nun feiert mal alleine! Ihre Treue läßt unsere Gemeinschaft hin und wieder zum Fest werden.
Christsein bedeutet auch, daß wir uns im neuen Jahr mit unseren Fähigkeiten und Standpunkten in Staat und Gesellschaft einbringen. Das möchte ich zum Schluß an einer kurzen Geschichte aufzeigen:
Da sagte ein Schäfer zur Nachtigall: „Warum singst du nicht mehr?"
Die Nachtigall antwortete: „Ja, hörst du denn nicht das Gequake der Frösche? Da verliert man doch alle Lust!" – Unter „Gequake" dürfen Sie alles einordnen, was heutzutage die Erziehung und das Miteinander aufgrund äußerer Einflüsse ... so schwer macht. – Da antwortete der Schäfer: „Ich höre das Gequake aber nur deshalb so deutlich, weil ich *deine* Stimme nicht mehr vernehme!"
Wenn wir uns als Christen in Staat und Kirche nicht einbringen, dann brauchen wir uns nicht zu wundern, wenn andere mit *anderen* Standpunkten das ganze Terrain einnehmen.

Liebe Nußknackerinnen und Nußknacker! Da, wo Gott Sie hingestellt hat, wünsche ich Ihnen, die positiven Kerne mancher Probleme ans Licht zu bringen und sich dabei nicht vom Gerede anderer einschüchtern zu lassen.

11. Im Netz – gefangen oder geborgen? (Neujahr)
(Ein größeres Netz, das Kinder jeweils verschieden halten)

Lesungen: Von Neujahr.

1. Ein Netz kann eine Falle sein.
   (Kinder legen das Netz aus, das andere Kinder zu überschreiten versuchen: Dabei verfangen sie sich manchmal und fallen hin)
   Was wird uns alles im neuen Jahr begegnen? Verfangen wir uns in einem Netz von Schwierigkeiten: Schaffe ich das Klassenziel oder die Prüfung oder die härtere Gangart an der Arbeitsstelle? Erwarten mich heimtückische Fallen, die mir vermeintliche Freunde legen, durch die ich stolpern und zu Boden gehen kann?
   In einer Geschichte spielt ein Netz eine große Rolle (Novelle „Das Netz" von Werner Bergengruen, 1892–1964). Sie erzählt von einer jungen Frau, die auf einer schroff emporragenden Fischerinsel im Mittelmeer lebte. Sie wurde ihrem Mann untreu, während er mit dem Boot weit draußen auf Fischfang war. Ertappt und vor die Richter des Dorfes gebracht, konnte sie nur sagen: „Mein Liebhaber hatte mich wie mit einem Netz gefangen."
   So kann es gehen!
   Welche Stolperfallen warten auf uns und unser Land im Jahr 2000 und darüber hinaus?
2. Ein Netz kann uns auffangen.
   (Die Kinder richten das Netz wieder aus: Ein jüngeres – leichteres – Kind legt sich hinein. Es wird von den anderen ein Stück weit im Netz getragen)
   Ein Netz kann uns aber auch auffangen, wenn wir abstürzen: Wenn die Mutter mich um die Schulter faßt und sagt: „Die Fünf auf deinem Zeugnis kriegen wir wieder weg." Oder wenn der Vater die Mutter bei finanziellen Schwierigkeiten umarmt und sagt: „Da müssen wir jetzt gemeinsam durch!"
   Hört, wie die Geschichte von der Frau auf der steilen Insel im Mittelmeer weitergeht: Die Frau wurde nach einem uralten Gesetz verurteilt. In der Frühe des nächsten Tages sollte sie von einem hohen Felsen ins Meer gestürzt werden, in den sicheren Tod. Ihr Ehemann, der das vernahm, war den ganzen Tag, die folgende Nacht und auch in der Morgenfrühe nicht mehr zu sehen. Auch nicht, als der Todessturz vollstreckt wurde. Wo war er? Er hatte die ganze Nacht unterhalb des hohen Felsens große Netze ausgespannt, um damit seine Frau – aufzufangen.
   Ein Netz kann also auch auffangen und retten!

(Die Kinder tragen noch einmal ein Stück weit das Netz mit dem Kind darin)
Hoffentlich gibt es viele Menschen im neuen Jahr, die *uns* auffangen und einen neuen Anfang schenken!
Die Geschichte ist noch nicht zu Ende: Als die Inselbewohner die junge Frau des Fischers lebend wiedersahen, waren sie aufgebracht und forderten erneut ihren Tod. Die alte Markgräfin wurde herbeigeholt, die Schutzherrin, die Patronin der Insel. Sie sollte entscheiden. Sie schaute lange vom Felsen in die Tiefe. „Wie hieß das Urteil?" fragte sie. Die Bewohner antworteten: „Diese Frau soll vom Felsen heruntergestürzt werden!" Da nahm die Markgräfin ihr goldschimmerndes Haarnetz vom Kopf und warf es der Fischersfrau lächelnd zu mit den Worten: „Das Urteil wurde vollstreckt. Das Netz der Liebe deines Mannes hat dich gerettet. Du bist frei. Aber trage dieses Netz zur Erinnerung daran, daß du im Netz seiner Liebe geborgen warst und bist!"
3. Ein Netz ist „nach oben offen".
Gott möchte uns jederzeit in seiner Liebe auffangen.
(Die Kinder tragen das Netz zum Altar und legen es ganz – oder teilweise – darüber. Zur Gabenbereitung werden die Gaben, Kerzen, Blumen und das Meßbuch auf das Netz gelegt ...)
Seht, das Netz ist „nach oben offen". Wenn wir manchmal nicht spüren dürfen, daß Menschen uns auffangen und verzeihen, dann gibt es doch noch Ihn, Gott, der zu uns steht – oft über menschliches Begreifen hinaus. Dieses Netz der Liebe Gottes ist immer offen für uns: Er kann uns jederzeit auffangen.
Darum dürfen wir voller Hoffnung und Zuversicht auch in das Jahr 200... gehen – was es auch bringen mag.

12. Die Geschenke der modernen Könige
(Fest Erscheinung des Herrn)
(Eine Gehstütze/Krücke, eine Windel/Pampers, ein leeres Blatt Papier)

Lesung: Mt 2,1–12: Die Magier aus dem Osten bringen ihre Geschenke.

So viele Sternsingerinnen und Sternsinger haben sich hier versammelt: Liebe Königinnen und Könige! Eigentlich sind wir alle Könige – seit der Taufe! Da nahm der Priester oder Diakon das Chrisamöl, ein duftendes Salböl, und zeichnete damit ein Kreuz auf unsere Stirn. Dazu sagte er: „Du wirst nun mit heiligem Chrisam gesalbt, denn ... du gehörst für immer Christus (= der Gesalbte) an, der gesalbt ist zum Priester, König und Prophet in Ewigkeit." Wir haben auch Anteil an seinem Königtum, d.h. wir sind von Gott auserwählt – wie damals der kleine David aus seinen sieben Geschwistern.
Junge Leute hatten ein modernes Krippenspiel geschrieben. Am Abend vor der Aufführung stellten sie erschrocken fest: Sie hatten vergessen, die Rollen der

drei Könige zu vergeben! Nach kurzer Beratung kam der Spielleiter auf folgende Idee: Ich rufe drei Leute aus der Pfarrei an und frage, ob sie bereit sind, als Könige einzuspringen. Sie sollen einfach einen Gegenstand mitbringen, der ihnen etwas bedeutet, und ihn als Geschenk für das Kind in der Krippe mitbringen. Und dazu sagen sie dann frisch von der Leber weg, warum sie gerade diesen Gegenstand mitgebracht haben. –
Wenn ich *Sie* nun angerufen hätte, wären Sie so kurzfristig eingesprungen?

Der erste König kam, ein Mann Mitte Fünfzig, Vater von fünf Kindern, bei der Stadt angestellt, und brachte eine *(Gl. zeigt die Krücke)* – die Älteren würden sagen „eine **Krücke**" – heute heißt es positiver: eine „Gehstütze" mit. Dieser Mann sagte: „Vor ein paar Jahren hatte ich einen schweren Autounfall. Frontalzusammenstoß. Viele meiner Knochen waren gebrochen. In den ersten Wochen konnte niemand sagen, ob ich je wieder würde gehen können. Für jeden kleinsten Fortschritt war ich dankbar. Diese Wochen haben mich verändert. Ich bin bescheidener und – fröhlicher geworden. Vor allem dankbarer. Ich sah wieder das Kleine und Alltägliche. Nichts halte ich mehr für selbstverständlich. Diese Gehstütze lege ich als Geschenk vor die Krippe – als Zeichen meiner Dankbarkeit."
(Jetzt brauche ich einen „König", der diese Gehstütze vor die Krippe legt ...)

Danach trat eine Königin vor, eine Mutter von zwei Kindern. Sie brachte *(Gl. zeigt die Windel)* eine **Windel** *(oder: So sahen früher die Pampers aus!)*. Sie sagte: „Ich bin Grafikerin und habe in meinem Beruf viel Freude und Bestätigung erfahren. Trotz glücklicher Heirat und der Geburt meiner Kinder blieb ein Loch, weil ich meinen geliebten Beruf aufgeben mußte. Als die Kinder größer und selbständiger wurden, fiel mir die Decke auf den Kopf – wie man so sagt. Aber Selbstmitleid hilft nicht weiter. Ich besann mich meiner schöpferischen Kraft und brachte sie – auch in Begleitung meiner Kinder – in Spiel- und Bastelgruppen ein. Zudem engagierte ich mich bei öffentlichen Problemen. Ich verstand, daß die alltägliche Erziehungsaufgabe letztlich von gesellschaftlicher Bedeutung ist; denn woher soll eine positive Atmosphäre in die Welt kommen? So sah ich neuen Sinn in meinem Leben. Darum lege ich diese Windel vor das Kind in der Krippe, weil ich ‚ja' sagen möchte zu meiner kleinen Welt, die wichtig ist für die große Familie unserer Gesellschaft."
(Welche der „Königinnen" legt nun die Windel vor die Krippe? ...)
Der dritte König war ein junger Mann. Er brachte ein *(Gl. zeigt ein weißes, unbeschriebenes DIN-A4-Blatt)* **leeres Blatt Papier** und sprach: „Ich habe lange mit mir gerungen, ob ich überhaupt kommen sollte. Meine Hände sind nämlich leer wie dieses Blatt Papier, mein Herz aber voller Träume und Sehnsucht nach Lebenssinn. In mir ist Unruhe, Suchen, Warten, Zweifeln ... Ich kann gute Abschlußprüfungen vorweisen, aber auf über hundert Bewerbungen erhielt ich nur Absagen. Ich fühle mich überflüssig. Ich lege dieses leere Blatt vor dich, Kind in der Krippe, weil du ja kamst, um uns zu beschenken. Du hattest keinen

leichten Weg vor dir. Darum will auch ich nicht aufgeben. Wenn auch meine Hände noch leer sind, mein Herz ist bereit zu empfangen und weiterzugeben."
(Welcher von euch „Königen" legt nun dieses leere Blatt vor den König in der Krippe? ...)
Wir alle sind Königinnen und Könige – seit der Taufe. Was hätten *wir* als Gabe mitgebracht und was dazu gesagt? *(Stille)*
(Gekürzt und geändert nach Bruno Dörig, Der König mit den leeren Händen; aus: Meditationskassetten „Mit leeren Händen", Benziger Verlag, Zürich/Köln 1978)

13. Die Erdteile an der Krippe (Fest Erscheinung des Herrn)
(Ein Kamel, ein Elefant, ein Pferd)

Lesungen: Mt 2,1–12: Die Sterndeuter aus dem Morgenland finden den König in der Krippe; Lk 2,25–32: Jesus, das Licht für alle Völker.

Jesus, der König in der Krippe, ist für *alle* Völker der Erde geboren, auch für die „Heiden", die noch nicht glauben (vgl. Lk 2,31f). Damit alle damals bekannten Erdteile von den Weisen aus dem Morgenland an der Krippe repräsentiert wurden, ordnete man den Sterndeutern auf Darstellungen verschiedene königliche Reittiere zu. So werden sie auch dargestellt in der neuen Krippe im Kölner Dom, wie auch in manchen Landstrichen, wie zum Beispiel im Rheinland um Kevelaer. Königliche Reittiere waren das Kamel, der Elefant und das Pferd.
1. *Das Kamel* ist wohl am häufigsten an den Krippen zu finden. Es steht symbolisch für den Erdteil Asien. Ihm wird die Gabe der Unterscheidung nachgesagt, denn es nimmt keine Last an, die seine Kräfte übersteigt. Mehr aber noch wird an ihm das Niederknien bewundert – Ausdruck des Gehorsams. Im Neuen Testament wird das Kamel sogar namentlich erwähnt: „Eher geht ein Kamel durch ein Nadelöhr als daß ein Reicher in das Reich Gottes gelangt" (Mt 19,24). Wer also nicht arm wird in seiner Haltung vor Gott und teilt, kann nicht in das Reich Gottes gelangen. Damit wird schon an der Krippe durch das Kamel eine wichtige Botschaft vermittelt.
2. *Der Elefant* steht für den Erdteil Afrika (wenn er auch genauso häufig in Asien vorkommt). Er symbolisiert die unbesiegbare Kraft und Souveränität. Er gilt auch als klug, weil er nicht so schnell vergißt. Der Elefant ist insgesamt ein sehr positives Symbol; er fand als „elfenbeinerner Turm" (= Klugheit, die gegen alles Böse gewappnet ist) in die Lauretanische Litanei Eingang (vgl. GL 769).
3. *Das Pferd* versinnbildlicht an der Krippe Europa. In der Bibel kommt es oft in negativer Bedeutung vor, aber es gilt auch als Symbol des endgültigen Sieges und findet sich daher auf Gräbern von Märtyrern. Damit weist es schon an der Krippe auf den endgültigen Sieg Christi in Tod und Auferstehung hin. Das strahlend weiße Pferd ist im letzten Buch der Bibel, der

Offenbarung des Johannes, Sinnbild der Majestät Christi: Als der „Treue und Wahrhaftige" reitet Christus wie auch sein Gefolge auf weißen Pferden (Offb 19,11.14).

Aus ähnlichem Grund werden auch viele Heilige Europas auf Pferden dargestellt, am häufigsten Georg, Hubertus, Martin, Theodor, Wendelin.

Die Reittiere der Heiligen Drei Könige an der Krippe mit Aussagekraft: Alle damals bekannten Völker sollen ihren König in der Krippe finden.

(Barthel Held, D-50126 Bergheim-Glesch)

Fastnacht / Karneval / Fasching

14. Botschaft des Clowns

(Ein Clown – wir können ihn uns gut vorstellen; oder ein oder mehrere Kinder stellen sich im Clownkostüm um Gl.)

Hinweis: Jüngere Kinder malen während dieser Predigt das nebenstehende, auf DIN-A4 vergrößerte Clownbild aus.

Lesungen: 1 Kor 4,9–13: Wir stehen als Toren da um Christi willen; Lk 6,20–23: Selig, die ihr jetzt weint, ihr werdet lachen; Mt 5,3–12: Die Seligpreisungen (die Trauernden werden getröstet ...).

Unsere Welt ist nicht nur manchmal wie ein großer Zirkus. Udo Jürgens sang einmal: „Lachen kann von Mensch zu Mensch so leicht eine goldene Brücke bauen. Wer hat das so oft wie du erreicht, wie du, mein Freund, der Clown?"
Darum laßt uns jetzt einmal in die Schule des Clowns gehen. Denn wir haben doch schon erfahren, daß im Lachen eine Hoffnung liegt, die stärker ist als jeder Schmerz. Lachen befreit und wirkt ansteckend. Also: Worin besteht das Geheimnis der Clowns, die uns zum Lachen bringen?

1. *Dem Clown paßt nichts, aber dennoch lächelt er.*

Die Kleidung eines Clowns ist teils zu groß und teils zu klein, zu weit oder zu eng, farblich nicht zusammenpassend. Fast jeder von uns würde sich in solch einer Aufmachung schämen oder sich darüber ärgern, sich verstecken oder schnell umziehen. Nicht so der Clown: Er lächelt darüber. Mit einem Lächeln kämen auch wir über vieles hinweg, was uns im Alltagsleben nicht paßt, wenn z.B. die Situation in der Schule oder im Beruf bedrückend ist oder eine verpaßte Chance zum Umplanen zwingt. Dies mit einem Lächeln tragen oder ertragen, obwohl es uns nicht paßt, ist die beste Lösung! Und wer das schafft, ist erwachsen und reif und innerlich frei. Lernen wir es vom Clown: Obwohl er in vieles hineingerät, was ihm „nicht paßt", er verliert sein Lächeln nicht.

2. *Der Clown hat zuletzt die Lacher immer auf seiner Seite:*
Bei vielen Nummern im Zirkus erscheint er als Tolpatsch, dem zunächst alles danebengeht und der oft der Dumme ist. Von seinem Partner wird er reingelegt und übers Ohr gehauen. Aber zuletzt ist der Clown immer der Klügere nach dem Motto: Wer zuletzt lacht, lacht am besten.
Wurde nicht auch Jesus übel mitgespielt, wenn wir daran denken, wie undankbar die Menschen letztlich waren, denen er geholfen hatte? Wo waren sie denn in dem Scheinprozeß, der ihm das Todesurteil brachte? Und zum Schluß, als seine Jünger sich ängstlich und verunsichert einschließen und davonmachen wollten, da triumphiert er in seiner Auferstehung. (Hier auf das Evangelium Lk 6,20–23 eingehen: „Selig seid ihr, die ihr jetzt weint, ihr werdet lachen!")
3. *Wie oft fällt ein Clown hin, aber er steht auch immer wieder auf!*
Das Fallen gehört zu unserem Menschsein, weil wir schwach und unachtsam sind. Daß Jesus unter der Last seines Kreuzes fiel, zeigt, daß er zu uns Menschen gehört. Der Clown sagt uns: Fallen ist menschlich, aber ich darf nicht liegenbleiben.
Jesus fiel dreimal mit seinem schweren Kreuz und erhob sich immer wieder. Ob er dies dem Petrus deutlich machen wollte, als er gerade ihn an die Spitze seiner Kirche gestellt hat? Petrus war nämlich tief gefallen, als er Jesus verleugnete. Und so einer wurde Papst! Da brauche ich doch nicht zu resignieren, wenn ich einmal falle.
Spätestens jetzt, da ich schon zweimal an Jesus erinnert habe, können wir verstehen, warum Jesus von Künstlern oft als Clown dargestellt wird. Der Maler Rouault malt Jesus im Clowngewand angenagelt am Kreuz; denken wir an Heinrich Bölls Buch „Ansichten eines Clowns"; an das Musical „Godspell", in dem Jesus als Clown unter Clowns auftritt, um eine andere Gerechtigkeit zu verkünden, oder an den Film „Parabel", in dem Jesus als Zirkusclown tragisch endet.
4. *Der Clown kennt die Traurigkeit, verzweifelt aber nicht in ihr, ja, läßt sich von ihr nicht bestimmen.*
Charlie Rivel, einer der größten Clowns (1896–1983) erinnert sich an seinen Auftritt am Sterbetag seiner Mutter. Er schreibt in seiner Selbstbiographie (Heyne Verlag, München 1979): „Ich trat damals im Cirque Royal in Brüssel auf und beherrschte mich so lange, bis ich im Schutz der Maske in der Manege stand. An diesem Tag brauchte ich keine Tränen zu spielen. Keiner merkte, wie mir ums Herz war. Die Leute lachten wie immer." (Charlie Rivel beherrschte das gespielte Weinen so echt, daß sich einmal ein Kind von der Mutter losriß, auf ihn zulief und ihm tröstend seinen Schnuller gab.) Er fügte hinzu: „So soll es sein: Ein Clown muß seinen Schmerz verbergen. – Ich bin ein Clown: Mein Glück ist es, andere glücklich zu machen."
Ein Clown kann seine eigene Traurigkeit für sich behalten, weil er um eine

noch tiefere Geborgenheit weiß. So schrieb Rivel: „Ich bin ein Clown, weil mir Gott die Gnade dazu geschenkt hat." Lachen können, auch wenn das Herz weint!
Clowns wie Charlie Chaplin, Charlie Rivel, Grock oder Popow sind Brückenbauer von Mensch zu Mensch. Wie schrieb Udo Jürgens noch? „Wer hat das (= das Brücken bauen) so oft wie du erreicht, wie du, mein Freund, der Clown?"
Darum darf ich noch einmal die Weisheit der Clowns wiederholen:
- Dem Clown paßt nichts, aber dennoch ist er fröhlich.
- Der Clown hat zuletzt die Lacher immer auf seiner Seite.
- Der Clown fällt oft hin, aber nichts hält ihn davon ab, immer wieder aufzustehen.
- Der Clown kennt die Traurigkeit, läßt sich aber von ihr nicht bestimmen; er lebt im „Trotzdem".
Die Tugend des „Trotzdem" im Glauben, in der Hoffnung und der Liebe ist jedem Menschen geschenkt; und in jedem steckt ein Clown. Manche „Kinder Gottes" haben es darin zur Meisterschaft gebracht:
- So lebte Don Bosco nach dem Wahlspruch: „Fröhlich sein, Gutes tun und die Spatzen pfeifen lassen!"
- Elisabeth von Thüringen hielt sich an den Grundsatz: „Wir müssen die Welt fröhlicher machen!"
- Und Franz von Assisi war inmitten seiner Armut der fröhlichste Heilige.
„Kinder Gottes" sind auch wir, die wir diese Eigenschaften der Clowns übernehmen dürfen. Dann wird die Welt, dort, wo wir auftreten, menschlicher und fröhlicher und damit christlicher.

15. Von der Narrenliebe zur Nächstenliebe
(Handspiegel und Narrenzepter)

Lesungen: Koh 3,1–8: Es gibt eine Zeit zum Weinen und eine Zeit zum Lachen ...; Lk 6,24–26: Weh euch, die ihr jetzt lacht ...

Wer in der Fastenzeit nicht fasten will, hat auch keinen Grund, Karneval zu feiern. Die Kirche hatte nie etwas gegen Karneval, höchstens gegen seine Auswüchse und seine zeitliche Ausweitung. Die tollen Tage sind ja rein menschlich zu verstehen: Vor der Diät schlemmt mancher noch einmal so richtig. Vom Sprachgebrauch her heißt „carnelevale = Wegnahme des Fleisches" und „carne vale = Fleisch, lebe wohl!" – 40 Tage lang in der langen Fastenzeit! Vielleicht war der Sinn des Karnevals in seinen Ursprüngen auch nur: Vor der langen Fastenzeit müssen nun alle Fleisch-, Fett- und Biervorräte verzehrt werden, weil sie sonst verderben.
Im Karneval wird für kurze Zeit alles auf den Kopf gestellt. Wer so ein ganzes

Jahr hindurch leben wollte, würde feststellen, wie schnell auch so etwas schal und trist wird. Also nichts grundsätzlich gegen den Karneval, denn diese „fünfte Jahreszeit" ist die Zeit des Lachens und Tanzes, die in der Lesung bei Kohelet anklang.

Karneval, eine Zeit, in der die Ordnung auf den Kopf gestellt ist. Das drücken auch diese beiden Symbole eines Narren aus: der Spiegel und das Narrenzepter! Der Spiegel könnte sagen: Ich bin *in mich* verliebt, ich bin voller Eitelkeit (vielleicht hält beim Dreigestirn in Köln deshalb die „Jungfrau" den Spiegel). Das Narrenzepter trägt eine plastische Selbstdarstellung des Narren, meint also auch, ich bin in mich selbst verliebt: Die Eigenliebe, der Egoismus soll jetzt herrschen. Wenn jetzt noch das Schellenkleid des Narren hinzukommt, dann meinen die vielen Glöckchen mit ihrem Gebimmel: Nein, wir wollen bewußt *nicht* diese richtige Liebe, von der es im Hohenlied der Liebe (in einer alten Übersetzung) heißt: „Wenn du nicht die richtige Liebe hast, die sich Gott und dem Nächsten zuwendet, dann bist du in den Augen Gottes wie tönernes Erz oder eine klingende Schelle" (1 Kor 13,1).

Also pure Eitelkeit, Selbstbespiegelung und Egoismus! Narzißmus, sagen wir mit einem Fremdwort: Narziß war in der griechischen Sage der junge Mann, der sich leidenschaftlich in sein eigenes Spiegelbild im Wasser verliebte; und zwar so sehr, daß er sein Spiegelbild umarmen wollte, dabei aber ins Wasser fiel und ertrank. So fallen auch alle Narren ins Wasser, wenn sie nicht rechtzeitig die Kehre kriegen; rechtzeitig heißt, bis es „zwölf schlägt". Die Elf ist noch die Zahl und Zeit der Narren, da kann sich noch einer in der (biblisch) sündigen Stadt Babylon aufhalten, aber wenn Punkt zwölf die Herrschaft Gottes beginnt, muß er die himmlische Stadt Jerusalem betreten haben, sonst ist alles zu spät.

(Vgl. zum Ganzen in meinem Buch „88 Symbolpredigten durch das Kirchenjahr", Nr. 16.)

Darum möchte ich die Symbole des Narren umkehren und positiv deuten: Umkehr wie aus einer Sackgasse, die mich nicht zum Ziel vordringen läßt. Den Spiegel kann ich mir auch in guter Absicht vors Gesicht halten: Ungeschminkt sagt er mir, was das Leben alles in mein Gesicht geschrieben hat, Positives und Negatives. Ich darf den Spiegel auch vor meine Seele halten: Da hilft keine Schminke, wenn ich an der Liebe zu Gott und zum Nächsten vorbeilebe. Vor Gott brauche ich keine Maske oder Fassade. Mit einem Spiegel kann ich auch Strahlen der Sonne einfangen und sie an die Stellen leiten, die kein Sonnenstrahl erreicht, weil da Unerwünschte, Vergessene, Abgeschobene ... wohnen ...

Das umgedrehte Zepter wird zum Stab, mit dem ich – wie mit einem verlängerten Arm – einen Ertrinkenden ans Land ziehen kann. Ein Staffelstab sprengt noch mehr den Egoismus: Er führt nur zum Triumph, wenn mehrere ihn richtig entgegennehmen und weitergeben. Nehmen und Geben, Geben und Nehmen ist die Haltung, die *alle* zum Ziel finden läßt. Wahrscheinlich müssen wir vor den Toren zum himmlischen Jerusalem warten, bis wir auch die anderen herbeigeholt haben, die wir auf dem Wege dahin im Stich ließen.

(Nach einer Idee von Manfred Becker-Huberti in PEK, Nr. 648, 2. Febr. 1994, S. 2)

(Im Chorgestühl des Hohen Doms zu Köln befinden sich auch geschnitzte Narren mit ihren Insignien; die Narren und ihre verkehrte Welt sollten die Beter auf ihrem Weg zur Umkehr nach dem Motto bestärken: „Bleib kein Narr und bring dich nicht um dein Heil!")

16. Wahrhaftig leben – auch ohne rote Nase
(Nach Karneval)
(Eine rote Nase zum Überziehen; ein Bergkristall)

Lesungen: Offb 21,22–27: Nichts Unreines darf in die himmlische Stadt Jerusalem; Mt 6,1–8: Nicht wie die Heuchler ...; Lk 6,37.41–42: Der Heuchler richtet gerne und zieht lieber dem anderen den Splitter aus dem Auge als sich selbst den Balken; Joh 14,1–6: Ich bin der Weg, die Wahrheit und das Leben ...
„Kurzg. 3", Nr. 39: Das Kind Giacomo, der Kristall, lebt für die Unverfälschtheit des Herzens: Seine Wahrheit leuchtet auch durch die Gefängnismauern der Zeit ...

Hinweis: Sie können es auch bei der „Kempfert-Predigt" belassen.

Wenn wir also nach den eben gehörten Worten des Lukasevangeliums nicht zum Heuchler werden wollen, dann bitte jetzt in der Predigt nie an einen anderen denken als an uns selbst.
Im ersten Teil der Ansprache möchte ich auf die Fernsehserie „Mit Leib und Seele" zurückgreifen – mit Pfarrer Adam Kempfert alias Günther Strack. In einer dieser Folgen sprach er „Das Wort zum Sonntag", wobei er sich eine rote Pappnase aufsetzte – natürlich nur als Idee in dieser Folge.
Er hatte zuvor ein Gespräch mit zwei Jugendlichen geführt, die von zu Hause abgehauen waren. In diesem Dialog war das Wort vom „Hampelmann" gefallen als Ausdruck der Kritik an Erwachsenen.
Und jetzt „live" Pfarrer Kempfert: „An dieser Stelle sitzt jeden Samstag ein Pfarrer und versucht Ihnen das Wort Gottes schmackhaft zu machen, während Sie zum Kühlschrank gehen und sich frisches Bier holen oder die Lottozahlen vergleichen, die Ihre Frau eben mitgeschrieben hat. Wen interessiert es schon, was dieser ‚Hampelmann' zu sagen hat? Und wenn das so ist, dann können wir ja gleich von Anfang an aufhören, uns was vorzulügen – oder?
Überhaupt sollte sich jeder so eine rote Nase aufsetzen *(Gl. setzt sich die rote Nase auf):* Jeder Politiker, jeder Lehrer, jeder Vater, jede Mutter und – jeder Pfarrer. Wir alle machen uns nämlich zu Hampelmännern, wenn wir so tun, als wäre alles in bester Ordnung. Nun will ich weder von den Politikern reden, die verharmlosen, wie es um die Umwelt bestellt ist, noch von den Schulen, in denen verzweifelte Lehrer sich mit uninteressierten Schülern herumschlagen, oder von den Eltern, die ihren Kindern kein Vorbild mehr sind. Ich will von mir

reden, von uns Pfarrern. Wir lieben es ja, so einfach diese Lügen in unseren eingefahrenen Ritualien zu heiligen: Wir taufen, obwohl die meisten Eltern nur kommen, weil es sich hier so gehört; wir firmen die Kinder (Jugendlichen) und sehen sie da zum letzten Mal in der Kirche. Erst wenn geheiratet wird, sind wir wieder gefragt, und damit enden wir – im Krankenhaus oder schließlich bei der Beerdigung. So ist das ...
Christen – das Salz der Erde? Zweitausend Jahre lang haben wir die Erde versalzen; jetzt wächst nichts mehr. Geblieben sind die Worte, die Formeln, an denen wir uns festhalten, obwohl sie nichts mehr bedeuten: Tugend, Treue, Hingabe, Demut, Ehrfurcht, Wahrhaftigkeit: alles leere Hülsen!
In Wirklichkeit tun wir das Gegenteil. Jeder ist sich selbst der Nächste – es darf nur keiner merken. Und es merkt ja auch keiner, weil ja keiner eine rote Nase aufhat. Nur die Kinder. Unsere Kinder! Die schauen uns an. Und in ihren Augen sehen wir uns plötzlich so, wie wir wirklich sind: schonungslos, beschämend. Wenn ihr nicht werdet wie die Kinder! Selbst wenn wir könnten, wir wollen es nicht einmal mehr! Lügen ist einfacher! Und deshalb erzählen wir unsere Lügen einfach weiter. Und da unsere Kinder uns lieben, glauben sie uns. Wir haben es geschafft, auch sie zu Hampelmännern zu machen *(nimmt die Nase ab)*.
So eine Nase ist übrigens ganz einfach herzustellen: Etwas Pappmaché oder einen Schwamm und Gummiband. Gute Nacht!"
Das Ganze kommentiert ein junges Mädchen so: Der Mann ist irre!
Der Redakteur von der Radiostation darauf: Na klar, jeder, der die Wahrheit sagt, muß verrückt sein.
Mädchen: Der Kempfert ist nicht verrückt, der ist wie wir: ein Kindskopf. Aber Sie haben recht.
Das Mädchen geht später zu Pfarrer Kempfert in die Kirche: Danke, Herr Kempfert, für die rote Nase! Ohne rote Nase hätte ich Ihnen kein Wort geglaubt! –
Soweit die Kempfert-Predigt. Sie war mir zu negativ. Denn ich denke dabei an alle hier und draußen, die sich ehrlich bemühen; auch an alle, die in den vergangenen 2000 Jahren wirklich Salz für die Erde waren. Ich habe lange überlegt, welches Symbol das veranschaulichen kann. Schließlich habe ich mich für diesen Kristall entschieden, der irgendwo in einem Berg gewachsen ist *(Gl. zeigt den Kristall)*. Beim Anblick dieses Kristalls müßte uns jetzt eigentlich die Geschichte von Giacomo, dem Kristall, einfallen, die wir vor dem Evangelium gehört haben. Da war ein Kind – eigentlich wie Jesus –, das gegen den Strom steuerte, unverfälscht sich selbst lebte und dessen Wahrheit durch Gefängnismauern, ja selbst durch den Tod – wenn ich an Jesus denke – leuchtete. Zum Schluß hieß es: Selbst in der Nacht drang dieses Licht des Herzens und der Wahrheit bis in das Schlafgemach des Königs, und der mächtige König findet keine Ruhe mehr.
Wir alle hatten oder haben dieses Licht des Herzens und der Wahrheit, denn wir alle sind Ebenbilder Gottes. Welche Auszeichnung: Abbilder, Ebenbilder Gottes!

Kinder haben meist noch diese unverfälschte Ausstrahlung. Das spüre ich, wenn ich ihnen im Kindergarten oder ... begegne. Ich komme vielleicht bedrückt an wegen anstehender Probleme oder mit dem einen oder anderen Stein auf der Seele, aber ich gehe befreiter fort, gelöster, fröhlicher. Vielleicht erging es Ihnen auch schon so, wenn Sie mit Ihren Kindern auf dem Teppich lagen und gespielt haben.

„Jesus", so schrieb die Theologin Dorothee Sölle, „war der glücklichste Mensch wegen dieser Wahrheit, denn er kam überein mit sich selbst, mit den Menschen und mit dem Vater im Himmel." Wir haben über diesen wahren Kern in uns zu viele Schichten abgelagert. Sie kennen die Floskeln: „Man muß mit der Zeit gehen", „Ich habe genug andere Probleme", „Keine Zeit dafür", „Das ist heute nicht mehr so". Darum sollten wir alle ab und zu wirklich die rote Nase tragen. Aber wie oft stehen wir als Heuchler den Kindern gegenüber, die Orientierung suchen! Kinder leben ja die Klarheit noch vor.

Es wird Zeit, wieder auf die Stimme unseres Herzens zu hören und hinter dem herzugehen, der gesagt hat: Ich bin der Weg, *die Wahrheit* und das Leben.

Aschermittwoch / Fastenzeit / Passion

17. Den Farbkasten unseres Lebens säubern
(Ein gebrauchter Farbkasten, eventuell auch ein Glas mit sauberem Wasser und einem Farbpinsel. Eventuell bekommt jeder einen Farbnapf mit der Aufschrift „Jetzt ist die Zeit")

Lesungen: 2 Kor 5,20.21 – 6,1–2: Jetzt ist sie da, die Zeit der Gnade; Mt 6,16–18: Wasche beim Fasten dein Gesicht.

Hinweis: Die Gedanken sind meist bewußt nur angestoßen und offengeblieben, damit Gl. sie selbst weiterführen kann.

Mein Leben ähnelt diesem gebrauchten Farbkasten; manche der durcheinander gemischten Farben spiegeln mein Innenleben wider. „Wasche beim Fasten dein Gesicht!", hörten wir eben im Evangelium, das wäre für meinen Farbkasten so ein Glas mit sauberem Wasser, das mir hilft, die volle Leuchtkraft der einzelnen Farben wieder herauszuwaschen. Die Fastenzeit ist eine Zeit der Gnade (vgl. 2 Kor 6,2), das zu tun. *(Gl. nimmt den Pinsel, taucht ihn ins Wasser und beginnt)*
Hier, das müßte die **rote** Farbe sein – die Farbe der Liebe. Wie steht's denn um meine Liebe, um die Wärme zu denen, die mir am nächsten stehn?
Oder hier – unter diesem Gemisch müßte sich die **blaue** Farbe verbergen – die Farbe des Glaubens und der Treue. Wie steht's um mein Vertrauen auf Gott, um meine Treue zur Kirche?
Hier das **Orange** muß ich auch wieder freilegen: die kostbaren Schätze meiner Freundschaften; nehme ich mir noch genügend Zeit für sie?
Was war noch meine Lieblingsfarbe? Ich seh' sie nicht. Hier, dieses verbrauchte **leere Farbnäpfchen** – dafür müßte ich neue Farbe besorgen!
Hier ist die Farbe **eingetrocknet**: In welchem Bereich meines Lebens ist meine Lebensfreude versiegt, meine Phantasie eingetrocknet? Ja, da liegen Beziehungen auf Eis; da schiebe ich ungelöste Probleme vor mir her.
Ach, am meisten ist noch von der **schwarzen** Farbe vorhanden. Ein Grund zum Danken, daß ich selten ganz Dunkel pinseln mußte und die Schwarzweißmalerei unterblieb.
Das **Weiß** ist ziemlich verbraucht, es hat so manche bunte Farbe variiert und noch freundlicher gemacht: Es gab etliche Farbtupfer in meinem Leben, die den Alltag erhellten.
Jetzt ist die Zeit, mich von verbrauchten Farben zu trennen; ich kann ja Freiräume lassen, muß nicht alle Töpfchen füllen. Aber Säubern ist angesagt: Was da alles in meinem Leben „verlaufen" ist!
Wir gönnen uns eine Minute Stille, um zu überlegen, an welcher Stelle ich im Farbkasten meines Lebens aufräumen muß! *(Stille)*
Herr, führe meine Hand immer zum richtigen Farbtopf, damit mein Lebensgemälde gelingt!

Beim Austeilen des Aschenkreuzes ab und zu folgende oder eine ähnliche Formulierung verwenden: „Schaffe Ordnung im Farbkasten deines Lebens!", oder: „Es ist an der Zeit, neue Farben für dein Leben zu sammeln!"
(Verändert nach einer Idee bei Eva Bieber/Susanne Schäfer, Einer hat uns angesteckt, Neue Jugendgottesdienste, Verlag Herder, Freiburg 1997, S. 123–137, „Sammle Farben für dein Leben")

18. Im Gleichnis einer Blumenzwiebel
(Eine Blumenzwiebel für jeden)

Evangelien: Mt 4,1–11: Jesus behauptet sich in den drei Versuchungen; Mt 17,1–9: Die Verklärung Jesu; Mt 5,1–12a: Die Seligpreisungen – noch versteckt im Kern.

(*Zu den Kindern:* Habt ihr erraten, welche Blume aus dieser Zwiebel erwachsen wird?)
Legen Sie bitte die Blumenzwiebel vor sich hin, um sie zu betrachten. Zwei Gedanken möchte ich währenddessen entfalten:
1. *Nicht warten können oder Sehnsucht zeigen?*
Wir leben in einer Zeit, in der keiner mehr warten kann: Bereits zu Weihnachten bieten Blumengeschäfte Osterglocken, Tulpen und Flieder an. Schon sechs Wochen vor Sankt Martin sind Weckmänner zu kaufen; Spekulatius gibt's bereits im Spätsommer; zum ersten Advent stehen weihnachtlich geschmückte Tannenbäume in hellem Licht; und bunte Frühstückseier zu jeder Jahreszeit nehmen dem Osterbrauch ein Stück Reiz.
Wer das Warten nicht gelernt hat, wird natürlich als Jugendlicher auch nicht warten können, wenn es um entscheidendere Dinge geht. Da wird dann oft vorschnell versucht, über den Körper des anderen zur Seele vorzudringen, obwohl erst der Gleichklang der Seelen ertastet werden muß. – Jedenfalls oft genug: Alles schon vor der Zeit besitzen wollen ist eine Krankheit unsrer Zeit.
Aber könnten die Gründe nicht tiefer liegen? Daß hier auch manchmal eine Sehnsucht durchbricht, für die uns die Sprache fehlt? Mitten im Winter schon die Frühlingsboten vor Augen zu haben? In den Barbarazweigen die versteckten Hoffnungen sehen, die zum Blühen kommen sollen?
So möchte ich Ihnen zum Beginn der Fastenzeit eine Tulpenzwiebel überlassen, damit Sie sie zu Hause einpflanzen. Ostern kann sie dann blühen, am Fest der Feste. Und bitte daran denken, wenn Sie in der Fastenzeit nachschauen, ob die Zwiebel treibt: In ihrer Mitte ist jetzt schon die Blüte vorgeformt; aber zuerst muß sie in die Erde, in die Asche, die wir uns am Aschermittwoch auf die Stirn zeichnen ließen. Unsere Sehnsucht, daß die

Erde und der Tod nicht das Letzte sind, findet Ostern in der Blüte die Erfüllung: Jesus ist der Herr über Leben und Tod.
Bald hören wir das Evangelium von der Verklärung Jesu auf dem Berge Tabor (zweiter Fastensonntag). Am Fuß des Berges hatte Jesus noch davon gesprochen, daß er bald sterben muß. Auf dem Berg dürfen die Jünger einen Blick auf die Blüte, die Zukunft, werfen: Jesus leuchtet wie die Sonne, zeigt sich als Herr der Herren, als Gottes geliebter Sohn. Und aus diesem Weitblick heraus können die Jünger ganz anders in den Alltag hinabsteigen. Also: Nicht deprimiert auf den Aschermittwoch und die Asche schauen, die zuletzt vom Leben übrigbleibt, sondern auf die Erfüllung in der Auferstehung, die auch auf uns wartet!

2. *Das Leben als Aufgabe, sich verwandeln zu lassen.*
Diese Tulpenzwiebel kann ich mit meinem Leben vergleichen. Niemand kann mich zum Wachsen und Blühen zwingen, doch bedenken Sie, was der deutsche Dichter Angelus Silesius († 1677) sagte: „In jedem steckt ein Bild dessen, was er werden soll. Solange er das nicht ist, ist nicht sein Friede voll."
Das heißt: Mein Lebensgefühl hängt „im Keller", wenn bei mir Entwurf und Ausführung zu weit auseinanderklaffen. Wer sich hängen läßt, verkriecht oder verweigert, der vertrocknet. Der andere Weg ist einzuschlagen: Ich muß aus der sauberen, wohlbehüteten Umgebung heraus; schmutzig werden; tiefe, dunkle Erde in den Gefühlen zulassen. Dann – es kann schmerzhaft sein – bricht es auf, keimt es. Ich muß warten können, loslassen, wagen, vertrauen, mich entfalten. Wenn ich die Schale durchbreche, meinen Keim entfalte, wird das alte, breite Ich in mir runzelig, schrumpelig, aber gleichzeitig werde ich offen in der Blüte für das Lächeln der Sonne, für Wind und Regen, für die Schmetterlinge. Ich darf Farbe und Samen weitergeben, manchmal auch den Duft, und so erfülle ich mich: In der Erde verwurzelt, wachse ich dem Himmel entgegen.
Wir haben im Evangelium (= erster Fastensonntag) von den Versuchungen gehört, vom sofortigen Genuß, vom Größenwahnsinn, vom Machtrausch. Diese Tulpenzwiebel zeigt den einzig richtigen Weg, für den sich auch Jesus entschied: sich hingeben, bereit sein zur Verwandlung und so über sich hinauswachsen.

19. Zwei Seelen in meiner Brust (Auch am Karfreitag)
(Ein großes rotes und deckungsgleich ein schwarzes Herz)

Evangelien: Mt 4,1–11: Jesus behauptet sich in den Versuchungen; Mt 27,46 oder Mk 15,34: Mein Gott, warum hast du mich verlassen; Lk 23,46: Vater, in deine Hände lege ich meinen Geist.

Gerade noch fühlten wir uns himmelhoch jauchzend, dann plötzlich – selbst nach einem kleinen Vorfall – sind wir zu Tode betrübt. Wer hätte noch nicht die zwei Seelen in seiner Brust gespürt?
(Gl. zeigt das rote und das schwarze Herz)
Jesus erging es auch so: Am Kreuz rief er in tiefer Verzweiflung: „Mein Gott, mein Gott, warum hast du mich verlassen?" (Mt 27,46 und Mk 15,34) *(Gl. zeigt das schwarze Herz)*, doch dann weicht seine Not dem vertrauensvollen Gebet: „Vater, in deine Hände lege ich meinen Geist!" *(Gl. zeigt rotes Herz. – Auch im folgenden zeigt Gl. jeweils – dem Sinn entsprechend – das rote oder schwarze Herz)*
Diese zwei Seelen in der Brust können wir oft feststellen:
Ein junger Mann war aus Neugierde schon als Schüler auf Drogen hereingefallen. Er wehrte sich gegen den Abgrund, der sich auftat. In seinen Träumen sehnte er sich genau nach dem Gegenteil, wollte Polizist, ja Priester werden. Und dann, als er mit Hilfe seiner Freunde aus dem tödlichen Strudel herauszufinden schien, setzte er sich mit 23 Jahren eine tödliche Überdosis. – Vergleichbar einem Zwillingspaar, von dem der eine ein berüchtigter Verbrecher, der andere ein berühmter Kriminalkommissar wurde.
Ein Beispiel aus der Welt von Kameraden bei der Feuerwehr oder den Maltesern oder überall, wo das Wort „Kamerad" hoch angesiedelt ist: einerseits der beispielhafte Einsatz, die Bereitschaft, für andere das Leben hinzugeben, andererseits das Ausgrenzen eines Kameraden, der gut genug ist, nach Feierlichkeiten den Raum auszukehren, aber nie ernsthaft gleichberechtigt in den Kreis aufgenommen wird. Taucht er dann eines Tages nicht mehr auf oder ergibt sich dem Alkohol, fühlt sich keiner schuldig.
Sehr schlimme Beispiele für die zwei Seelen stehen uns in Ruanda oder dem ehemaligen Jugoslawien vor Augen *(aktuelle Beispiele einfügen)*: Jetzt Gottesdienst mit innigem Gebet und frommen Gesängen, anschließend Massenmorde in brutalster Art und Weise.
Es schlägt da kein blindes Schicksal zu: Wir sind es, die immer wieder in der Entscheidung zwischen dem liebenden *(= roten)* Herzen und dem gleichgültigen oder hassenden *(= schwarzen)* stehen.
In der Versuchung vor seinem öffentlichen Auftreten entscheidet sich Jesus für die Barmherzigkeit und die vertrauende Liebe *(Gl. zeigt rotes Herz)*. Im Tod am Kreuz verhilft er endgültig dem liebenden Herzen zum Durchbruch.
Auch bei seinem öffentlichen Wirken sah er in Zachäus einerseits das liebende Herz, das teilen konnte, und andererseits das skrupellose, das auf Gewinn aus war. Aber Jesus sprach ihn auf seine positive Seite an und veränderte ihn so zur Freigebigkeit. (Ebenso bei der Sünderin oder beim Verbrecher am Kreuz ...)
In der Nachfolge Christi versuchen wir – im täglichen Ringen mit dem Guten und Gemeinen in uns –, das liebende Herz stärker werden zu lassen als das dunkle *(Gl. legt das rote über das schwarze Herz)*, denn nur so können das Böse, die Verzweiflung und der Unfriede ... überwunden werden.

20. Vom Unbewußten
(Ein gemalter großer Eisberg ist im Altarraum zu sehen)

Lesungen: Ez 36,24–28: Ich nehme das Herz aus Stein aus eurer Brust; Joh 2,13–19: Austreibung aus dem Tempel = Treibt alles Unreine aus dem Tempel des Leibes (3. Fastensonntag, Lesejahr B). Lk 19,1–10: Die eisige Atmosphäre um Zachäus wird nach der Begegnung mit Jesus „flüssig". Sein Herz kehrt um; er verteilt den ergaunerten Reichtum (31. Sonntag i.J., Lesejahr C).

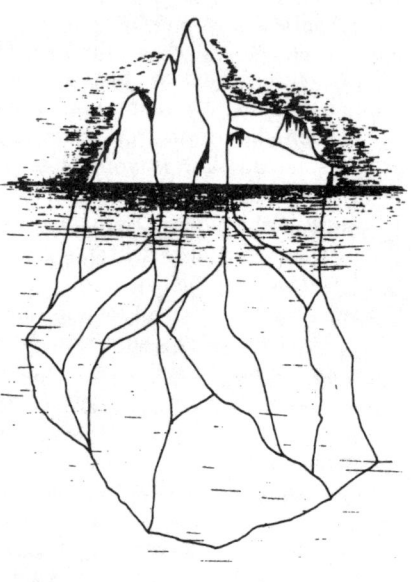

1. Ein Eisberg ist gefährlich, weil von ihm nur ein Siebtel aus dem Wasser ragt. Das wurde 1912 vor Neufundland dem als unsinkbar geltenden Luxusliner „Titanic" zum Verhängnis, als er gegen das unsichtbare Gebirge aus Eis fuhr und in Minutenschnelle sank. Dabei ertranken etwa tausendfünfhundert der zweitausend Passagiere.
2. Der Eisberg ist ein Symbol für unser Bewußtsein, von dem wir auch nur ein Siebtel durch den Verstand kontrollieren können. Wir erfahren es immer wieder, wenn wir uns geärgert haben oder uns ein Film aufgewühlt und innerlich getroffen hat: Todmüde fallen wir ins Bett, liegen aber nach kurzer Zeit hellwach da, weil aus unserem Unbewußten die Ängste aufsteigen. Oft finden wir die ganze Nacht keinen Schlaf mehr, weil unser Verstand die Gefühle nicht in den Griff bekommt.

Wenn jemand im Amok seine ganze Familie tötet oder über seine Stieftochter herfällt oder über die Freundin der Tochter, dann können wir in der Zeitung oft die Aussage des Täters lesen: „Ich hatte ein ‚Blackout'!" oder „Es kam über mich!" oder „Auf einmal sah ich rot!" Mit anderen Worten: Das viel größere Unbewußte setzte den Verstand außer Kontrolle und Kräfte frei, die uns schaudern lassen.

Es ist also wichtig, all das mit dem Gewissen zu kontrollieren, was wir in unser Unbewußtes hineinschütten. Brutale Videos, harte Pornohefte, Schauerliches aus dem Internet und was sich die Freizeitindustrie an Negativem alles hat einfallen lassen: Wenn ich sie oft konsumiere, ist das nicht meine Privatangelegenheit! Denn dabei verwandelt sich etwas in mir; es wächst etwas in mir an, das eines Tages übermächtig und gefährlich werden kann.

3. Wenn ich jetzt auf Eisberge mitten unter uns zu sprechen komme, dann sage ich das nicht aus einer Sicherheit heraus, sondern ich bin hier selbst auf der Suche und bitte um Ihre Mithilfe, wenn Ihnen meine Darstellung zu einseitig erscheint:
Mit diesen Eisbergen unter uns meine ich viele Männer – innerlich vereist in Beziehungslosigkeit. So haben neun von zehn Männern keine wirklichen Freunde mehr. Warum ergreifen bei den Scheidungswilligen mehr als 75 % Frauen die Initiative? Die Erziehung hat viel Schuld daran, wenn zum Beispiel der Junge vom Hotel „Mama 1" ins Hotel „Mama 2" der Ehe überwechseln kann. Mit den gern benutzten Behauptungen „Ein Indianer weint nicht!" oder „Sei keine Memme!" werden die kleinen Jungen bereits entsprechend abgerichtet – und das Eis wächst! Erwachsen, gestatten sich diese Männer nicht, krank zu sein. Sie meinen, Roboter sein zu müssen, durch die Härte im Beruf zusätzlich vereist. Und starke Pharmaka werden im Rock versteckt, erst am Arbeitsplatz eingenommen, damit es die Frau nicht merkt. Nur nicht barmherzig mit sich selbst sein! Diese Männer lesen auch die Ratgeber fürs Bett so, als ob Kupplung und Gas zu bedienen seien; auch dann dürfen sie keine Gefühle zeigen. Sie beweisen sich im Beruf in ununterbrochener Aktivität; Angst dürfen sie bei sich nicht zulassen; Fragen stellen solche Männer keine, denn dann müßten sie ja zugeben, daß sie etwas nicht wissen. Sie verweigern auch ein Zwiegespräch. Fragen Sie die Eheberatung! Und wenn in der Ehe ein Konflikt auszutragen ist, meidet er den Augenkontakt und blättert weiter in der Illustrierten.
Machen wir doch die Probe aufs Exempel!
Liebe männliche Jugendliche ab sechzehn Jahren: Kann euer Vater euch noch umarmen? Könnte er fragen: „Ist was? Du hast so traurige Augen." Gibt er sich euch gegenüber eine Blöße?
Und so leben zu viele Männer in jahrzehntelanger gefühlsmäßiger Verschlossenheit – bis hin zum Herzinfarkt oder Schlaganfall. Warum sterben Männer laut Statistik sieben Jahre früher als Frauen? Warum haben Männer fünfmal häufiger Bronchialkrebs als Frauen, dreimal häufiger Asthma? *(nach WHO = Weltgesundheitsorganisation).*
Das klingt alles sehr hart; ich will die Männer ja nicht nur kritisieren, will ihre Liebe nicht übersehen, ihre häufig stumme Liebe, diese Energie, Tatkraft und den Witz, die sie in einen Hausbau stecken können ...! Wenn es unsere hölzerne Rasse nicht gäbe, wäre es armseliger auf der Welt. Ich selbst gehöre ja auch zu dieser Sorte, die eine Menge Dressur – dazu gehört meine Internatserziehung – über sich ergehen lassen mußte und jetzt eine Menge Eis im Innern spürt.
Zu ihrem eigenen Wohl müßte an diesen Eisbergen etwas geändert werden. Die meisten Männer bräuchten emotionale Nachhilfestunden. Ihre Frauen müßten unbequemer werden und nicht meinen, ihren Mann geheilt zu haben, wenn er mal den Mülleimer nach unten bringt. Viele Männer

bräuchten Frauen, die ihnen etwas zumuten und das Spiel der Mütter und Schwiegermütter nicht mehr mitmachen, weil es sie letztlich wieder selber trifft; Frauen, die neue Wege suchen, um eine weitere Coolheit der Gesellschaft aufzuhalten, und die nicht nur abwarten.

Liebe Männer, erst wenn wir den Männlichkeitswahn von Aggressivität, Brüllton, Gefühlsstau und technologischer Omnipotenz aufgeben, wird es menschlicher zugehen auf dieser Welt.

Ich weiß, daß ich mich jetzt in gefährlichen Wassern bewege, und hoffe, daß ich gleich unangefochten die Kirche verlassen kann; zudem möchte ich ja auch nicht die letzten Männer aus der Kirche vertreiben. Aber es ist doch nicht so, als ob andere das noch nicht bemerkt hätten! Ich zitiere einmal aus dem Lied „Cool sein" von Bettina Wegner (von der auch das feinfühlige Lied stammt: „Sind so kleine Hände"):

„Cool ist eins der Lieblingsworte, / gut getarnt scheint halb gewonnen, / Eisgesicht aus der Retorte, / Produktion hat schon begonnen. / Wenn man weint, ist man kein Mann! / Kummer darf nie offen sein! / Weil nicht sein darf, was nicht sein kann, / also: heule stets allein!"

Diese „Eisberge" sagen: „Alles muß vernünftig sein. Nur der Kopf, die ‚Ratio', ist gefragt – da kann Religion nicht helfen!" Beispielsweise sagte der berühmte Arzt (Pathologe) Virchow: „Ich habe noch nie eine Seele gefunden, bei all denen, die ich seziert habe." Klar, bei diesem rationalen Fleischerblick!

Warum ich diesen Punkt so ausführlich geschildert habe? Weil diese Haltung auch die religiöse Einstellung vereist. Wo bleiben die Männer in der Kirche? Wo erleben wir ihren lebendigen Glauben? – Damit komme ich zum letzten Punkt:

4. Was füllt mein Unbewußtes – die sechs Siebtel – mit religiöser Kraft, wenn ich nur alle zwei Monate *eine* Stunde für den Gottesdienst „opfere"? Wenn ich noch in religiösen Kinderschuhen herumlaufe? Oder wenn ich das Gebet fast habe sterben lassen: das Gebet, das auch „Atemholen der Seele" genannt wird!?

Ein Vergleich: Wie stände es um die Leistung eines Schülers/einer Schülerin, der/die nur alle zwei Monate *eine* Stunde lang unterrichtet wird?

Bei all den negativen Umwelteinflüssen, dem Lächerlich-Machen der religiösen Überzeugung und der christlichen Werte: Wie soll bei mir noch Vertrauen auf Gott wachsen, wenn ich mir für ihn keine Zeit nehme?

Vorsätze für die Fastenzeit, eine mögliche Zeit der Umkehr? Ich lasse uns dafür noch eine Minute Stille unter dem Wort der Lesung: „Ich nehme das Herz aus Stein und Eis aus deiner Brust und gebe dir ein Herz von Fleisch."

Mein Eisberg kann über und unter Wasser schmelzen, wenn ich mich der wärmenden Liebe Gottes, der Sonne Christi aussetze, den viele den „ersten *neuen* Mann" nennen.

(Oder nach dem Wort des Evangeliums: „Treibe alles Unreine aus dem

Tempel deines Leibes" [3. Fastensonntag]; oder: „Zachäus, steig endlich von deinem ‚Eisberg' herunter!" [31. So. i.J. C])
(Beim dritten Punkt war mir ein Vortrag des Philosophen und Psychotherapeuten Matthias Jung, Lahnstein, sehr hilfreich.)

21. Vom Leid zum Heil (Palmsonntag / Karfreitag / Ostern)
(Auf eine Haushaltsleiter legen oder heften: Geißel, Dornenkrone, langer Nagel, Schwamm, Zange, weißes Tuch. Auf den Altar legen: ein Stück Grabstein, Samenkorn, gemalter/gebastelter Schmetterling)

Evangelien: Leidensgeschichte, Osterevangelium (je nach Tag).

(Gl. stellt die Haushaltsleiter gut sichtbar hin) Wir haben die Leidensgeschichte in Ausschnitten gehört und können uns die Marterwerkzeuge einer solch langen grausamen Hinrichtung gut vorstellen.
1. Solch eine **Leiter** war dabei behilflich, das Kreuz aufzurichten und später Jesu Leichnam abzunehmen.
   Wie viele Leitern werden aufgerichtet, um andere zu kreuzigen; Leitern, auf denen rücksichtslos emporgestiegen wird; Erfolgsleitern, die Neid und Mißgunst hervorrufen?
2. Mit solch einer **Geißel** erhielt damals der Gefangene 40 Schläge weniger einen. Welch eine Ironie: Die heilige Zahl Vierzig durfte nicht verletzt werden, aber die hätte der Verurteilte sowieso nicht mehr gehört, weil er bis dahin bereits ohnmächtig war.
   Ich denke an die Geißeln der Menschheit, wie die Katastrophe einer Überschwemmung, eines Hurricans, eines Erdbebens ... Ich denke an Aids, die Geißel unserer Tage. Ich denke an all die Frauen, die niedergeprügelt werden; an all die Kinder, die erbarmungslos mißbraucht oder dem Profit geopfert werden. *(Geißel auf eine Stufe der Leiter legen)*
3. Zum Spott wurde Jesus **mit Dornen gekrönt**. – Mit welchem Spott, mit welcher beißenden Ironie reißen wir durch Sticheleien und spitze Bemerkungen manche Seele blutig? *(Dornenkrone auf eine andere Stufe der Leiter legen)*
4. Mit **Nägeln** wurde Jesus ans Kreuz geschlagen. – Wie viele fühlen sich auf eine Sucht festgenagelt, auf ihre Behinderung, auf ihr Krankenbett; wie viele werden unerträglich ausgebeutet und unterdrückt! *(Nagel auf eine weitere Stufe legen)*
5. Solch ein **Schwamm** wurde mit Essig getränkt und *dem* angereicht, der am Kreuz im Starrkrampf langsam verging. Jesus lehnt diesen Betäubungstrank ab. – Wie oft reichen wir Essigschwämme der leeren Vertröstungen? Welchem Dürstenden unserer Tage stillen wir den Durst nach Nähe – Partnerschaft – Arbeit – Versöhnung? *(Schwamm dazulegen)*

6. Mit solch einer **Zange** zogen sie Jesus die Nägel heraus – zu spät. – Wieviel Leid könnten wir ändern! Vielleicht sündigen wir heutzutage am meisten durch Unterlassen! *(Zange ...)*
7. In solch ein **weißes Tuch** wurde der Leichnam Jesu gehüllt und in ein Felsengrab gelegt. – So oft wird in unseren Breitengraden die Botschaft Jesu verhüllt, ins Grab gelegt, unwirksam gemacht! *(Tuch ...)*

Alternativen zu 1. – 7.:
Mit solch einem **Strick** wurde Jesus gefesselt und abgeführt. – Was alles fesselt uns heute und macht uns unfrei? Eine Sucht, zuviel Medienrummel, Götzen mit krakenhaften Armen ...?
Solch eine **Lanze** traf Jesus ins Herz. – Was bedroht die Menschheit heutzutage? Ist alles erlaubt, was machbar ist? Versetzen wir der uns anvertrauten Schöpfung nicht immer wieder Todesstöße?

Aber Jesus hielt es nicht im Grab. Gottes Sohn stand auf von den Toten. *(Gl. geht zum Altar, hinter oder auf dem die weiteren Symbole liegen oder auf den sie gelegt werden; vielleicht belassen Sie es jetzt bei nur einem Symbol)*
Wenn Er den **Stein** (= *Stück Grabstein zeigen*) des Todes zur Seite gewälzt hat, dann können wir auch etliche unserer Stolpersteine beiseite schieben: die Angst vor der Zukunft; die Verbitterung über erlittenes Unrecht; die Versteinerungen eines zu engen Herzens; die lähmende Trauer über den Tod eines geliebten Menschen.
Und hier – übersehbar *(Gl. zeigt das Samenkorn)*: Ein **Samenkorn**, das nicht stirbt, wenn es in die Erde fällt, sondern das sich verwandelt in eine Ähre, die Brot zum Überleben schenkt.
Und hier noch *das* Symbol der Auferstehung: ein **Schmetterling**. Nach mühseligem Kriechen als Raupe über staubige Wege, immer auf der Suche nach dem „großen Fressen", erhebt er sich aus dem Sarg der unansehnlichen Verpuppung.
Paulus schreibt: „Gesät wird ein irdischer Leib, auferweckt ein überirdischer Leib" (1 Kor 15,44a). Es ist wahr: Was wir in die Erde legen, ist nur die sterbliche Hülle des Verstorbenen. Was wir lieben, erhebt sich wie ein Schmetterling. Dazu ein Spruch auf einem Grabstein: „Was wir bergen in den Särgen, ist der Erde Kleid. Was wir lieben, ist geblieben, bleibt in Ewigkeit."
„Halte mich nicht fest", spricht der Auferstandene zu Maria Magdalena. Wer den Schmetterling besitzen will, zerstört ihn. Solch ein auferstandenes Glück kann ich nicht festhalten. Aber die Auferstehung Jesu Christi darf die große Sehnsucht auf das neue Leben, auf die große Zukunft, in mir wachsen lassen.
(Eine Idee bei Christoph Recker, Wälzt den Stein weg, Verlag Herder, Freiburg 1997, S. 43–45, stark verändert und entfaltet)

22. In der Nachfolge Christi
(Für jeden ein Blatt Papier in DIN A6 [Postkartengröße] mit Rechenkästchen, das während der Predigt zu einem Kreuz gefaltet bzw. gerissen wird. Gl. hat aus visuellen Gründen ein DIN-A4-Blatt)

Lesungen: Lk 9,22–24: Sterben und auferstehen; mit unserem Kreuz hinter Jesus hergehen.

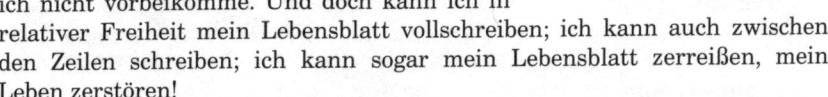

1. Wir nehmen das Blatt in die Hände, das wir beim Eintritt bekommen haben. Hoffentlich ist jeder vorsichtig damit umgegangen, hat keine Eselsohren angebracht oder es gar zerknüllt. Denn es stellt unser Lebensblatt dar! Es gibt kein neues; jeder hat ja nur *ein* Leben!
Auf Ihrem Blatt sind Linien, die Rechenkästchen ergeben. Das möchte ich folgendermaßen deuten:
Ich werde in bestimmte Gesetzmäßigkeiten hineingeboren, wenn ich auch einmalig bin; es existieren auch Gebote und Verbote, an denen ich nicht vorbeikomme. Und doch kann ich in relativer Freiheit mein Lebensblatt vollschreiben; ich kann auch zwischen den Zeilen schreiben; ich kann sogar mein Lebensblatt zerreißen, mein Leben zerstören!
Schauen wir noch genauer hin: Wir können überall Kreuze entdecken. In diesen Kreuzen darf ich jeweils ein „Plus" erkennen: Als Menschen, die an Jesus glauben, können wir alles positiv sehen. Wir können natürlich auch überall dazwischen ein Minus ausmachen. (Es ist wie mit einer halbgefüllten Flasche: Die einen sagen, sie ist halbvoll; die anderen meinen, sie ist halbleer.) Wer überall nur immer das Minus sieht, frage sich: Warum ist das bei mir so?
2. Wir falten jetzt das Blatt senkrecht in der Mitte. Es soll bedeuten: Leben teilen.
Das ist der Sinn unseres Lebens: Die Hälfte abgeben, indem wir uns hingeben – an Schule/ Arbeit, an eine Partnerschaft, eine Familie, an unser freiwilliges Engagement in der Gesellschaft. Ja, wer heiratet, stellt eine Hälfte zur Verfügung. Wer eine solche Partnerschaft eingeht, schaut auf das Plus des anderen und wagt darum alles. Es bewegt ihn, sich selbst hinzugeben. Im besten Falle überdecken sich dann die beiden Hälften im Geben und Nehmen, im Nehmen und Geben. Die Hälfte hingeben! Darum muß dieser Schritt genau überlegt sein: Es darf keine Flucht sein aus der Unfreiheit zu Hause.
Das Blatt teilen könnte auch heißen: einfacher, anspruchsloser leben.

Ihr Kinder, geht einmal durch euer Zimmer: Alles, was ihr drei Jahre lang nicht mehr angerührt oder angesehen habt, kann doch eigentlich weg! Ebenso die Erwachsenen: Schauen wir einmal alle Regale und Schränke durch! Was wir fünf Jahre lang nicht gebraucht oder angeschaut haben, kann doch eigentlich abgegeben werden! Außerdem entfällt das Sauberhalten, Verwalten und Bewachen! – Einfacher leben heißt auch mehr Zeit zum Leben haben!

Unser Lebensblatt teilen kann auch heißen: „Bete und arbeite!" – die Lebensregel vieler Mönche. „Beten" bedeutet dabei nicht, den halben Tag lang die Hände falten, sondern bewußter in der Nähe, in der Gegenwart Gottes leben. Damit ist Arbeit nie „Job", und Schule ist nie „ätzend", denn ich mache das alles, um meinen Lebensunterhalt zu verdienen und so niemand zur Last zu fallen, aber auch um Menschen (einmal) zu helfen und Gott darin zu dienen: also aus Nächstenliebe und Gottesliebe!

3. Wir falten das obere Drittel des Blattes nach unten: Selbstliebe üben!

Wer sein Leben teilen will in Gottes- und Nächstenliebe, muß sich darüber klar werden: Ungefähr ein gutes Drittel meiner Zeit brauche ich eigentlich für mich selbst. Damit meine ich nicht nur acht Stunden fürs Essen und Schlafen. Ich brauche auch noch Zeit, um meinen inneren Brunnen zu füllen, aus dem ich immer wieder austeilen soll, sonst reiche ich irgendwann Schlamm. Ich brauche ein Hobby, in dem ich aufgehe, das Buch, die Stille, eine Fernsehsendung, den Spaziergang ...; einen Freiraum jedenfalls, in dem ich immer wieder meine Mitte finden kann. Für meine Selbstliebe muß ich kämpfen. Eine Mutter kann ihre Kinder so erziehen, daß sie Tür- und Telefondienst übernehmen, wenn sie sich mittags eine Stunde hinlegen will. Ich finde es übrigens nicht richtig, wenn Kinder und Jugendliche auch noch sonntags mit Schulaufgaben traktiert werden; der Schatten „Schule" drückt dann einfach zu sehr. Jeder braucht etwas, das über alle Pflichten und Aufgaben hinaus noch Freude und Entspannung bringt.

4. Wir reißen den äußeren Rand ab:
Die Zeitumstände durchkreuzen.
(Jetzt bitte Vorsicht und genau erklären:)
Ich mache es zuerst vor: Die gefaltete lange Kante ist links. Ich reiße jetzt von der offenen Seite her 1 cm unter der oberen Kante das Papier ein bis fast ganz nach links. Dann reiße ich es nach unten etwas breiter ab. So, jetzt versuchen Sie es einmal! *(Dabei nochmals wiederholen)*

Das um ein Drittel heruntergefaltete Blatt: - - - -
Der gepunktete Teil wird ausgerissen, oben schmäler als an der linken Seite nach unten.

Das Papier bitte jetzt noch nicht entfalten! Wir können warten! Denn zuerst möchte ich das abgerissene Papier deuten, das Sie hoffentlich umweltfreundlich entsorgen bzw. verschwinden lassen: Das Zerreißen bedeutet all das, was wir nicht einplanen und erwarten; eben die Heimsuchungen: Da überfallen mich oder ein Familienmitglied Krankheit, ein Unfall oder Arbeitslosigkeit; die Firma „zieht die Schrauben an", oder es stellt sich Kinderlosigkeit heraus. Im Leben verläuft halt nicht alles so glatt, wie es ausgedacht war. Unsere Pläne und guten Absichten werden durchkreuzt.

5. Jetzt entfalten wir das Papier und erkennen ein Kreuz. Unser Kreuz! Vergleichen wir einmal unser Kreuz mit den Kreuzen der Nachbarn: Jedes Kreuz ist anders, wie jedes Leben einmalig anders ist. All unsere Sorgen, unser Kreuz ... dürfen wir zu Jesus tragen und singen:
Lied: All eure Sorgen ... (z.B. im Liederbuch „Troubadour für Gott", Nr. 503)

Wir schauen auf unser Kreuz *(bitte auswählen)*.
- Jeder hat ein unverwechselbar eigenes Kreuz zu tragen. Wir machen es uns nur schwerer, wenn wir vergleichen. Manche wären zufriedener, wenn sie nur eine Woche lang das Kreuz des anderen zu tragen hätten. Aber das ist nicht möglich. Wahrscheinlich erginge es uns dabei wie dem Mann in der Geschichte von der Kreuzschau (siehe „Kurzg. 1", Nr. 46): Gott gestattete einem Menschen, sich ein anderes Kreuz auszusuchen. Schließlich findet er ein passendes und bemerkt dann, daß es das Kreuz ist, das er bisher getragen hat.
- Zunächst muß ich bei jedem Kreuz überlegen, ob es nötig ist, daß es getragen wird. Kann ich durch Ehrlichkeit und Mut zur Auseinandersetzung nicht manches meiner Kreuze erleichtern? – Umgekehrt, wer ein Stück von seinem Kreuz absägen will, also Unliebsamem aus dem Wege geht, beraubt sich eines Teils seines Lebenssinnes. (Siehe „Kurzg. 1", Nr. 47: Ein Mensch sägt kurzerhand von seinem Kreuz ein Stück ab. Aber genau dieses Stück fehlt ihm am letzten Abgrund, über den sein Kreuz als Steg gepaßt hätte.)
- Wir können uns mit all unserem Versagen (= Schatten) in der Kreuzesnachfolge in den Schatten des Kreuzes Jesu stellen (siehe „Kurzg. 1", Nr. 44: Sich in den Schatten des Kreuzes stellen). Ein Beispiel: Autofahrer wissen, wie leicht es ihnen unterläuft, eine Sekunde lang unaufmerksam zu sein: Wie furchtbar, wenn dadurch ein Mensch zu Tode kommt! Darüber könnten wir wahnsinnig werden. Aber Jesus hat am Kreuz unsere Schuld auf sich genommen. Er nimmt uns an, wie wir zu ihm kommen. Das heißt, ich muß ein Leben lang wiedergutmachen, was ich da angerichtet habe; aber ich darf wieder lachen: Mir ist diese große Schuld vergeben. Daraus wachsen mir neue Kräfte! Darum ist das Kreuz Christi das große Plus für unser Leben.

23. Kreuzweg mit Passionssymbolen (Karwoche)
(Verschiedenfarbige Tücher, Jesuskerze, Stricke, eine Geißel, Dornenkrone, roter Spottmantel und Steine sind an sieben Stationen in der Kirche verteilt, wobei die erste und siebte Stelle identisch sind = Altarraum)

Evangelium: Passion

Hinweis: Wenn der Weg mit Kindern gegangen wird, bitte die Kinder immer wieder ins Gespräch einbinden. Gebete und Lieder schließen die Stationen jeweils ab.

1. Station: *Im Altarraum*
Wir denken an das Leiden Jesu und erinnern uns an den Garten am Ölberg.
(Gl. legt ein violettes Tuch):
Da schwitzte er Blut, spürte die Nacht der Zweifel und die Angst vor dem Tod.
(Gl. legt ein schwarzes Tuch sternförmig über das violette)
Jesus fürchtete den Schmerz, die blutenden Wunden.
(Gl. legt ein rotes Tuch sternförmig über das schwarze und violette)
Aber ihm begegneten auch hilfreiche Hände, es gab auch „Sonnenstrahlen" auf seinem Weg des Leidens:
(Gl. legt ein gelbes Tuch sternförmig über die anderen Tücher)
Seine Mutter Maria, Simon von Cyrene, Veronika.
Wir möchten diesen Weg Jesu durch Leid und Tod jetzt nachgehen, der auch unser Weg ist.
(Gl. stellt die Jesuskerze = Osterkerze auf die Tücher und zündet die Kerze an:)
Jesus ist auf diesem Weg jetzt mitten unter uns.

2. Station: *Ein paar Stricke werden gelegt*
Jesus wird im Ölbergsgarten gefesselt. Alle Jünger fliehen. Er wird gefesselt zu Pilatus und Herodes geführt, geht gefesselt am verleugnenden Petrus vorbei, trägt gefesselt das Kreuz den Berg Golgota hinauf (eventuell wird hier ein Kind gefesselt: Es soll sich dann äußern, wie es sich fühlt, und sagen, was es jetzt alles nicht mehr kann). – Wir denken an alle, die heute wie gefesselt sind (= an Süchte, an ein Krankenbett, im Gefängnis).

3. Station: *Eine Geißel wird gezeigt*
Vierzig Schläge weniger einen empfing Jesus bei der Geißelung. Über diese Tortur wurden die meisten Verurteilten ohnmächtig. – Wir denken an alle, die heute eine Geißel der Menschheit zu spüren bekommen (= Krankheiten wie Krebs, Aids; Katastrophen, Hunger, Arbeitslosigkeit ...).

4. Station: *Eine Dornenkrone ist zu sehen*
Sie wurde mit einem Bambusstab auf Jesu Haupt festgeschlagen. Zum Hohn dafür, daß Jesus sich als König fühlt. – Wir denken an alle, die heutzutage drückende Dornen auf ihrem Kopf fühlen (= eine Ehe zerbricht, ein Kind macht Sorgen, der Schuldruck ist zu groß, der Betrieb geht pleite ...)

5. Station: *Ein roter Mantel*
Dieser rote Mantel erinnert an die Würde und Macht eines Königs. Er wird Jesus zum Spott umgehängt. Da er nach der Verspottung wieder abgenommen wurde, heißt das auch: Die Wunden der Geißelung wurden erneut aufgerissen. – Wir denken zugleich an die Szene, in der Jesus der Kleider beraubt wird. Nackt steht er da vor einer gaffenden Menge. (Stellt euch vor, Kinder, was das bedeutet!) –
Wir denken an alle, deren Würde mit Füßen getreten wird (= die der Gewalt ausgeliefert sind, darunter zahllose Kinder; an alle, die sich selbst verachten ...).

6. Station: *Einige Steine, darunter ein größerer*
Der Weg zum Hinrichtungshügel Golgota ist steinig und mühsam. Dreimal stolpert Jesus und fällt unter dem schweren Kreuz. –
Wir denken an die Stolpersteine auf unserem Weg (= Was behindert uns? Worauf fallen wir immer wieder herein?). – Dieser größere Stein soll uns an den Stein erinnern, der vor die Grabhöhle gerollt wurde, in die man den toten Jesus legte. Dieser Stein war so schwer, daß die drei Frauen am Ostersonntagmorgen vor dem Problem standen: Wer wälzt uns den schweren Stein vom Grabe weg? – Wir denken an den schwersten Stein in unserem Leben, an den Tod; ihn kann die Kraft aller Menschen nicht wegrollen.

7. Station (= 1. Station an der Jesuskerze auf den Tüchern): *Ein weißes Tuch*
Sie haben den toten Jesus vom Kreuz geholt, in weiße Tücher gewickelt und ins Grab gelegt *(einer bläst die Jesuskerze aus)*. – So beerdigen wir auch unsere Toten: Wir legen ihnen ein weißes Totenhemd an *(Gl. legt ein weißes Tuch um den Sockel der Jesuskerze)*, das an das weiße Taufkleid erinnern will und an das, was uns Getauften damals dazu gesagt wurde: „Du gehörst jetzt Jesus an. Bewahre diese Würde bis ins ewige Leben." Jetzt erkennen wir den tiefsten Sinn dieser Zeremonie: Der Verstorbene gehört Jesus an. Das letzte Wort ist beim Tod noch nicht gesprochen!
Wenn auch die Jesuskerze jetzt erloschen ist, wissen wir, daß Jesus uns im Sterben nahe ist. Die weiße Farbe des Tuches ist zugleich die Farbe der Hochfeste, besonders von Ostern: Christus steht von den Toten auf; er ist der Sieger über Tod und Satan.
(Gl. hebt das weiße Tuch hoch und legt es um den Teller der Jesuskerze, eventuell die Kerze leicht heben und das Tuch darunterschieben)
So dürfen auch wir, die wir Leid und Tod noch vor uns haben, vertrauensvoll auf Ostern schauen, auf das Fest der Feste *(darum die Kerze jetzt wieder entzünden)*.

24. Mit leeren Händen vor dem Kreuz (Karfreitag)
(Unsere leeren Hände)

Lesungen vom Karfreitag.

Wir legen unsere Hände offen in den Schoß, die Handinnenflächen nach oben. Wir schauen in unsere leeren Hände. Wir versuchen, die Lebenslinien anzuschauen; sie sind voller Geschichten: Womit haben diese Hände sich schon abgemüht, haben gekämpft, gestaltet, behütet ..., mußten loslassen!? Manche Spuren sind geblieben, vielleicht sogar Wunden; blutende Wunden, weil uns etwas zutiefst geschmerzt, getroffen, betroffen gemacht hat.
Jesu Hände wurden einst durchbohrt: Er ließ sich festnageln, damit für uns endgültig Gottes Hand ausgestreckt ist. Wie oft waren unsere Hände leer und ohnmächtig, wenn sich eine Entwicklung anbahnte, die nicht zu verhindern war: eine befremdliche Entwicklung der eigenen Kinder, der Eltern, des Ehepartners, des Freundes? Hilflos mit leeren Händen standen wir am Krankenbett eines Menschen oder vor einer zunehmenden Behinderung. Tatenlos schauten wir zu bei einer wilden Auseinandersetzung, einer Brutalität – selbst wenn diese nur durch Blicke und Worte verübt wurde. Als wir aus der Betäubung erwachten, war es schon zu spät.
Wohin greifen wir nach Halt, wenn die Hände leer sind?
Steht ein geliebter Mensch neben uns? Falten wir sie zum Gebet zusammen? Halten wir uns ganz fest am kleinen Kreuz des Rosenkranzes, wenn die Perlen durch die Finger gleiten?
Am Karfreitag dürfen wir unsere leeren Hände, die unsichtbar gefüllt sind mit guter und schwieriger Lebensgeschichte, unter das Kreuz bringen. Dieses Kreuz ist wie die ausgestreckte Hand Gottes, die er uns als Halt reicht; die er nicht mehr zurückzieht. Da haben wir etwas in den Händen, das alles durchkreuzt, was gewesen ist, und sich zum Plus zusammenfügt. Manchmal schwer zu verstehen und doch eine große Hilfe.
Bei der Kreuzverehrung sind Sie eingeladen, mit der Hand das Kreuz zu berühren: Das Kreuz gibt Halt. Jesus ist die ausgestreckte Hand Gottes, die todsicher bleibt.
(Weitgehend nach Pfarrei St. Theresia, Düsseldorf)

25. Das zweiseitige Kreuz (Karfreitag / Ostern)

(Ein Vortragekreuz, das auf der Vorder- und Rückseite jeweils eine Christusdarstellung zeigt. Falls nicht vorhanden, können auch zwei verschiedene Kreuze mitgebracht werden:
Karfreitag: Ein größeres Kreuz, das mehr das Leiden Christi herausstellt, und ein kleineres, das mehr den Auferstandenen zeigt.
Ostern: Ein kleineres Kreuz, das mehr das Leiden Christi herausstellt, und ein größeres, das mehr den Auferstandenen zeigt.)

Evangelien: Am Karfreitag: Leidensgeschichte; Ostern: Vom Ostersonntag.

Manchmal zeigt ein Vortragekreuz auf beiden Seiten den Gekreuzigten. Denen, die einer Prozession oder Wallfahrt zuschauen, wird sofort klar, zu wem sich diese Menschen bekennen, und die in der Prozession mitgehen, haben immer *den* vor Augen, um den sie sich scharen.

Auch ein Altarkreuz hat oft auf der Vorder- und Rückseite je eine Christusdarstellung. Die Versammelten schauen auf den Gekreuzigten, dem sie vertrauen, und der zelebrierende Priester kann ebenfalls die Augen zu dem erheben, in dessen Auftrag er handelt.

Dieses Kreuz hier zeigt die Todesseite des Gekreuzigten: den Leidensmann, schmerzgekrümmt an den Nägeln hängend, furchtbar gefoltert, den Schrei auf den Lippen: „Mein Gott, warum hast du mich verlassen!" Solch ein Kreuz, verkleinert, würden wir uns nicht vergoldet um den Hals hängen. Aber solch ein Kreuz mit dem leidenden Jesus kann ich einem Schwerkranken zeigen; denn dem ist dieser Jesus ein Bruder geworden, der ihm im Abgrund aller Gefühle noch etwas Überzeugendes sagen kann. –

Dieses Kreuz hier zeigt die Lebensseite des Siegers über den Tod. Hier kann das „Halleluja, er ist auferstanden" angestimmt werden. Ein Jesus Christus ohne Dornenkrone. Wenn ich mir die Balken mit den Nägeln wegdenke, steht der Auferstandene vor mir.

(Gl. hält beide Kreuze nebeneinander.)

Im Doppelkreuz sehen wir nebeneinander Leid und Freude, Ohnmacht und Macht, durchkreuztes Leben und durchkreuzten Tod. Darum kann ich mich im Auf und Ab meines wechselvollen Lebens an diesem Jesus festhalten.

„Im Kreuz ist Heil, im Kreuz ist Leben, im Kreuz ist Hoffnung" (GL 205,1).

(Nach einer Idee von Heribert Zerkowski in „PuK" 3/95, S. 302f.)

Ostern

26. Jonathans Ei
(Ein zu öffnendes Osterei aus Pappe oder Plastik)

Lesungen: 1 Kor 15,42–44: Was auferweckt ist, ist herrlich; Mk 28,1–10: Er ist nicht hier; Mk 16,1–7: Er ist auferstanden; Lk 24,1–12: Das Grab ist leer.

(Gl. zeigt das österlich bunte Plastikei von allen Seiten, dann öffnet er es und läßt erkennen: Das Ei ist leer)
Du wärst sicherlich enttäuscht, wenn du zu Ostern solch ein Ei im Nest fändest: Du machst es erwartungsvoll auf, und – es ist leer! Ich möchte dazu eine Geschichte erzählen, und dann weißt du, daß es gefüllter gar nicht sein kann!
Ein Junge, der Jonathan hieß, war körperlich und geistig leicht behindert und brachte seine Lehrerin manchmal zur Verzweiflung. Sicher, es gab Augenblicke, in denen er klar und deutlich sprach, aber oft starrte er nur vor sich hin und gab komische Geräusche von sich. Bei einem Gespräch mit den Eltern sagte sie deshalb sehr deutlich: „Jonathan gehört eigentlich in eine Sonderschule."
Die Mutter weinte leise ins Taschentuch. Der Vater ergriff das Wort: „Frau Müller", sagte er zögernd, „für unseren Sohn wäre das ein furchtbarer Schock, denn es gefällt ihm hier. Und weit und breit gibt es keine entsprechende Schule. Und wer weiß, wie lange er noch lebt; sein rätselhaftes Leiden ist unheilbar."
Nachdem beide gegangen waren, saß die Lehrerin noch lange auf ihrem Stuhl. Sie hatte einerseits Mitleid mit den Eltern und deren einzigem Kind, aber wurden andererseits die übrigen Schüler nicht benachteiligt, wenn sie durch Jonathan oft abgelenkt waren? Und er würde sowieso nie lesen und schreiben lernen! Aber was waren ihre Schwierigkeiten im Vergleich mit denen dieser Familie?
Der Frühling kam, die Osterferien rückten näher, und so war denn auch das bevorstehende Osterfest Unterrichtsthema. Die Lehrerin erzählte die Geschichte von der Auferstehung Jesu und sprach von vielen Symbolen neuen Lebens, die das Wunder von Ostern augenfällig machen. Dann gab sie jedem Kind ein Plastikei und stellte die Hausaufgabe: „Bringt es morgen wieder mit, gefüllt mit etwas, das neues Leben zeigt." Die Kinder nickten, nur Jonathan schaute sie unverwandt an, nicht einmal seine merkwürdigen Geräusche waren zu hören. „Ach ja", dachte sie, „ob er verstand, was sie über Tod und Auferstehung Jesu gesagt hatte?" Sie nahm sich vor, die Eltern anzurufen, um ihnen die gestellte Aufgabe zu erklären. Doch im Räderwerk der täglichen Pflichten vergaß sie es.
So nahte am nächsten Morgen die Religionsstunde. Die mitgebrachten gefüllten Plastikeier wurden zum Öffnen auf den Tisch der Lehrerin gelegt.
Im ersten Ei befand sich eine Blume. „Ja", sagte ein Mädchen, „eine Blume ist wirklich ein Zeichen neuen Lebens. Wenn die ersten grünen Spitzen aus der

Erde ragen, wissen wir, daß es Frühling wird. Das ist mein Ei!" – Das nächste enthielt einen kleinen Schmetterling zum Anstecken, der richtig lebendig wirkte. Sie hielt ihn in die Höhe: „Wir wissen alle, daß aus einer häßlichen Raupe ein wunderschöner Schmetterling wird. Ein sehr treffendes Symbol für das neue Leben, das auf uns wartet!" „Das war mein Ei", lächelte die kleine Judith stolz. – Im nächsten fand die Lehrerin einen Stein, mit Moos bewachsen. In einem anderen einen kleinen Osterhasen – weil sie so viel Nachwuchs haben können, gelten sie auch als Symbol für neues Leben. Dann ein buntes Osterei; ein Ei ist wie ein Stein, wie ein Gefängnis: Keiner nimmt an, daß sich darin noch etwas bewegen könnte, und trotzdem springt ein lebendiges Küken heraus! Im nächsten war ein kleines Fähnchen – wie es in gebackene Osterlämmer gesteckt wird. Die Lehrerin wunderte sich, wieviel die Kinder behalten hatten.
Sie ergriff das nächste Ei – es war merkwürdig leicht; sie schüttelte es ein wenig: Das Ei war leer. „Das ist bestimmt Jonathans Ei", durchfuhr es sie und wollte es zur Seite legen, um den Jungen nicht in Verlegenheit zu bringen. Hätte sie doch nicht vergessen, seine Eltern anzurufen! Aber da meldete sich schon Jonathan. „Frau Müller", sagte er, „wollen Sie nicht über mein Ei sprechen?" Verwirrt gab sie zur Antwort: „Aber Jonathan – dein Ei ist ja leer!" Er sah ihr offen in die Augen und meinte leise: „Ja, aber das Grab Jesu war doch auch leer!" – Niemand sprach ein Wort. Als die Lehrerin sich wieder gefangen hatte, fragte sie: „Jonathan, weißt du denn, warum das Grab leer war?" „O ja", gab er zur Antwort, „Jesus wurde getötet und ins Grab gelegt. Aber da hat sein Vater ihn herausgeholt und wieder lebendig gemacht!"
Als die Pausenglocke schrillte und die Kinder nach draußen stürmten, saß die Lehrerin immer noch wie betäubt da und hatte Tränen in den Augen: Hatte nicht dieser zurückgebliebene, rätselhafte Junge von der Auferstehung mehr verstanden als alle anderen Kinder?
Drei Monate später war Jonathan tot. Und als die Klasse mit dem Sarg zum Grab zog, wunderten sich manche nicht wenig: Oben auf dem Sarg waren Eierschalenhälften zu sehen, die allesamt leer waren.
(Gekürzt und geändert nach Ida Kempel, gefunden in „Lydia", Christliche Zeitschrift für die Frau, Lydia-Verlag, D-35608 Aßlar)

(Gl. klappt die Hälften auf) Die offenen Schalen lege ich auf unseren Altar, damit wir uns erinnern: Das Grab ist leer, der Herr ist auferstanden. Auch unsere Seele geht nicht mit dem Körper ins Grab, das nur noch die Hülle des Menschen birgt, und irgendwann bleibt nur ein bißchen Erde oder Asche übrig – das Grab ist sozusagen leer –, aber unsere Seele und unser Geist, das, was wir am Verstorbenen liebten, ist bei Gott, ist „im Himmel".
(Oder: Die offenen Schalen lege ich auf unseren Altar. Sie erinnern uns an den toten Leib Jonathans, der in die Erde gelegt wurde. Leer von ihm; denn was seine Eltern und Freunde an ihm liebten, konnte man nicht in die Erde legen. – Gott rettet nicht unseren toten Leib, aber uns. So wie er Jesus verwandelt und in ein neues Leben zu sich genommen hat.)

27. Wenn das Weizenkorn stirbt, bringt es reiche Frucht

(Ein verschraubbares Glas voll Weizenkörner. Ein Hohlkreuz von ca. 30 cm Größe, in das etwa 14 Tage vorher Weizenkörner gesät wurden, so daß sie zu Ostern frisch wie „ein Teppich voller Hoffnung" darin wachsen)

Hinweise:
1. Die MISSIO-Leuchtboxfolie (multi-druck, Verlag J. Hannesschläger, Postfach 1252, D-86345 Neusäß) 42/1 „Der Auferstandene" von Jyoti Sahi zeigt ein Kreuz: Im waagerechten Balken liegt Jesus wie ein Samenkorn in der Erde, in der Senkrechten ersteht er als Auferstandener aus einem Weizenkorn.
2. Der vierte Punkt kann auch entfallen; nur den Schlußsatz daraus nehmen!

Evangelium: Joh 12,24f: Wenn das Weizenkorn nicht in die Erde fällt ...

1. *(Gl. zeigt das Glas mit Weizenkörnern)* Weizenkörner in ein Glas gezwängt, zugeschraubt. Zur Unfruchtbarkeit verdammt. Ein Gärtner würde sagen: Schlagt wenigstens Löcher in den Deckel, damit Sauerstoff an die Körner gelangt und ihnen die Keimkraft erhalten bleibt, denn luftdicht abgeschlossen sind sie in absehbarer Zeit tot.
Wir stehen in Gefahr, wie diese Weizenkörner zu sein. Wir haben schlechte Erfahrungen gemacht und schotten uns ab, ziehen uns zurück. Oder eingelullt in unsere Überflußgesellschaft: nur ja nichts wagen; rundum versichert; beinahe tot.
Ich denke an so viele, die nach dem Prinzip leben: „Mir geht nichts über mich!" Wie viele sind auf dem „Egotrip" und halten ihn auch noch für Selbstverwirklichung; die aber erreicht man nach meiner Erfahrung nur mit anderen und für andere. Das Ergebnis ist leicht vorstellbar: Am Ende stehen die Enttäuschung des Unfruchtbaren und die Traurigkeit des Egoisten.
2. *(Gl. schraubt das Glas auf und schüttet ein paar Körner in seine Hand)* Jesus stellte das Leben unter ein anderes Gesetz: „Wenn das Weizenkorn nicht in die Erde fällt und stirbt, bleibt es allein. Wenn es aber stirbt, d.h. sich verwandelt, dann bringt es reiche Frucht." Und Jesus fährt fort: „Wer an seinem Leben hängt, verliert es; wer aber sein Leben in dieser Welt geringachtet, d.h. wer es hingibt, wer sich verzehrt, der wird es bewahren bis ins ewige Leben." Also: sich selbst hingeben an andere. Wir leben füreinander.
3. *(Gl. zeigt jetzt das Kreuz, in dem der Weizen sprießt)* Jesus meint mit diesem Wort auch sich selbst. Was wir am Karfreitag besungen haben, sehen wir in der Osternacht erfüllt: „Im Kreuz ist Heil, im Kreuz ist Leben, im Kreuz ist Hoffnung." Das Leben Jesu war erfüllt von Liebe, und er starb aus Liebe. Und die Liebe des Vaters erweckte ihn zu neuem Leben. Darauf hoffen wir, wenn wir Jesus nachfolgen und in unserem Leben Liebe verschenken. Auch wenn das letztlich immer ein bißchen „täglich sterben" bedeutet.
4. Was uns Jesus selbst vorgelebt hat, gibt er uns auch mit als Auftrag für den Acker dieser Welt. Wir erinnern uns: Da wächst mitten im besten Weizen so

viel Unkraut, daß die Knechte es herausreißen wollen. Aber der Gutsherr sagt: „Nein, sonst reißt ihr zusammen mit dem Unkraut auch den Weizen aus. Laßt beides wachsen bis zur Ernte", dann erst wird der Weizen vom Unkraut getrennt (Mt 13,24-30). Stände doch der gute Samen in unserer Welt so dicht wie hier dieser Weizenteppich der Hoffnung im Kreuz! Diese Körner stützen sich nicht nur in ihren Halmen gegenseitig, sie sind auch im Wurzelwerk untrennbar miteinander verbunden. Eine feste Gemeinschaft. In Wirklichkeit aber hat das Böse genug Raum in unserer Welt, weil wir zu wenig lieben. Wir bewahren uns zu sehr, verschließen uns, resignieren. An diesen Stellen kann dann „das Unkraut" wuchern. Das Gleichnis Jesu ist also ungeheuer positiv, auch wenn es zunächst nach Sterben klingt: „Im Kreuz ist Heil, im Kreuz ist Leben, im Kreuz ist Hoffnung."
(Eventuell kann nach der Wandlung das Kreuz mit der sprießenden Saat in der Kirche rundgereicht werden – um sich zu erinnern)
(Die Skulptur des Bildhauers Hans-Oiseau Kalkmann, in „Christ in der Gegenwart im Bild", Jan. 95, S. 10f inspirierte mich zu dieser Predigt)

28. Das Lebensseil ist angebunden
(Ein längeres Seil, dessen Ende schließlich um die Osterkerze gelegt wird)

Lesungen: Röm 8,35-39: Nichts kann uns von der Liebe Christi trennen; 2 Kor 5,1-10: Von der Hoffnung über den Tod hinaus; Joh 14,1-6: Viele Wohnungen sind beim Vater vorbereitet.

Hinweis: Predigt im Rückblick aus der Sicht der Erwachsenen gesprochen. Beziehen Sie bitte anwesende Kinder „live" ein.

(Gl. nimmt das „Lebensseil" auf) Dieses Seil mag symbolisch für unser Leben stehen. Aus wie vielen „Fäden" (= Erbgut, Erziehung, Einflüsse) ist meine Lebensgeschichte zusammengedreht! Gedanklich teilen wir das Seil in die vier Lebensalter auf: Kindheit, Jugend, Erwachsensein, Alter.
(Gl. hält den Anfang) Wir denken zurück an unsere Kindheit: Angst befiel uns, wenn Vater und Mutter nicht in der Nähe waren; am schönsten war es, ihre Gegenwart zu spüren, mit ihnen zu schmusen, und weil das nicht immer möglich war, hatte unser Schmusetier einen hohen Stellenwert. Ach ja, wir waren auch unersättlich im Hören von Geschichten.
(Am Seil weitergreifen) Dann folgte die Jugendzeit: Sich abnabeln; nicht nur im Spiegel uns selbst annehmen; sich mit der Ausbildung herumschlagen; die Geschlechterrolle erfüllen; die erste Liebe erfahren, den ersten Liebeskummer. Gott in Frage stellen. – Wir werden einen Augenblick still und überlegen, was uns aus dieser Zeit noch in der Erinnerung beschäftigt. –
(Die Mitte des Seiles greifen) Das Erwachsensein: Dem Zuhause den Rücken kehren; Entscheidungen fürs Leben treffen; sich auch im Beruf verwirklichen können; das „Papa" oder „Mama" eines Kindes genießen; oder allein „seinen

Mann/seine Frau stehen" im Auf und Ab des Lebens; Gott wird mir wichtiger, oder ich lasse ihn langsam sterben ... – Wir denken darüber nach, was uns zum starken Seil werden ließ, was uns Zerreißproben bescherte.
(Das letzte Viertel greifen) Das Alter: Wir spüren, das Augenlicht läßt nach – und nicht nur das. Wir vergessen so viel. Wir bemerken das Achselzucken der Jüngeren. Bin ich zufrieden mit dem, was ich im Leben geleistet habe oder bedrücken mich verpaßte Chancen? Wir fragen uns zunehmend: Was kommt danach? Ist das Seil einfach zu Ende, falle ich ins Nichts oder – ist es angebunden? Zunächst aber überlegen wir noch, was uns im Alter wichtig ist. *(Stille oder Musik, z.B. der Choral von J.S. Bach „Wenn mein Stündlein geschlagen hat")*
(Gl. legt das Ende des Seils zunächst wortlos um die Osterkerze) Wer auf Christus vertraut, weiß: Unser Lebensseil wird zwar von dieser Welt abgeschnitten, aber wir bleiben festgebunden an den, der den Tod überwunden hat. Unser Werden, unsere Freude und unser Leid bleiben nicht im Dunkel, sondern werden ins Licht der himmlischen Wohnung (vgl. Evangelium) gehoben. Und wenn ich darauf vertraue, daß mein Lebensseil angebunden ist an den, der sagt: „Ich bin das Leben", dann darf ich mich in *allen* Situationen meines Lebens gehalten fühlen.
(Nach einer Idee bei Norbert Possmann, Lichtblicke. Gott feiern mit jungen Leuten, Verlag Butzon & Bercker, Kevelaer 1997, S. 65–75)

29. Begeisterter Jesus-Fan?

(Eine Fanklub-Fahne bei einem Jugendlichen ausleihen; es wäre gut, wenn die Osterkerze ein Osterlamm mit einer Fahne zeigen würde)

Lesungen: Von Ostern.

(Gl. entrollt langsam die Fahne und schwenkt sie hin und her)
Es geht mir weniger um diesen Klub *(jetzt den Bundesligaverein usw. nennen)* oder den von München, Dortmund, Gladbach oder Schalke, sondern um die Fahne als solche. Unter ihr sammeln sich Fans und bekunden mit der Fahne: Ich steh' auf diesen Verein! Ja, ich identifiziere mich ganz mit ihm. Manchmal schlafe ich nachts mit einem Schal, in einem Trikot mit diesen Farben. Ich weine bei einer Niederlage meines Klubs und freue mich überschwenglich über seinen Sieg. Wenn ich in der Schule etwas nicht verstehe, dann schweife ich mit meinen Gedanken gerne ab zu meinem Verein. Regelmäßig treffen wir uns im Fanklub. Es ist mir egal, wenn ihr mich deswegen auslacht, ja, ich würde sogar bereit sein, für meinen Verein Prügel einzustecken. *(Gl. beendet das Schwenken)*
Warum ich die Fahne mitgebracht habe? Weil das Lamm auf der Osterkerze auch eine Fahne trägt *(zeigen und sich in die Nähe der Osterkerze stellen, wenn das akustisch möglich ist)*. Die Fahne ist kein modernes Symbol, sondern seit

Jahrhunderten in Kirchen anzutreffen (einige Beispiele zeigen: gebackenes Osterlämmchen mit Fahne, Fronleichnamsfahne, Kirchenfenster, Meßgewand, Altäre usw.). Dieses Symbol macht deutlich: Jesus möchte seine Fans um sich scharen.
Vielleicht ein Blick zurück in die Zeit, in der noch mit dem Schwert in der Faust gekämpft wurde: Die Treuesten und Stärksten waren um die Fahne versammelt, die auf keinen Fall in die Hände des Feindes geraten durfte. Und wer im Schlachtgetümmel abgedriftet war, konnte mit einem Blick herausfinden, in welche Richtung er sich in eine relative Sicherheit durchkämpfen mußte. –
Die Jugend möge bitte Verständnis dafür haben, daß die Älteren ein gestörtes Verhältnis zur Fahne haben. Vor über fünfzig Jahren marschierten bedenkenlos Massen beim Lied „Die Fahne hoch" durch Stadien und Straßen. Über fünfzig Millionen Tote hat dieser Irrtum gekostet. *(Gl. geht zurück und schwenkt wieder die Fahne)*
Das stört die heutigen Fans nicht mehr. Wenn wir heutzutage manchmal fragen, wo ist die Begeisterung dieser Jugendlichen für die Sache Jesu Christi geblieben, dann können wir feststellen: Sie ist auf andere Gebiete abgewandert. Und wozu diese Begeisterung alles fähig macht, ob für einen Klub, ob für eine Popgruppe oder einen Formel-Star: Da spielt das Wetter keine Rolle mehr; da opfere ich gerne einen halben Tag, um ein Heimspiel zu verfolgen; dann ist es auch gleich, wenn erst nachts um drei Uhr ein Rennen übertragen wird. Plötzlich können alle singen, und – wahnsinnig, welche Stimmung da entsteht! – wenn ich im Fahnenmeer stehe und den Schal im Rhythmus hin und her bewege: jeder spürt, wie das alle verbindet. Wo Begeisterung aufflammt, spielt auch Geld keine Rolle mehr: So eine Fahne kostet dreißig Mark und dazu noch ein Trikot, der Schal, Hosen, Deo, Krawatten, Nudeln ... einfach alles, was uns daran erinnern soll.
(Gl. hört wieder auf mit Schwenken)
Und hier versammelt sitzt jetzt der Fanklub von Jesus. Schön, daß Sie da sind! Aber welche Stimmung? Begeisterung? Liegt es daran, daß ungefähr die Hälfte derer, die hier zusammenkommen, laut Umfragen gar nicht an einen auferstandenen Christus glaubt? Ich weiß nicht, wie solche Umfragen zustande kommen. Aber wenn es wirklich so ist, wieso gehen hier so viele zur Kommunion? Wäre doch nur ein Stückchen Brot?
(Gl. geht wieder zur Osterkerze)
Gut, dann will ich den Anfang machen als Jesus-Fan, denn da bin ich Fundamentalist: *Ich* glaube, daß Christus auferstanden ist! Nicht irgendwie symbolisch oder wie die Redensarten halt so lauten: „Die Sache Jesu ist irgendwie weitergegangen" oder „Wenn ich Jesu Worte in mir vergegenwärtige, dann steht er ja in mir auf" ... Nein, für mich lebt er wirklich; er ist mir ein unsichtbares Gegenüber als Person – wie auch immer. Wenn das nicht so wäre, dann könnte ich den Rock ausziehen, dann sind unsere Toten tot, dann ist „unser ganzer Glaube Unsinn" – wie Paulus schon sagte –, dann würden wir jetzt besser ein, zwei Stunden im Krankenhaus die Kranken besuchen.

Um die Tatsache der wirklichen Auferstehung ging es auch der Urkirche. Lesen Sie es bitte nach in der Apostelgeschichte 1,22, als für Judas ein neuer Apostel gewählt wurde – übrigens undemokratisch mit dem Los. Beide Kandidaten mußten allerdings eine Voraussetzung erfüllen: Sie mußten Zeugen seiner Auferstehung sein!

Warum ist die Jugend abgewandert? Haben wir unsere Begeisterung an sie weitergegeben? Sprechen wir noch auf dem Heimweg oder zu Hause von wichtigen Aussagen aus der Kirche? Daran erkennt ein Kind, ein Jugendlicher: Das ist den Erwachsenen wichtig. Wenn Hektik ausbricht, wird dann das Gebet oder der Gottesdienst ausgelassen? Daraus nämlich schließt ein Jugendlicher: Also, so wichtig ist das den Eltern wohl auch nicht! Oder haben wir schon gesagt: „Wir gehen in die Vorabendmesse; dann haben wir ‚es' (= die Pflichterfüllung) hinter uns!"? Ähnlich äußerte sich ein Bräutigam in einem der letzten Brautgespräche: „Wir hatten schließlich die standesamtliche Trauung geplant und sagten uns, dann nehmen wir auch noch die kirchliche dazu – das ist dann ein Aufwasch!"

Ein Stück Glaubensbekenntnis kann für andere schon bedeuten, wenn wir nach dem Gottesdienst draußen noch etwas zusammenstehen – wie um eine Moschee freitags auch festlich gekleidete Menschen stehen. Warum sollen andere nicht sehen, woher wir sonntags unsere Kraft für die Woche holen?

(Gl. geht wieder zurück und schwenkt die Fahne)

Gibt es etwas Großartigeres, als dem anzugehören, der sagen kann: „Tod, wo ist dein Sieg? Tod, wo ist dein Stachel? Ich bin Sieger über Sünde und Tod. Und wer sich um mich schart, braucht nichts und niemanden zu fürchten!"

Darum feiern wir das Fest gegen den Tod, das Fest der Feste. Und lernen von der Begeisterung der Kinder dieser Welt!

(Gl. lehnt die Fahne an den Altar)

30. Ein Fest der Tiefenschärfe
(Fotoapparat)

Lesungen: Vom Tag.

(Gl. geht mit der Kamera ganz nahe an eine herrliche Blume im Altarschmuck oder an das Symbol auf der Osterkerze mit der Absicht: Ich möchte genau hinsehen, um die Schönheiten hier nicht zu übersehen)

Wir leben in einer Zeit, in der die Optik auf den Vordergrund eingestellt ist. Das Erlebnis hier und jetzt ist gefragt. Es ist ja zunächst auch nicht schlecht, etwa die faszinierende Welt um uns herum überscharf ins Auge zu fassen, mit der Kamera die Staubgefäße einer Blume ganz nahe zu betrachten *(Gl. zeigt auf die Blume, auf die er eben die Kamera einstellte)* und so über den Mikrokosmos zu staunen.

Aber im Banne der auf uns täglich einströmenden Bilderflut stehen wir in der Gefahr, nicht mehr dazu zu kommen, Blicke und Gedanken in die Tiefe schweifen zu lassen. Der Hintergrund unseres Lebens, nämlich der Sinn des Lebens, wird unscharf, wenn nur das Erlebnis hier und jetzt gefragt ist. Viele Menschen leben heutzutage ohne Tiefenschärfe, weil ihre Kamera, ihr Herz, nur am Vordergründigen und Oberflächlichen hängt, sich mit Recherchen des Schlüssellochjournalismus begnügt. Aber mit dem geistigen Horizont von Insekten und Maulwürfen können wir auf die Dauer nicht glücklich werden.

(Gl. stellt die Kamera auf „unendlich" [= liegende Acht] ein und richtet sie auf die Gemeinde)
Ich habe jetzt die Kamera auf „unendlich" eingestellt: Die wiederkehrenden Feste unseres Glaubens, wie heute Ostern, stellen den Blick, die Optik unseres Herzens, auf „unendlich" ein. Wir schauen auf den Hintergrund unseres Daseins und dürfen erkennen: Der Schöpfer dieser Welt ist in Jesus Christus auch der Erlöser. Er hat das letzte Wort über das Auf und Ab unseres Lebens. Seine Auferstehung zeigt, daß er stärker ist als die Angst, die uns bedrängt, weil unser Tod der Durchgang ins eigentliche Leben ist. Deshalb darf ich mit den Augen des Glaubens die Welt aus einem anderen Blickwinkel betrachten: Ich nehme das Vordergründige, Faszinierende wahr, sehe aber in der Tiefenschärfe des Glaubens, daß es noch eine andere Dimension gibt, in der andere Wertmaßstäbe gelten. Feste mit Tiefenschärfe, mit dem Blick aufs „Unendliche", dürfen wir immer wieder feiern:
- Weihnachten = Uns ist in Jesus ein Licht der Hoffnung aufgegangen, gegen das alle Finsternis machtlos ist;
- Ostern = In seiner Auferstehung hat Jesus den Tod, den schwersten Felsbrocken, aus dem Weg geräumt – jetzt können wir die Stolpersteine, die unser Miteinander schwierig machen, auch beiseite schieben;
- Pfingsten = Gegen so viel Ungeist und Geistloses in dieser Welt ist uns Gottes Heiliger Geist gegeben, der uns in die positive Richtung bewegen kann.

Darum lade ich alle ein, heute den Blickwinkel auf „unendlich" zu stellen, um unsere Welt in der Tiefenschärfe Gottes zu sehen und uns dabei auch an den kleinen Herrlichkeiten gleich neben uns zu erfreuen.
(Nach Reinhold Stecher, Ein Singen geht über die Erde – Österliche Bilder und Gedanken, Tyrolia Verlag, Innsbruck 1993: Ostern verlangt den Blick aufs Unendliche)

31. Osterwasser
(Eine Schale mit Taufwasser)

Lesungen: Von Ostern.

(Gl. schöpft mit einer Tonschale Wasser aus dem Krug mit Taufwasser)
Das Wasser in dieser Schale ist ein besonderes Wasser; denn die Osterkerze

wurde eben in den Krug gesenkt und dazu gesagt: „Die Kraft des Heiligen Geistes steige in dieses Wasser und rette alle, die auf Jesu Tod und Auferstehung getauft werden." Wer mit diesem gesegneten Wasser besprengt wird oder in Berührung kommt, möge sich also an seine Taufe erinnern.
Alle symbolischen Handlungen in der Kirche wurden früher viel häufiger in den Alltag eingebettet, um das ganze Leben vom Glauben durchdringen zu lassen. Darum berichte ich jetzt von einigen Osterbräuchen:
In Masuren und Oberschlesien fertigte man aus Holzspänen kleine Kreuze und steckte sie mit Weidenkätzchen in die Ecken der Felder. An Ostern wurden diese kleinen Kreuze mit „Osterwasser" gesegnet. Es war den Menschen eben nicht selbstverständlich, daß die Natur zum Leben erwacht – sie stellten deshalb alles in den Schutz Gottes.
Ein weiteres Beispiel: Schon vor Sonnenaufgang und in Stille brachen die Leute auf, um Wasser aus Brunnen und Bächen zu schöpfen, weil das Wasser dieser Nacht der Nächte Leib und Seele heil und schön machen sollte. Dabei beteten sie: „Wasser, du machst Steine und Wurzeln rein, du belebst uns im frischen Trunk und im reinigenden Bad, so wasche uns auch von Sünden rein." Dann besprengten sie mit diesem „Osterwasser" Häuser und Ställe.
Weil am Ostermorgen die Frauen mit wohlriechenden Salben Jesus hatten einbalsamieren wollen, entstand folgender Brauch: Am Ostersonntag ärgern die Jungen die Mädchen, indem sie ihnen Parfum und Wasser über das Bett spritzen! Ihr könnt euch das wilde Kreischen der Mädchen vorstellen? Aber die rächen sich am Osterdienstag, indem sie gleich einen Eimer voll Wasser auf die Jungen oder Männer herabschütten. Diese regelrechten Wasserschlachten gehören in Polen zum beliebtesten Osterbrauch. Da ziehen Kinder und Jugendliche am Ostermontag mit Wassereimern durch die Straßen, füllen sie wieder an jedem Brunnen auf und versuchen, einander eine regelrechte Dusche zu verpassen. Ich weiß nicht, ob diese Burschen wissen, was diese „Gaudi" noch mit Ostern zu tun hat. (Ähnlich, wenn ich jetzt hier fragen würde, was hat eigentlich der Osterhase mit der Auferstehung Christi zu tun – noch dazu, daß der Hase Eier legt?)
Besser gefällt mir der Brauch im Piemont (heute: Italien): Da laufen die Leute beim ersten Osterläuten zum Brunnen des Dorfes und waschen sich die Augen aus. Damit möchten sie ausdrücken: Wir spülen die Schleier der Angst fort, schwemmen den Dreck eines langen Jahres weg. Wir möchten Osteraugen bekommen und nicht die ‚Geh-mir-aus-den-Augen'-Augen; wir waschen den kalten, gierigen, listigen, mißtrauischen Blick aus den Augen weg. – Dann heben sie den Kopf und schauen sich mit guten Augen an.
Lassen wir uns jetzt dafür ein paar Augenblicke Zeit und üben ein wenig, uns mit guten, freundlichen Augen anzuschauen, damit es uns, wenn wir uns draußen irgendwo begegnen, besser gelingt. *(Pause)*
Was ist von all diesen Bräuchen mit geweihtem Wasser bei uns geblieben?
– In manchen Gemeinden nehmen die Ministranten beim Ostereiersammeln

Bottiche mit geweihtem Wasser mit (eigentlich ein paar Tage zu früh) und schöpfen davon jedem, der es möchte.
- In manchen Häusern gibt es noch Weihwasserkesselchen an der Wand. Morgens, nach dem Aufstehen oder beim Verlassen der Wohnung, tauche ich meine Fingerspitzen ins Weihwasser, mache damit das Kreuz über mich und erinnere mich daran: „Ich bin getauft, Jesus geht mit mir in diesen Tag; ich bin bereits ein erlöster Mensch. Aus diesen Quellen, Herr, laß mich heute positiver leben." Und abends, als letztes vor dem Zubettgehen, bezeichne ich mich wieder und denke: „Herr, wasche ab von meiner Seele, was mich belastet, was ich falsch gemacht oder unterlassen habe, damit ich gut schlafen kann und jetzt auch meine Seele Ruhe findet – ein ‚Bett' für die Nacht!"
- Wir brauchen Zeichen, damit unsere Sinne auf das ausgerichtet werden, was uns wichtig ist. Darum auch die Gelegenheit am Eingang katholischer Kirchen, sich mit Weihwasser zu bezeichnen: Wasser, das uns an die Taufe erinnert, in der uns zugesagt wurde: „Du bist ein erlöster Mensch und darfst jeden Tag Ostern feiern." Daran dürft ihr Kinder jetzt denken, wenn ich rundgehe und euch mit diesem „Osterwasser" besprenge.
(Oder Schalen mit „Osterwasser" werden herumgereicht, oder die Kinder werden eingeladen, nach vorne zu kommen, um sich dort „handgreiflich" an die Taufe zu erinnern. – Vielleicht liegt eine Liste aus, auf der nach dem Gottesdienst Weihwasserkesselchen bestellt werden können, um dem alten, sinnvollen Brauch wieder aufzuhelfen; auch zeigen, wo der Weihwasserkrug in der Kirche ständig seinen Platz hat.)

32. Der neue Bund zwischen Himmel und Erde
(Ein Regenbogen, zerlegt in seine sieben Farben, zum Auflegen oder Aufheften auf ein schwarzes Tuch. Richtige Reihenfolge der Farben: rot, orange, gelb, grün, blau, indigo, lila)

Hinweis: Die MISSIO-Leuchtbox-Folie 2/1 zeigt den Allherrscher Jesus Christus auf einem angedeuteten Regenbogen sitzend.

Lesungen: Gen 9,12–17: Das Zeichen des Bundes mit Gott in den Wolken; Hebr 12,22–24: Jesus, der Mittler des neuen Bundes; Lk 1,67–79: Gott hat an seinen heiligen Bund gedacht; Lk 22,14–20: Dieser Kelch ist der neue Bund in meinem Blute.

(Gl. nimmt das schwarze oder graue Tuch:)
Als Jesus am Kreuze starb, brach für die Jünger eine ganze Welt zusammen. Traurigkeit und Angst erfüllten ihr Herz. Was sollte jetzt werden? *(legt das Tuch aus)*

1. Kind (mit gelbem Bogen):
Die Frauen kamen mit kostbaren Salben zum Grabe; sie wollten den toten Leib

Jesu einbalsamieren. Da ging eben die Sonne auf. Sie sahen: Das Grab war offen. Und ein Engel sagte: Jesus ist nicht mehr hier. Er ist auferstanden. Eine neue Sonne ist aufgegangen. *(Bogen auflegen. Achtung: an die richtige Stelle legen, weil die Reihenfolge in diesem Sprechspiel geändert ist.)*

2. Kind (mit rotem Bogen):
Die Jünger erzählten sich wieder von der Liebe Jesu. Und als das Feuer des Heiligen Geistes auf sie herabgekommen war, zogen sie in alle Welt, um allen Menschen von ihm zu berichten. Die freudige Nachricht breitete sich aus. *(Bogen auflegen)*

3. Kind (mit grünem Bogen):
Ein neuer Frühling brach an: Der tote Stamm des Kreuzes schlug aus und wurde zum neuen Paradiesesbaum. Wer auf Jesus vertraut, schöpft immer wieder neue Hoffnung. *(Bogen auflegen)*

4. Kind (mit hellblauem Bogen):
Der Bund zwischen Himmel und Erde wurde in Jesus Christus neu geschlossen. Darum dürfen wir Himmel und Erde mit anderen Augen sehen: Augen, die darauf vertrauen, daß am Ende alles gut ausgeht. *(Bogen auflegen)*

5. Kind (mit dunkelblauem Bogen = Indigo):
Alle, die in Treue zu Jesus stehen, dürfen glauben, daß ein neuer Himmel und eine neue Erde kommen. Dann braucht keiner mehr zu weinen. *(Bogen auflegen)*

6. Kind (mit orangefarbenem Bogen):
Darum dürfen wir Christen in der Vorfreude leben. Der Tod hat nicht das letzte Wort. In seiner Auferstehung hat Jesus die Tür zum ewigen Leben geöffnet. *(Bogen auflegen)*

7. Kind (mit lilafarbenem Bogen):
Noch liegen Leid und Tod vor uns. Und noch manche Fegfeuer sind zu durchschreiten. Aber eines Tages geht die neue Sonne auf. In deren Licht werden die Tränen der Menschen wie ein schöner Regenbogen leuchten. *(Bogen auflegen)*

Gl.: Gott sprach – so hörten wir aus dem ersten Buch der Bibel: Der Regenbogen in den Wolken des Himmels soll euch daran erinnern, daß ein Bund zwischen Himmel und Erde besteht, ein Bund zwischen mir und euch. In Jesus wurde dieser Bund erneuert, ein Bund, der nie mehr zu brechen ist, weil Jesus selbst es ist, der zur Brücke zwischen Gott und den Menschen wurde. Darum sehen wir Jesus in Darstellungen oft auf einem Regenbogen sitzend dargestellt. Ihm vertrauen auch wir das Heute und Morgen an.
(Eine Idee von Monika Endres, D-97520 Heidenfeld, entfaltet)

Weißer Sonntag / Kommunion / Erstkommunion / Eucharistie / Fronleichnam

33. Jesus im Herzen tragen (Weißer Sonntag)
(Ein weißes Tauf- und/oder Erstkommunionkleid, besser „Kommuniongewand", wie heute vielerorts üblich; möglich sind auch noch das weiße Obergewand der Ministranten, ein Brautkleid, die Albe des Priesters und ein Totenkleid; gerade beim letzteren gewinnt die Aussage der Taufe Gewicht: „Du gehörst Christus an!")

Lesungen: Offb 7,9–17: Die in weißen Gewändern; Mt 22,1–14: Beim königlichen Hochzeitsmahl ist einer ohne Hochzeitsgewand.

Bedeutung des Taufkleides: Du hast Christus angezogen
Dieses weiße Kleid erinnert uns an die Taufe: Da wird dem Neugetauften das Taufkleid angelegt und gesagt: „Du hast jetzt Christus angezogen, bist ein neuer Mensch geworden. Bewahre diese Würde bis zum ewigen Leben." Es geht also nicht in erster Linie um die moralische Qualität, „halte deine Weste rein", sei ein guter Mensch, sondern: „Du hast Christus angezogen."
Jahrhundertelang wurden Menschen, die Christen werden wollten, in der Osternacht getauft; dabei legten sie ihre Kleider ab und wurden ganz unter Wasser getaucht. Anschließend zogen sie ein weißes Gewand an, das sie eine Woche lang trugen. Am darauffolgenden Sonntag legten sie das weiße Kleid wieder ab. Von daher bekam dieser Sonntag seinen Namen. Ab jetzt sollten sie „das Weiße", d.h. den Herrn Jesus Christus, im Herzen tragen. Weiß war ja die Farbe des ungebrochenen Lichtes, das die drei ausgewählten Jünger Jesu auf dem Berg Tabor erblickt hatten. Von diesem Erlebnis heißt es: „Die Kleider Jesu wurden strahlend weiß, so weiß, wie sie auf Erden kein Bleicher machen kann" (Mk 9,3; ähnlich Mt 17,2 und Lk 9,29). Jesus war also strahlender als alles.

Bedeutung des Kommunionkleides:
Den Herrn, dem ich angehöre, im Herzen tragen
Heute tragen die Kinder, die zur Erstkommunion gehen, oft solch ein weißes Kommuniongewand. Sie erneuern ihr Taufversprechen und dürfen zum ersten Mal die heilige Messe ganz mitfeiern und Jesus in sich aufnehmen, den sie immer im Herzen tragen sollen.
Oft stimmt aber alles nur äußerlich, innerlich ist das Herz von vielem belegt, das nur ablenkt und für Jesus selbst keinen oder nur wenig Platz läßt. Was das heißen soll, möchte ich an einem Buch klarmachen, das auch verfilmt wurde. Es heißt: Der Glöckner von Notre Dame.

Der Glöckner von Notre Dame:
In seiner äußeren Häßlichkeit wohnte eine schöne Seele
Da war jener taube und bucklige Unglückliche, der als Kind am Weißen Sonntag

auf den Stufen der Kathedrale ausgesetzt wurde. Weil Sonntage früher nach dem lateinischen Anfangswort benannt wurden, gab man ihm den Namen Quasimodo. Als er erwachsen war, wurde er zum Glöckner, d.h. er läutete die Glocken einer Kirche. Aber es war nicht irgendeine Kirche, sondern die Kathedrale in Paris, die der Mutter Gottes geweiht ist. Sie heißt: Notre Dame. Ganz allein wohnte der häßliche Mann oben im Kirchturm. Aber der Mann war nur äußerlich häßlich, in ihm wohnten eine schöne Seele und ein gutes Herz. So rettet er ein Mädchen vor dem Tode und gab sogar für das Mädchen sein eigenes Leben hin.

Es kommt darauf an, daß – so sagte es der große Theologe Augustinus – das schimmernde Weiß, Jesus Christus, in unseren Herzen wohnt. Das äußere weiße Kleid kann blenden. Es kommt aufs Innere an. Das machte den buckligen Quasimodo so sympathisch: Sein Körper war schlimm mißgestaltet, aber sein Inneres war schön. Indem er sein Leben für einen geliebten Menschen hingab, wurde er Jesus ähnlich.

Jesus auch am Ende im Herzen tragen
Jetzt möchte ich – mehr für die Erwachsenen – in der Sprache der Bibel dem weißen Kleid weiter nachspüren: Im Gleichnis vom königlichen Hochzeitsmahl (Mt 22,1–14) heißt es: „Als sie sich gesetzt hatten und der König eintrat, um sich die Gäste anzusehen (welche ihm die Diener von den Straßen zusammengeholt hatten), bemerkte er unter ihnen einen, der kein Hochzeitsgewand anhatte. Er sagte zu ihm: ‚Mein Freund, wie konntest du hier ohne Hochzeitsgewand erscheinen?' Darauf wußte der Mann nichts zu sagen. Da befahl der König seinen Dienern: ‚Bindet ihm Hände und Füße, und werft ihn hinaus in die Finsternis!'"
Mit diesem Gleichnis will Jesus uns zeigen, daß es darauf ankommt, daß unser Herz ein hochzeitliches Gewand trägt; äußerlicher Reichtum interessiert ihn nicht. Wenn wir Jesus nicht im Herzen tragen, nützt das alles nichts. So heißt es auch im letzten Buch der Bibel, in der Offenbarung des Johannes: „Wer siegt, wird mit ‚weißen' Gewändern bekleidet werden" (Offb 3,5a) und weiter: „144.000 standen in weißen Gewändern um den Thron Gottes" (Offb 7,9), und alle Menschen, die aus der großen Bedrängnis der Erde und des Endes der Welt kommen, „haben ihre Gewänder gewaschen und im Blut des Lammes weiß gemacht" (Offb 7,14).
Wir können uns also erst vor Gott hinstellen, wenn das Innere das Äußere verwandelt hat und das Äußere das Innere widerspiegelt und alles in uns übereinstimmt.
Wenn uns heute also ein Kommunionkind über den Weg springt, dann laßt uns ihm wünschen und dafür beten, daß die äußere Schönheit zur inneren Klarheit und Jesusnachfolge beiträgt.
(Auf die Idee zu dieser Predigt brachte mich eine Bemerkung im Buch „Gottes Wort mit Eselsohren" von Michael Graff, Schwabenverlag, Ostfildern 1995, S. 24. – Zuerst veröffentlicht in „PuK" 3/96)

34. Unscheinbare Kostbarkeiten (Weißer Sonntag)
(Kuscheltiere – eine Hostie – ein Amethyst)

Vorbemerkung: Hier finden Sie den Versuch, das Sakrament der Eucharistie über die emotionale Ebene nahezubringen. Es ist ein ähnlicher Ansatz wie bei Leonardo Boff, dem der letzte Zigarettenstummel seines verstorbenen Vaters, der ihm zugeschickt wurde, auch etwas Besonderes, ja „heilig" ist. Dieser Ansatz soll die Kinder, die an diesem Tag abgelenkt sein können, auf das Wesentliche führen und ihnen für den ungeheuren Wert des eucharistischen Brotes die Augen öffnen.

Vorbereitung: In einer Geheimaktion haben die Eltern der Erstkommunionkinder erst am Morgen des Festtages das Kuscheltier oder -tuch ihres Kindes (manche Kinder haben ja noch damit geschlafen) in die Sakristei gebracht. Sie stehen in einem schönen Korb auf einem Tisch.

Hinweise: Um nicht abzulenken, können Sie auch von einer anderen Kirche erzählen, wo dieser Versuch gemacht wurde. Der Gedanke mit dem Amethyst kann auch entfallen.

Lesungen: 1 Kön 19,3–8: Elija wird zweimal mit Wasser und Brot gestärkt; Lk 22,19.20: Jesus im Abendmahlssaal. Das ist mein Leib; Joh 6,48–51 (oder 6,32–35) Ich bin das Brot, das vom Himmel herabgekommen ist.

Liebe Kommunionkinder! Ihr werdet überrascht sein, was für Wunderbares in diesem Korb liegt. Ganz geheim sind wir vorgegangen, eure Eltern haben mitgespielt. Hier habe ich eure Kuscheltiere und -tücher. Viele haben noch letzte Nacht damit geschlafen. Sie halfen euch – aufgeregt wie ihr vielleicht wart – in den Schlaf zu kommen, denn die Mama oder der Papa können ja nicht ständig bei euch sein.

Ich zeige einmal ein paar und bin gespannt, ob jeder sein Kuscheltier erkennt! (Die Kinder melden sich und nennen den Namen des Tieres usw. Sie zeigen auch, daß ihnen diese Schmusesachen sehr wichtig sind. Die Kuscheltiere werden alle auf einen entsprechend großen Tisch gestellt.) Wenn ich euch nun euer Kuscheltier abkaufen wollte, würdet ihr es hergeben? Dabei könnte manch einer sagen: „Dieses Stofftier ist ja so abgenutzt, so abgegriffen, das will ich noch nicht einmal geschenkt haben! Das hat doch gar keinen Wert mehr!"

Aber euch ist es ungeheuer wichtig, von großem Wert, weil ihr es heiß und innig liebt; weil ihr es so oft an euch gedrückt habt; weil es so manche eurer Tränen aufgenommen hat.

Könnte ich euch in Versuchung bringen, wenn ich euch ein tolles Kommuniongeschenk dagegen halten würde: einen oder mehrere Hundertmarkscheine? Naaa!?

Jetzt zeige ich euch noch etwas, das Wichtigste des heutigen Tages *(Gl. zeigt eine nicht konsekrierte Hostie).* Seht mal, ein kleines Stückchen Brot, unscheinbar, ziemlich wertlos. Ihr habt viel schmackhafteres Brot auf eurem Tisch zu Hause. Das hier ist so klein und leicht zu übersehen. Doch wer mit dem Herzen sieht, der erkennt: Wenn dieses Stückchen Brot gleich auf dem Altar in Jesu Leib verwandelt wird, dann ist es uns das Wichtigste, es ist ein Stückchen

Himmelsbrot! Jesus wohnt darin und kommt zu uns und will bei uns bleiben und unser Freund sein. Nur mit dem Herzen können wir sehen, daß dieses unscheinbare Stückchen Brot Himmelsbrot ist. Dafür haben wir uns festlich angezogen, die Kirche geschmückt; darum sind so viele Gäste angereist.
So wie euer Herz an eurem Kuscheltier hängt, das euch durch eure Kinderjahre begleitet, so soll es einmal an Jesus hängen, der euch von jetzt an durch euer ganzes Leben begleiten will.
Noch ein Wort zu Ihnen, liebe Erwachsene! Kann es sein, daß wir an den eigentlichen Wundern im Leben vorbeilaufen, weil wir zu hektisch unterwegs sind und nicht mehr genau hinschauen? *(Gl. zeigt den Amethyst von der unscheinbaren Seite)* Wir laufen zum Beispiel an diesem Felsstück vorbei und sagen: „Nur ein gewöhnlicher, unbedeutender Stein!" und sehen nicht *(Gl. zeigt die kostbare Innenseite mit den Kristallen)* das Wunder dieser Kristalle! Sehen nicht mehr mit den Augen des Herzens die Wunder in der Natur, in jedem Menschen, in dem Stückchen Brot, das uns gleich in die Hand gelegt wird? Auch hier können wir von vielen Kindern lernen, die noch den Blick für das Kostbare im Unscheinbaren haben.
(Nach Norbert Hark, D-50171 Kerpen)

35. Bleibt mit mir verbunden! (Kommunion / Eucharistie)

(Ein alter, knorriger Weinstock, an dem Überreste abgeschnittener Triebe zu sehen sind; zwei Triebe sind – zur Herzform gebogen – aufgebunden.)

Lesungen: Kol 3,12–15: Früchte, die Glieder des einen Leibes bringen können; Joh 15,1–8: Bleibt mit mir verbunden! (5. Sonntag der Osterzeit, Lesejahr B).

1. Verbunden bleiben

Der kleine Franz ist auf etwas besonders stolz: Seine Paten pflanzten zu seiner Taufe einen Weinstock an die Sonnenseite des Hauses, in dem er aufwächst. Es ist also sein Weinstock. Inzwischen sind die Reben schon sehr hoch gewachsen, und er hat bereits Trauben davon ernten dürfen.
Eines Tages kommt ein Sturm auf, der sich zum Orkan steigert: Er reißt alles ab, was nicht niet- und nagelfest ist. Dann prasselt Hagel herab und zerschlägt alles, was ihm in den Weg kommt. – Als das Unwetter abgezogen ist, steht Franz traurig vor seinem Weinstock: Die Triebe sind abgerissen oder geknickt, die Fruchtstände zerschlagen, die Blätter liegen zerfetzt am Boden. Da hat er eine Idee. Er läuft in die Werkstatt seines Vaters – da kennt er sich aus –, holt Baumleim und Kordel und beginnt, die herumliegenden Rebzweige und Blätter anzukleben oder anzubinden. Er hat nämlich davon gehört, daß ein durch einen Unfall abgerissener Finger wieder anwächst, wenn er nur schnell genug angenäht wird. Doch da steht auch schon die Mutter neben ihm, nimmt ihn in den

Arm und sagt: „Franz, in diesem Jahr darfst du nicht mit saftigen Trauben rechnen. Aber im nächsten wieder – so Gott will!"
Jesus sagt: Ich bin der Weinstock – ihr seid die Reben. Bleibt mit mir verbunden – sonst könnt ihr in den Augen Gottes keine Frucht bringen. (Jesus gebraucht auch andere Bilder dafür, zum Beispiel im Gleichnis vom Hirt und den Schafen. Ein Schaf *allein* kann dort, wo Jesus gelebt hat, nicht überleben. Es ist nicht nur wegen der Wölfe ..., ein Sandsturm ist nicht minder gefährlich. Um ihn zu überstehen, legen sich die Schafe wie zu einer Traube zusammen; sie stecken den Kopf tief ins Fell der anderen. So überleben sie und ersticken nicht in den Sandmassen.)
Mit Jesus verbunden bleiben! Wie geht das denn? Wir brauchen keine Leistung zu bringen. Jesus ist ja der Weinstock. Verbunden bleiben können wir im Gebet. Das Gebet ist wie der Saft, der durch die Pflanze fließt, wenn wir auf Jesu Wort hören – so wie eben; oder sein lebendiges Brot empfangen – das kann ich nicht im Wald und im Bett; da muß ich schon diese Gemeinschaft aufsuchen, in die ich hineingetauft bin. Auch in jeder guten Tat fließen die Kräfte vom Weinstock und von den Reben her.

2. Beschnitten werden

Ihr seht vor dem Altar einen Weinstock. *(MinistrantIn holt ihn und reicht ihn Gl.)* Der Winzer hat viele Triebe abgeschnitten, nur zwei hat er stehengelassen. Schneidet er sie nicht weg, treibt der Weinstock zu viele Reben und Blätter, so daß nicht mehr genügend Kräfte für die Früchte bleiben, die Trauben. Ähnlich ist es beim Apfel- und Birnbaum. Oder wer Tomaten in seinem Garten zieht, muß im Sommer eine Menge Triebe abzwicken, damit die Kraft der Pflanze in die Früchte geht. Also: Es gibt zuviel Wildwuchs, wenn alles unbegrenzt wachsen darf.
Das heißt für unsere „jungen Bäumchen" hier, für die Kinder: Du kannst nicht in jedem Sportverein Mitglied sein, denn du könntest nicht allen genügen und bekämst Ärger. Hoffentlich hast du Eltern, die schon mal ein klares Nein oder Ja sagen, weil sie weiterschauen, damit du dich nicht verzettelst. Ich möchte sogar sagen: Das sind gute Eltern, die auch dann noch bei ihrem Ja oder Nein bleiben, wenn du eventuell „deine Tour kriegst" und vermutest, daß du sie schon „rumkriegst", wenn du lange genug quengelst. Natürlich wünsche ich deinen Eltern auch den guten Blick dafür, welche Triebe in dir besonders kräftig und originell sind, damit sie nicht die falschen abschneiden ...

3. Aus der Verbindung wachsen Früchte

Ihr seht, der Winzer oder die Winzerin hat die beiden Triebe zu einem Herzen zusammengebunden. Früher war dieser „Herzschnitt" üblicher als heute. Wir können uns gut vorstellen, wie aus diesem Herzen jetzt die kleinen Triebe mit ihren Fruchtansätzen wachsen, wie im Sommer ein Teil der Blätter entfernt wird, damit viel Sonne die Früchte erreicht, sie reifen läßt und schließlich die

Früchte geerntet werden können. Die ganze Kraft des Weinstocks konzentriert sich auf das Herz.
Und wie heißen die Früchte, die dann wie von selbst wachsen? In der Lesung wurden sie genannt, und ich darf einige davon noch einmal langsam wiederholen: die Güte – die Geduld – die Demut, d.h. der Mut zum Dienen: nicht immer die erste Geige spielen wollen. Liebe Geschwister: Ertragt einander – vergebt einander – liebt einander – begegnet einander friedvoll – seid dankbar!
Jetzt stelle ich diesen Weinstock wieder gegen den Altar, weil wir von dort, der Mitte unserer Gemeinschaft, so viele Kräfte empfangen dürfen, die uns mit Jesus verbinden.
(Familienmeßkreis St. Pankratius, Bergheim-Paffendorf)

Hinweis: Im Anschluß an diesen Gottesdienst mit dieser Predigt ergab sich bei einigen Eltern die Diskussion, ob denn überhaupt „beschnitten" werden darf. Selbst bei einem Baum führe jedes Beschneiden zu einer kürzeren Lebensdauer: Jeder Baum habe sein „Programm". Diese Leistungsgesellschaft verfolge im Beschneiden wieder einmal den Profit. – Den unbestrittenen „Auswüchsen" mancher Kinder, die wie kleine Monster oder Prinzen ganze Gruppen und Klassen terrorisieren, müsse anders beizukommen sein als durch „Beschneiden".

36. Ausstrahlend wie eine Sonne (Fronleichnam)
(Eine Monstranz, die – in der Regel – einer Sonne ähnelt)

Lesungen: Jes 30,26: Das Licht der Sonne wird siebenmal so stark sein; Mt 5, 43–48: Gottes Sonne leuchtet über Bösen und Guten; Mt 17,1–9: Sein Gesicht leuchtete wie die Sonne; Mk 6,53–56: Alle, die ihn berührten, wurden geheilt.

Schaut mal genau diese Monstranz an! Sie ist einer Sonne nachgebildet und will in die ganze Umgebung strahlen. Ihre Strahlen möchten auch uns erreichen.
Alles, was Gott in der Welt sich entwickeln ließ, hat eine positive Ausstrahlung: Selbst die unterste Stufe der Schöpfung, die Steine, können etwas ausstrahlen, was heilen kann. So gehen von allem Strahlen aus – immer wieder anders: Eine bewaldete Gegend strahlt etwas anderes aus als eine steinige Wüste; ein gemütliches Wohnzimmer anderes als ein technisches Labor und eine Disco wieder anderes als ein Konzertsaal. Auch Tiere habe eine Ausstrahlung – manche ziehen uns an, manche stoßen uns ab. Das erfährt jeder anders.
Besonders die Krone der Schöpfung, der Mensch – als Mann und Frau –, strahlt etwas aus: Ein verärgerter, verbissener Mensch, der Zerstörerisches ausstrahlt, treibt uns fort; ein froher, gütiger Mensch, der eine wohltuende Atmosphäre verbreitet, zieht uns an. Ein Kommunionkind im langen, weißen Gewand strahlt etwas Anziehendes aus – und was tun Eltern nicht alles dafür! Und eine Braut zieht unsere Blicke besonders an. So können Menschen eine besondere Aus-

strahlung haben, ein/e ErzieherIn, der Lehrer oder die Lehrerin, ein Idol – auch die Persönlichkeit unseres Papstes zieht Hunderttausende Menschen an.
Jetzt schauen wir noch einmal auf diese Monstranz, die wie eine Sonne strahlt: Inmitten dieser Sonne das lebendige Brot, auch wie eine kleine Sonne. Als der Künstler vor vielen Jahrzehnten diese Monstranz geschaffen hat, dachte er sich bei seiner Sonnennachbildung etwas. Er hatte in der Bibel gelesen, wie Jesus die Menschen anzog: Sie alle kamen, um die heilenden Strahlen seiner Worte und Blicke aufzufangen. Sie legten Kranke an seine Wege, damit wenigstens sein Schatten auf sie fiel oder sie den Saum seines Gewandes berühren konnten, um ganz heil zu werden (Mk 6,53ff). Jesus hatte die Ausstrahlung einer Sonne, die die Menschen anzog: Aus seinem Urvertrauen zu Gott floß eine unsagbare Ruhe; seine Barmherzigkeit brachte Licht in jede Dunkelheit. Auf dem Berg der Verklärung deutete sein strahlendes Gesicht an, daß die Strahlen seiner Sonne auch die Dunkelheit des Leides und Todes besiegen werden (Mt 17,2).
So leuchtet uns in der Monstranz sein Licht entgegen: Seine Worte, sein Brot sind Strahlen bis in unsere Seelen hinein, die der Wohlstand oft innerlich leer gemacht hat. Darum halte ich diese Sonne heute ganz hoch; zeige sie in alle Richtungen, wünsche aller Welt ihre heilende Ausstrahlung.
(Nach Martin Ebner/ Stefan Mai, Der zweite Himmel, Echter Verlag, Würzburg 1995, S. 86)

37. Der „zweite" Himmel (Fronleichnam)
(Der Traghimmel, unter dem bei Prozessionen das Allerheiligste mitgeführt wird)

Lesungen: Ex 33,7–11a: Die Wolkensäule (= Jahwe) senkt sich auf das Offenbarungszelt, wenn Mose es betritt; Mt 28,16–20: Ich bin bei euch alle Tage.

Hinweis: GL 639, 4. + 5. Strophe: Seht, Gottes Zelt auf Erden!

Woher stammt der Brauch, an Fronleichnam einen „Himmel" herumzutragen, und was bedeutet das?
Die Wurzeln für diesen Brauch reichen bis zu den Erzählungen von der Wüstenwanderung der Israeliten. Da gab es neben den vielen Zelten ein besonderes Zelt, das immer außerhalb des Lagers aufgestellt wurde. In diesem Zelt wurde die Bundeslade, das „Allerheiligste" der Israeliten, aufbewahrt. Die Menschen damals glaubten auch: Gott wohnt zwar im Himmel, aber eigentlich ist er überall, überall für die Menschen da. Wenn dann ihr Blick auf das kostbare Zelt mit der Bundeslade hinausging, dann wußten sie: Gott wohnt bei uns. Sie sahen es auch: Sobald Mose das Zelt betrat, senkte sich die Wolkensäule auf die Bundeslade – das Symbol für den mächtigen Jahwe-Gott seit dem Durchzug durch das Rote Meer.
Unser „Himmel" bei der Fronleichnamsprozession ist eine Art Tragezelt – wie

wir sehen können. Wenn darunter vom Priester die Monstranz getragen wird, dann verbirgt sich unter diesem Dach wie damals etwas ganz Kostbares: Das Stückchen Brot ist uns Zeichen für die bleibende Gegenwart Jesu bei den Menschen. Der unsichtbare Gott offenbart sich in diesem seinem Sohn Jesus Christus.

Auch wir wissen, Gott ist „im Himmel" und eigentlich überall, besonders nahe ist er uns, wenn wir in der Kirche zusammen sind. Wenn wir das Allerheiligste an Fronleichnam durch Straßen und Felder begleiten, möchten wir damit allen Menschen vor Augen führen: Gott läßt sich weder in den Himmel noch in die Kirchen einsperren. Er ist mitten unter uns, da, wo wir arbeiten und feiern, wo wir leiden und sterben. Wir sind nie allein.

Darum sagen die Leute bei der Fronleichnamsprozession sehr treffend: Der „Himmel" kommt, weil durch Jesus Christus der Himmel schon auf die Erde gekommen ist – so wie wir es endgültig am Ende der Zeiten erwarten. (Vgl. Offb 21,3: Seht, die Wohnung Gottes unter den Menschen!)

(Verändert nach Martin Ebner / Stefan Mai, Der zweite Himmel, Fronleichnam- und Bittprozessionen für Stadt- und Landgemeinden, Echter Verlag, Würzburg 1995, S. 73f)

Pfingsten / Kirche / Dreifaltigkeit

38. Sieben Flammen des Heiligen Geistes (Um Pfingsten)
(Eine Kupferschale mit Brennspiritus steht abgedeckt bereit. Ein Kerzendocht, mit dem von der Osterkerze her der „Spiritus" entzündet wird)

Lesungen: Apg 2,1–8: Zungen von Feuer verteilten sich; Lk 12,49–53: Ich bin gekommen, Feuer auf die Erde zu werfen; Joh 20,19–22: Er hauchte sie an: Empfangt Heiligen Geist.

(Gl. entzündet mit dem Kerzendocht von der Osterkerze her den Brennspiritus in der Schale und stellt sich bei der Predigt hinter die Flammen)
Zungen von Feuer verteilten sich auf die Menschen. So hörten wir in der Lesung aus der Apostelgeschichte. Sieben Flammen möchten jetzt an die sieben Gaben des Heiligen Geistes erinnern. Wenn Sie einen Gedanken hören, der Sie besonders berührt, dann prägen Sie sich ruhig nur diesen einen ein.

Die 1. Flamme: In der Osternacht wurde vom Feuer her die Osterkerze entzündet. Jetzt geschah es umgekehrt. Heute endet nach 50 Tagen die Osterzeit – wieder mit Feuerflammen. Eine Erklärung wurde in der Osternacht vorgelesen: Hinter dem Volk der Israeliten stand als Schutz vor den ägyptischen Verfolgern eine Wolkensäule, also die Gegenwart Gottes, aus der nachts Blitze schlugen. Sie erhellten die Nacht beim Weiterziehen durch die Wüste. Diese Feuersäule hielt ihnen die Feinde im gebührenden Abstand. – Wir glauben an einen Gott als mächtigen Schutz. *(Stille)*

Die 2. Flamme: Wir erinnern uns an den brennenden Dornbusch: Er stand in Flammen, verbrannte aber nicht. Gott nennt dabei Mose seinen Namen: „Ich bin da für euch!" (Ex 3,14). Gott ist ein eifersüchtiger und verzehrender Gott, der die erste Stelle in unseren Herzen einnehmen will. Aber er vernichtet uns nicht, wenn wir in unserer Freiheit andere Leuchtfeuer suchen. Auch wenn wir ihm den Rücken zukehren, spricht er: „Ich bin da für euch!" *(Stille)*

Die 3. Flamme: Jesus will uns mit Wasser und **Feuer** taufen. Aber wie sollen wir Licht und Orientierung für die Welt sein, wenn wir seine Feuerzungen aufs Eis der Bequemlichkeit und Gleichgültigkeit gelegt haben? Die Sache Jesu braucht Be**geist**erte, die entschieden seine Botschaft weitertragen! *(Stille)*

Die 4. Flamme: Zur letzten Firmung in unserer Kirche hatte jeder Firmling eine Feuerflamme gemalt, die, zusammengesteckt, vorne am Altar ein mächtiges Feuer ergaben. Sie erinnern sich!? Das bedeutete: Es kommt auf jeden hier an. Wir sind als Apostel *heute* gesandt, unserer Welt Licht und Orientierung zu schenken, damit sich jeder an diesem Feuer wärmen kann, damit er etwas spürt vom Wesen unseres liebenden Gottes. *(Stille)*

Die 5. Flamme: Edelmetalle wie Gold und Silber werden in der Glut des Feuers von allen Schlacken gereinigt. Nur das Echte und Wahre bleibt bestehen. Vor dem Feuer des Heiligen Geistes kann das Gemeine und Bequeme nicht bestehen. In der Nähe Gottes verbrennen alle kleinen und großen Lebenslügen. Die Fegfeuer hier und nach dem Tode, durch die alle Liebe gehen muß, lassen nur das Reine und Heilige übrig. *(Stille)*

Die 6. Flamme: An Pfingsten sehen wir, was Gottes Heiliger Geist vermag: Der Funke springt über, die Jünger sind entflammt. Sie reißen die Türen auf, zeigen Stirn. Auch heute kann die verzehrende Kraft des Geistes Gottes die Eispanzer der Angst oder der Verbitterung oder der Zweifel schmelzen bei dem, der sich ihr aussetzt! *(Stille)*

Die 7. Flamme: Jesus rief einmal aus (wir hörten es im Evangelium): „Ich bin gekommen, Feuer auf die Erde zu werfen. Wie froh wäre ich, es würde schon brennen!" (Lk 12,49)
Das feurige Schwert Gottes will die Entscheidung, nicht den faulen Frieden. Er will die Auseinandersetzung, nicht die Harmlosigkeit, die zu allem Unrecht schweigt. *(Stille)*

Gl.: Herr, schenke dieser Gemeinde und mir etwas von dem Feuer deines Geistes!

39. Drei Jünger an Pfingsten (Um Pfingsten)
(Jeder Jünger hat bei diesem Sprechspiel einen nicht aufgeblasenen Luftballon bei sich)

Lesungen: Von Pfingsten.

1.: Hallo, ihr zwei! Auch zu Pfingsten unterwegs?
2.: Klar, so ein Feiertag bietet sich dafür ja ausgesprochen an.
3.: Wir haben gerade in alten Erinnerungen geschwelgt.
1.: Ist ja spannend. Worüber habt ihr denn gesprochen?
2.: Wie es damals war, als wir Jesus kennengelernt haben.
3.: Ja, damals am Strand, da hatten wir grade 'ne schlechte Nacht. War fast nichts drin in unseren Netzen.
1.: Ich erinnere mich genau. Wir hatten die ganze Nacht gearbeitet und nichts gefangen, waren resigniert und *(leeren Luftballon zeigen!)* schlapp!
2.: Ganz genau so hab' ich mich gefühlt.
3.: Und dann kam Jesus und hat uns angesprochen.
1.: Er hat uns Mut gemacht und Hoffnung.
2.: Er hat uns richtig aufgebaut. *(Luftballons etwas aufblasen)*
3.: Ja, und dann haben wir so viel mit ihm erlebt!

1.: Ich erinnere mich besonders gerne an seine Bergpredigt. Was er da gesagt hat, hat mir gefallen. Auch wenn ich mich sonst schon mal ganz klein und schwach fühle, damals habe ich mich groß und stark gefühlt. *(bläst Luft in den Ballon)*
2.: Ich denke gerne an die Tage, als er so vielen Kranken geholfen hat. Da ging es denen mit einem Mal soviel besser. *(bläst Luft in den Ballon)*
3.: Und auch damals, als wir ihm mit fünftausend Leuten zugehört hatten! Unversehens war es Abend geworden, wir hatten nichts zu essen. Da sollten wir doch die fünf Brote und zwei Fische an alle verteilen. Und tatsächlich: Alle aßen und wurden satt. Das war toll! *(bläst Luft in den Ballon)*
1.: Aber es war nicht immer nur toll. Wißt ihr noch, als wir mit unserem Boot in diesen schlimmen Sturm gerieten? Da hatte ich schon ziemlich viel Angst und wurde ganz schön kleinlaut. *(etwas Luft ablassen)*
2.: Und manchmal hat uns Jesus auch einen ordentlichen Dämpfer verpaßt, zum Beispiel an dem Tag, als wir darüber stritten, wer von uns Jüngern wohl der größte und wichtigste sei.
3.: Ja, damals zeigte er uns ein Kind und sagte: „Es reicht, wenn ihr so groß und wichtig wie dieses Kind seid. Blast euch doch nicht so auf!" *(etwas Luft rauslassen)*
1.: Und dann dieser Schock mit der Gefangennahme Jesu, seiner Kreuzigung und seinem Tod!
2.: Da war für uns mit einem Mal alles aus. *(Luft aus allen Ballons ganz rauslassen)*
3.: Das war schlimm. – Aber dann ist ja das Unfaßbare geschehen: Er ist auferstanden, und wir sind ihm wieder begegnet! *(Ballons groß aufblasen)*
1.: Genau. Mit seinem Tod war nicht alles aus!
2.: Aber Angst hatte ich immer noch. Besonders vor den Leuten, die Jesus das alles angetan haben. Und vor denen, die vielleicht über uns lachen und es nicht glauben, daß er nicht mehr tot ist.
3.: Aber heute an Pfingsten ist das irgendwie anders. Merkt ihr das auch?
1.: Ja, heute fühle ich mich wieder stärker. Ich habe wieder Mut.
2.: Und ich bin richtig glücklich und froh. Das würde ich gerne mit anderen teilen.
3.: Das muß der Geist Gottes sein, der uns die Kraft zum Weiterleben gibt. Jesus hatte uns das ja versprochen.
1.: Das sollen auch alle anderen Menschen erfahren! Gottes Geist schenkt uns Mut und Kraft und Freude für unser Leben.
2.: *(an die Gemeinde gerichtet)* Die Erfahrung des Geistes Gottes, der uns Mut gibt und Kraft und Freude: Das wollen wir heute auch an Sie und euch weitergeben!
(Ballons verknoten und in die Gemeinde werfen)
(Katholische Urlauberseelsorge in der Lüneburger Heide, Andrea Rehn, D-21335 Lüneburg. – Vgl. „Kibö" 98-1, S. 22)

40. Der Heilige Geist – weiblich? (Um Pfingsten/Dreifaltigkeit)
(Eine gemalte Heilig-Geist-Taube oder eine Abbildung des dreifaltigen Gottes in der Kirche, die den Hl. Geist als Taube zeigt)

Lesungen: Apg 2,1–11: *Alle* wurden vom Heiligen Geist erfüllt; Apg 2,17–21: Über Knechte und Mägde ist der Geist ausgegossen (ähnlich Joël 3,1–5); Gal 3,26–29: Es gibt nicht mehr Mann und Frau; Joh 20,19–23: Empfangt Heiligen Geist.

Immer, wenn wir den Gottesdienst mit dem Kreuzzeichen beginnen, kommt zuviel Männliches vor: *Der* Vater, *der* Sohn und *der* Heilige Geist. Wenn der Mensch Abbild Gottes ist, er aber aus Mann *und* Frau besteht, müßte doch in Gott auch das weibliche Prinzip zu finden sein!? Ob uns die Männerkirche da etwas unterschlagen hat?

Eine Pfarrei in der Nähe (Erftstadt-Lechenich) lud im Heilig-Geist-Jahr 1998 zum Vortrag ein: Der Heilige Geist – eine Frau? Etwas weniger spektakulär hätte es besser geheißen: „Der Heilige Geist – weiblich?" Darauf muß eindeutig „ja" gesagt werden.

(Gl. zeigt die Heilig-Geist-Taube und/oder weist auf die Stellen in der Kirche hin, wo sie sich befindet) Der Heilige Geist in Gestalt einer Taube ist eindeutig weiblich: Die Taube galt im alten Orient als der Vogel der Liebesgöttin. Es gibt Darstellungen in alten christlichen Kirchen, wie zum Beispiel in Urschalling am Chiemsee, da ist zwischen Sohn und Vater eine Frauengestalt als Heiliger Geist abgebildet.

An dieser Stelle darf ich darauf hinweisen, daß die Bezeichnungen Frau und Mann, Vater und Mutter, nur schwache Vergleiche und Versuche sind, das Unaussprechliche und Geheimnisvolle, das wir „Gott" nennen, ein wenig aufzuhellen.

Daß es zur männlichen Form des Hl. Geistes kommen konnte, war eine Übersetzungsschwierigkeit: Das Alte Testament ist in Hebräisch geschrieben, und hier fällt das Wort für „Geist" eindeutig weiblich aus: ruach (= Wind, Lebensatem, Energie, Geistkraft, Vitalität). Diese Geistkraft schwebt im Schöpfungsbericht (Gen 1,2) über dem Wasser und läßt alles entstehen. Ich erinnere mich noch gut an ein Bild in meiner ersten Schulbibel, auf dem diese Geisteskraft in Gestalt einer Taube über unendlichen Wassern schwebte. In allen Sprachen ist diese Lebens- und Liebeskraft weiblich.

Bis heute gilt, daß Frauen die tragende Geisteskraft in der Kirche sind. Schauen Sie doch mal in die Runde: Zwei Drittel hier sind Frauen. Was wären wir in der Kirche ohne die Frauen? In der Kommunionvorbereitung, der Begleitung der Ministrantengruppen, in den Familienmeßkreisen: fast ausschließlich Frauen. Gott sei Dank gibt es in der Durchführung der Tauf- und Firmkurse auch Männer, aber die Glaubensweitergabe, besonders zu Hause, im Kindergarten und in der Grundschule, leisten doch vorwiegend Frauen. Jetzt will ich den Männern im Kirchenvorstand oder Pfarrgemeinderat nicht zu nahe treten, aber

sie sind ja in ihrem Amt für die Verwaltung und das Pfarrleben mitverantwortlich. Wenn hier Männer sind, die objektiv urteilen wollen, meine ich, hätten die Frauen jetzt Beifall dafür verdient, daß unsere Gemeinden nicht noch mehr versteppt und ausgetrocknet sind ...
Der Grund für diese Akzentverschiebung: Bei der Übersetzung von „ruach" ins Griechische wurde daraus „pneuma"; das Wort „sophia" setzte sich nicht durch, weil es mehr zur „Weisheit" hin tendiert. „Pneuma" aber ist ein Neutrum, neutral. Und dann mußte das Griechische für die Römer ins Latein übersetzt werden. Hier wurde das Wort „spiritus" gewählt – wir kennen es vom „Sprit" – auch eine Antriebskraft –, und das ist eindeutig männlich. Was also ursprünglich eindeutig weiblich war, wurde ganz klar männlich.
Die Schwierigkeit besteht nun darin, diese Erkenntnis in den Sprachgebrauch umzusetzen: Es gibt zwar Frauen, die sagen, daß ihnen das alles gleich sei; sie sähen genug Möglichkeiten, in der Kirche mitzuarbeiten – da, wo sie stehen. Aber richtig ist das so nicht, weil die Männer der Kirche aus diesem männlichen Begriff zu Unrecht eine Menge abgeleitet haben, das so nicht bestehen bleiben darf, wenn es nicht weiterhin Unmut heraufbeschwören soll. Zum Beispiel war es der Frau bis 1948 bei Todsünde(!) verboten, den Altarraum zu betreten; es sei denn, sie wollte putzen. Oder wie lange hat es in der Männerkirche gedauert, bis das seit langem schon diffamierende Wort „Weiber" aus dem „Gegrüßet seist du, Maria" verschwand!? Damit möchte ich nicht sagen, daß es morgen schon Priesterinnen, Bischöfinnen oder eine Päpstin geben müsse. Wir sehen ja, welche gravierenden Auseinandersetzungen das in der anglikanischen Kirche in England zur Folge hat. Sicher wird es noch Jahrzehnte dauern, bis sich bei uns etwas verändert – wenn überhaupt. Aber hätten wir uns vor Jahren eine Ministerpräsidentin vorstellen können? Tun wir uns mit der Vorstellung einer Bundespräsidentin oder einer Frau als Bundeskanzlerin nicht noch schwer?
Die Feministinnen, die genau wissen, daß Sprache das Denken verrät, möchten darum vorerst eine Veränderung der Bezeichnung des Heiligen Geistes. Aber Sie können sich vorstellen, wie die Männer sich beim Frühschoppen an der Theke in schallendem Gelächter gegenseitig auf die Schultern klopfen würden, wenn es hieße: „Im Namen des Vaters und des Sohnes und der Heiligen Geistin!?" So kann es vorerst noch sinnvoll sein, sich mit Wörtern wie „die Liebeskraft", „die Lebenskraft", „die Energie Gottes", „die Geistkraft" zu begnügen, um den Weg dazu vorzubereiten.
Was also die Gestalt der Taube auf den ersten Blick verriet, das hält sie auf den zweiten durch: Der Heilige Geist ist – weiblich.
Zum Schluß noch ein Satz des vorletzten Papstes, Johannes Paul I. Sie wissen, es war der „lächelnde Papst", der leider nur 33 Tage im Amt war. Er sagte einmal – und das liegt einigen Kurienkardinälen bis heute im Magen: „Gott ist Vater – aber mehr noch: Er ist auch Mutter!"
(Zum Teil verkürzt nach Helen Schüngel-Straumann, seit 1987 Professorin für biblische Theologie an der Gesamthochschule Kassel, in: Die christliche Frau, Heft 3/1988, Hg. Kath. Deutscher Frauenbund, Kaesenstr. 18, D-50677 Köln)

41. Als Speiche im Rad am „Karren" Kirche (Kirche)
(Ein Wagenrad, aus dem eventuell eine Speiche herausgenommen werden kann.)

Lesungen: Dtn 30,10–14: Du kannst die Gebote halten, wenn du sie im Herzen trägst; Lk 10,25–28: Worauf es im Leben ankommt: Das Hauptgebot.
(Gl. zeigt das Wagenrad, in dem eine Speiche fehlt:)
Hier in N.N. (Ortsname einfügen) gibt es noch des öfteren Wagenräder zu sehen – als Schmuck an Häusern oder eingearbeitet in Zäune. Überall in der Welt gilt das Rad als religiöses Symbol – mit unterschiedlichen Bedeutungen. Ich möchte es jetzt benutzen als Rad am „Karren" Kirche.
Bei der Taufe wurden du und ich als „Speiche" eingefügt *(Gl. zeigt auf eine Speiche).* Die Speiche wird in der Mitte des Rades von der Nabe gehalten: Das ist Jesus Christus. Wir sind also nicht auf Kardinal/Bischof N.N. *(Diözesanbischof nennen)* oder den Papst getauft; sie sind nicht viel mehr als Wegweiser (wie Johannes d. T., der auf Jesus wies und sagte: Er muß zunehmen, ich muß abnehmen)! Wir sind auf Jesus Christus getauft. Wer also Kritik an der Kirche übt, soll auf ihre Mitte, auf Jesus, schauen und sich an ihm festhalten. Im politischen Bereich ist es ähnlich: Ich wähle nicht in erster Linie diesen oder jenen Politiker, sondern mehr die Idee, die hinter diesen Personen steht.
Außen wird die Speiche von der Felge gehalten; sie versinnbildlicht die Gemeinschaft der Christen. Nur wenn ich Halt auf beiden Seiten suche und finde, sitze ich fest im Rad.
Mit dieser Gemeinschaft der Getauften, die wir hier einmal in der Woche am Sonntag erfahren sollen, haben aber viele ihre Schwierigkeiten. Ich zitiere aus einem Brief, den ich dieser Tage erhielt. Da schrieb ein junger Mann, der nach drei Jahren mal wieder in unserer Kirche zu Gast war: „Der Gottesdienst vorhin hat mir gutgetan. Ich habe ihn als offen und ehrlich empfunden. Der Rahmen der Messe hat mir den Raum gegeben, in Kontakt mit mir selber und mit der Gemeinschaft zu feiern." Und gegen Ende des Briefes ist mir noch folgender Satz in die Augen gesprungen: „Ich möchte Gottesdienst und Kirche als Einladung und Angebot und nicht als Zwang mit Schuldgefühlen erfahren." Ich kann das gut verstehen, mußte ich doch auch mehr oder weniger gezwungen jeden Sonntag und im kirchlichen Internat jeden Tag die Messe besuchen. Zwang hat viele aus der Kirche getrieben. Aber die heutige Haltung: „Mein liebes Kind, es steht dir frei! Du kannst gehen, wenn du Lust hast", überfordert doch ein Kind oder verführt es zum bequemsten Weg. Denn die Kehrseite dieser vermeintlichen Freiheit sehen wir hier am Wagenrad: Durch mein Wegbleiben fehlt eine Speiche! Es gibt Kirchen, da befindet sich beim Gottesdienst mittlerweile nur einer in jeder fünften Reihe: Da fehlen also *viele* Speichen. In solch einer gähnend leeren Kirche kann aber keine Atmosphäre entstehen, kann ich doch kein Fest feiern, das mich an den auferstandenen Christus erinnern soll und an unsere große Zukunft!

Darum gibt es Normen, die die Gemeinschaft fördern wollen, wie etwa die Zehn Gebote. Darin heißt es immer „Du sollst". Aber mit Pflichterfüllung darf heute keiner kommen, denn Leistungsdruck erleben wir schon genug. Nun haben Bibelwissenschaftler aufgearbeitet, was dieses „Du sollst" eigentlich bedeutet: Über den Zehn Geboten steht ja „Ich bin der Herr, dein Gott!" Das bedeutet: Wenn du verstanden hast, was es heißt „Ich bin der Herr, dein Gott", dann *wirst* du keine fremden Götter neben mir haben, dann wirst du den Sabbat halten, die Eltern ehren, nicht morden, nicht stehlen, kein falsches Zeugnis geben ... Und darüber wirst du und wird die Gemeinschaft glücklich.

Nach wie vor sind zudem die Kirchengebote gültig. Nicht ein „Du mußt", nein, um der Gemeinschaft willen und zu deinem eigenen Wohlergehen heißt es da: „Du sollst an Sonn- und Feiertagen an der heiligen Messe teilnehmen", auch, damit Gemeinschaft erfahrbar wird und in dieser Gemeinschaft deine Seele auflebt, und auch damit wir im öffentlichen Leben aus diesem Gemeinschaftserleben Mut zum Bekenntnis als Einzelkämpfer an der „Front" des Alltags schöpfen.

Das gilt für jede Gemeinschaft. Wenn eine Schützenbruderschaft 120 aktive Mitglieder hat, von denen sich beim Fest nur dreißig blicken lassen, dann kann das Fest nicht stattfinden, weil da zu große Lücken spürbar sind. Und sollte sich jemand – darauf angesprochen – mit dem Hinweis wehren: „Ich bin doch wohl nicht gezwungen zu kommen", so verrät er damit eigentlich, daß er in seinem Freiheitsbedürfnis, das oft ein Deckmantel für seine Bequemlichkeit ist, die Regeln zu wenig verstanden hat, die eine Gemeinschaft am Leben erhalten. Ähnliches gilt für deine Geburtstagsparty: Wenn von zwölf eingeladenen Kindern nur vier erscheinen, kann das Fest nicht stattfinden, weil sich zu viele ihrer „Freiheit" bedient haben.

In der Lesung hieß es: Du kannst die Gebote erfüllen, wenn du sie im Herzen trägst; das bedeutet, wenn du sie verstehen lernst; wenn du erkennst, wie das Hauptgebot, von dem wir im Evangelium hörten, eng verknüpft ist mit Gott und dem Nächsten und über ihn mit der Gemeinschaft. Es ist wie bei Tennisspielern: Wenn sie „mental", d.h. von der inneren Einstellung her, überaus motiviert sind, laufen ihre Füße wie von selbst. So muß auch unser Herz von Gottes Gebot erfüllt sein.

Darum füge ich jetzt die Speiche ein, die in diesem Rad fehlt; denn so ist dieses Rad am „Karren" Kirche belastbarer.

42. Jeder ein Missionar oder eine Missionarin (Kirche)
(Modell einer Kirche mit Fundament)

Lesungen: 1 Kön 8,22–23.27–30: Das Tempelweihegebet Salomos; Eph 2,19–22: Der Schlußstein ist Jesus selbst; 1 Petr 2,4–9: Laßt euch als lebendige Steine zu einem geistigen Haus aufbauen; Mt 16,13–19: Auf diesen Felsen will ich meine Kirche bauen.

1. Eine Kirche braucht ein gutes Fundament. Wenn das Grundwasser sinkt – und das „Grundwasser" in Kirche und Gesellschaft sinkt derzeit ständig –, entstehen ohne Vorhandensein eines soliden Fundamentes irgendwann Risse im Gemäuer, die eine Kirche einsturzgefährdet machen können. Christus ist das unerschütterliche Fundament: Klug der Mann, klug die Frau, die ihr Haus auf einen Felsen bauen (Mt 7,24)! Im Evangelium hörten wir, daß Petrus – und nach katholischer Lehre damit der Papst – zu diesem Fundament wird, das die Mächte der Unterwelt nicht überwältigen können.
Wir sehen in unserer Kirche die zwölf Apostelkerzen an den Säulen. Heute brennen sie und bekunden, daß als Nachfolger der Apostel die Bischöfe ungeheure Verantwortung haben, damit die Kirche nicht einstürzt. Dabei ist auch jeder von uns gefragt. Wer mit der Kirche am Ort unzufrieden ist, suche sich im Gewölbe einen Stein als Sinnbild für seine lebendige Gegenwart. Ist der Stein locker oder fehlt er gar, „regnet es hier herein". Jeder ist wichtig, damit der Bau besteht. Jeder Stein ist brauchbar, selbst der, an dem „eine Ecke" fehlt. Mit dem Mörtel der Liebe sitzt er festgefügt.
(Hier eventuell aus „Kurzg. 3", Nr. 78: Die Lücke im Gewölbe.)

2. Der Grundriß einer Kirche ist in der Regel ein Kreuz. Oft wird es von Nebenschiffen überdeckt, wobei das Wort „Schiff" auch bedenkenswert wäre. Wer durchs Hauptportal eintritt, schaut dem Längsbalken des Kreuzes entlang und kann über dem Altar den Gekreuzigten mit ausgebreiteten Armen erkennen: „Komm in meine Arme", könnte dieser sprechen wie im Gleichnis der barmherzige Vater, der den verlorenen Sohn noch vor seinem Schuldbekenntnis in seine Arme schloß. Wer näher tritt, sieht im Gottessohn wie in einem Spiegel, was Gott mit ihm vorhat: Er zeigt Erbarmen für den, der sich ihm nähert – gleich, wie es in ihm aussieht.
Bedeutet der Längsbalken das Vertrauen und die Liebe Gottes zu uns, so signalisiert der Querbalken, daß wir diese Liebe an unsere Nächsten weitergeben, besonders an die in Not. Wie es im Vaterunser heißt: „Vergib uns unsere Schuld – das tut Gott vorbehaltlos – wie auch wir vergeben unseren Schuldigern." Darum ist auch der Friedensgruß kurz vor dem Empfang der heiligen Kommunion, der innigen Verbindung mit Christus, so wichtig: Ich schenke die empfangene Vergebung weiter, damit Christus uns auch untereinander verbinden kann. Hier zeigt sich die Glaubwürdigkeit unseres Tuns, die sich in der Nächstenliebe draußen beweist. Ich kenne eine Kirche, über deren Ausgang steht: „Dein Tagewerk sei die Fortsetzung der heiligen Messe!"

3. Schließlich **der Turm**, der wie ein Zeigefinger in den Himmel ragt und uns zurufen kann: Suche *den*, der dich innerlich zufrieden und glücklich macht! Der Finger nach oben bedeutet nicht, daß Gott „oben" zu suchen ist – Gott nennt sich ja mit Namen: „Ich bin für euch da", und Jesus ist mitten unter uns –, aber wir brauchen diese Symbolik „oben" und „unten". Auch wenn in Deutschland die Kirche zu verdunsten scheint, benötigen wir sie mehr denn je: Denn wer das

Heilige „oben" nicht mehr anerkennt, wird immer weniger Hemmungen haben, das Heilige „unten" zu zertreten. Die Zeichen der Zeit zeigen ja immer wieder aufs neue: Wer den Glauben zum Fenster rauswirft, bei dem wandert der Aberglaube („Aber" = „anders" glauben) zur Tür hinein. Was hat Europa Größeres zu bieten als seine christlichen Wurzeln?

So sind wir im Missionsgebiet Deutschland als „kleiner Turm" in Schule, Beruf und Zuhause gefragt, um die Menschen ahnen zu lassen, was „Kirche" meint. Jeder von uns darf sich heute als Missionarin oder Missionar sehen, der auf dem Fundament Christus die Kirche mitträgt, sich im Vertrauen auf Gott hier den Segen holt für die Aussendung in die Welt draußen, daß sie durch ihn ein wenig wärmer und menschlicher wird.

43. Baustelle Kirche (Kirche)
(Kinder bauen aus bunten Klötzen eine Kirche; für jeden die abgebildete Grafik)

Lesungen: 1 Kor 3,10–14: Jeder darf weiterbauen auf dem Grund, den ich gelegt; Jud 20–23a: Baut weiter in der Kraft des Heiligen Geistes; 1 Petr 2,3–5: Laßt euch als lebendige Steine zu einem geistigen Haus aufbauen; Lk 13,18f: Das Senfkorn wuchs zu einem Baume.

Der Baukran auf unserer Grafik „schmückte" über 400 Jahre hindurch den Turm des Kölner Doms: Symbol für eine Kirche, die sich in jeder Zeit entwickeln und weiterwachsen muß. Darum baut, ihr Kinder, jetzt symbolisch hier vorn aus euren bunten Bausteinen eine Kirche *(sollte vorher ein wenig geübt werden; auch die mitgebrachten Bausteine markieren, damit jedes Kind die seinen nachher wieder herausfindet).*
Es gibt keine Stadt und keine Autobahn ohne Baustelle. Auch große Kirchen-

bauten sind ständige Baustellen. Der Kölner Dom zum Beispiel, dessen gotischer Bau vor 750 Jahren begonnen wurde (1248), beschäftigt auch heute noch fünfzig Handwerker, die in der „Dombauhütte" jährlich 15 Millionen Mark verbauen. Der frühere Dombaumeister (Arnold Wolff) sagte dazu: „Wie ein Baum, wie die Stadt ist die Kathedrale ein Vorgang, ein Prozeß; zwar vollendet in der Idee, aber niemals fertig in der Wirklichkeit."

So ist auch die „Kirche" aus lebendigen Steinen nie „fertig", sondern eine immer zu reformierende Gemeinschaft (semper reformanda) – wie das letzte große Reformkonzil, das Zweite Vatikanische Konzil (1962–1965) betont: Die Kirche müsse sich „von Tag zu Tag", „allezeit", „immerfort", „unablässig", „stets", „unaufhörlich" erneuern. – Wer sich gar nicht verändert, lernt und „wächst" auch nicht mehr, wird ein Fossil.

Dabei brauchen die „Baumeister", also alle, die das Reich Gottes verkünden, vor allem Offenheit zueinander, damit der Bau zur Vollendung kommt; Offenheit auch für die Zukunft, damit sie nicht nur Denkmalschützer bleiben, und Offenheit nach „oben", für Gottes Wort, damit nichts verwässert wird.

Wir alle sind eingeladen mitzubauen. Der Mörtel zwischen den Steinen ist lebenswichtig für die Kirche: Er bedeutet unsere Bereitschaft, miteinander zu bauen, Rücksicht zu nehmen und füreinander dazusein.

(Peter Frowein in einem ausformulierten Gottesdienst „Auf der Baustelle" in „FaJu" Juli/August 98)

44. Das Jerusalemer Kreuz (Kirche)
(Zum Renovabis-Sonntag = 7. Sonntag der Osterzeit)

Vorbereitungen:
1. Je nach Größe des Kirchenraums wird ein großes, schwarzes Kreuz gemalt; vier kleinere Kreuze sind in den Farben Rot, Grün, Blau und Gelb gezeichnet. Auf ihren Rückseiten steht der zu sprechende Text. Alle fünf Kreuze werden nach dem Verlesen des Textes auf ein großes Plakat geklebt. Auf diesem sind mit Bleistift bereits die Umrisse markiert, in die das entsprechende Kreuz geheftet wird.
2. Wenn Kinder im Alter bis zu sieben Jahren zu erwarten sind, malen sie während des Sprechspiels und danach vorgefertigte kleine Kreuze ornamentartig aus. Dafür liegen Buntstifte aus. Die Kinder kleben die buntgemalten Kreuze später auf das große, schwarze Kreuz (= Wir danken Jesus, daß er uns auch am Kreuz seine Liebe gezeigt hat.)

Lesungen: Apg 7,55–60: Stefanus bezeugt seinen Glauben bis in den Tod; Joh 17,22–26: Die Christen sollen untereinander eins sein.

Sprechspiel
1. Kind:
(bringt das große, schwarze Kreuz und zeigt es nach allen Seiten):
Dieses Kreuz sieht aus wie ein großes Plus. Auch darum ist es häufig zu sehen: auf den Bergen, am Wegrand und auf den Gräbern. Alle Menschen sollen wissen, daß Leid, Verfolgung und Tod nicht das letzte Wort haben. Dieses Kreuz verliert aber langsam in Europa an Bedeutung. Daher gehört es zur Aufgabe aller Christen, dieses Pluszeichen mehr in Wort und Tat zu bezeugen. *(Kreuz an der markierten Stelle auf das Plakat heften)*

2. Kind:
(bringt das kleine, rote Kreuz und zeigt es nach allen Seiten):
Das Kreuz hat einen Längs- und einen Querbalken. Der Längsbalken kann ausdrücken: Schau *hinter* alles, was sichtbar ist! Denn das Wesentliche ist für die Augen unsichtbar. Erhebe deine Augen viel mehr nach „oben": Denn von dorther kommt dir Hilfe. Häng dein Herz an Gott; liebe ihn; vertraue ihm!
Der Querbalken will sagen: Schau auch mal zur Seite, dann siehst du oft die Pleite: Gott möchte bei aller Gottesliebe nicht, daß wir die Nächstenliebe vernachlässigen. Darum leuchtet mein Kreuz rot – wie die Farbe der Liebe. *(Kreuz an der markierten Stelle auf das Plakat heften)*

3. Kind:
(bringt das kleine, grüne Kreuz und zeigt es nach allen Seiten):
Auch mein Kreuz hefte ich gleich über den Querbalken des großen Kreuzes. Es gibt nämlich Christen und christliche Kirchen, die müssen wir mittragen, wenn sie auf die Beine kommen wollen. Dazu gehören die Kirchen in Osteuropa. Dort müssen nicht nur die zerstörten und zweckentfremdeten Kirchen aufgebaut werden, auch die Gemeinden sind verarmt. Sie brauchen oft noch die einfachsten Dinge, die bei uns selbstverständlich sind. Darum ist mein Kreuz grün: Die Christen in Osteuropa hoffen darauf, daß wir uns solidarisch zeigen und helfen. *(Kreuz an der markierten Stelle auf das Plakat heften)*

4. Kind:
(bringt das kleine, blaue Kreuz und zeigt es nach allen Seiten):
Unsere finanzielle Hilfe für Osteuropa ist nicht wie eine Einbahnstraße. Zurück fließt ein starker Glaube dieser Christen, der uns sprachlos werden läßt. Über Jahrzehnte haben diese Menschen im Untergrund Christus die Treue gehalten, Benachteiligungen, Verfolgung, sogar den Tod für ihn erlitten. Das Blut der Christen, das dort vergossen wurde, ist Same für neue Berufungen. Wie auch der Tod des Stefanus dazu beitrug, daß Saulus zum Paulus und zum größten Missionar der Kirche wurde. Darum leuchtet mein Kreuz in blauer Farbe: Die Christen in Osteuropa trauten Gott alles zu; sie vertrauten ihm fest und hielten Christus die Treue. *(Kreuz an der markierten Stelle auf das Plakat heften)*

5. Kind:
(bringt das kleine, gelbe Kreuz und zeigt es nach allen Seiten):
Auch mein Kreuz hefte ich gleich so an, daß es das große Kreuz hält und unterstützt. Das Gelb meines Kreuzes erinnert an die Gemeinschaft all derer, die nach Elend und Folter bereits in die himmlische Herrlichkeit eingehen durften. In all diesen Menschen haben wir mächtige Fürsprecher. Sie stehen hinter uns und bitten bei Jesus für uns. Auch wir dürfen in Europa füreinander bitten: von West nach Ost und von Ost nach West. *(Kreuz an der markierten Stelle auf das Plakat heften)*

Ein Jugendlicher:
Auf unserem Plakat ist jetzt das sogenannte Jerusalemer Kreuz entstanden. Mit den vier kleinen Kreuzen sind die palästinensischen und arabischen Christen gemeint, die Orthodoxen, die Protestanten und die Katholiken. Sie alle fühlen sich in Jerusalem zu Hause, dort, wo unser Herr und Meister gelebt hat. Sie alle sind bemüht, zu der Einheit zurückzufinden, von der Jesus im Evangelium sprach. Auch wir Christen in Europa haben die Aufgabe der Wiedervereinigung im Glauben noch vor uns. Die Einheit der Christen ist notwendig, damit die Menschen heute staunen und zum Glauben an Christus finden können.

Ein Erwachsener:
Eigentlich müßten alle Kreuze rot wie Blut gemalt werden: Die christliche Kirche im Westen blutet derzeit aus, die Kirche im Osten erholt sich gerade aus der oft blutigen Verfolgungszeit. Die fünf Kreuze des Jerusalemer Kreuzes werden oftmals als die fünf Wunden Jesu gedeutet. Bitten wir unseren Herrn Jesus Christus um mehr Einheit unter den Christen; denn unser Heiland leidet an der Zerrissenheit, die unter seinen Schwestern und Brüdern herrscht.
(Jetzt können die jüngeren Kinder aufgefordert werden, ihre gemalten Kreuze – mit Hilfe von Erwachsenen – als Dank an Jesus auf das große, schwarze Kreuz zu heften.)
(Zuerst mit leichten Änderungen veröffentlicht zum Renovabis-Sonntag 1995)

45. Zum Abschied von der Kirche (Kirche)
(Eine Trillerpfeife)

Lesung: 2 Tim 4,1–8: Tritt für das Wort Gottes ein!

Heute fällt die Predigt etwas lockerer aus. Schließen Sie bitte einmal die Augen und achten Sie auf das folgende Geräusch *(abwarten, dann einmal kräftig die Pfeife blasen – allerdings nicht ins Mikrophon)*! Sie dürfen wieder schauen. Woran erinnert Sie der Pfiff? (an die Fußball-Europa- oder -Weltmeisterschaft?) Es gibt Pfiffe, nach denen ich noch etwas ändern kann, falls ich nicht bald vom Platz fliegen will ... Und es gibt einen Schlußpfiff, danach geht nichts mehr,

selbst wenn ein Schiedsrichter unserer Ansicht nach noch so ungerecht gepfiffen hat. Heute geht es um den Pfiff, der noch eine Änderung zuläßt. Wenn ich so herumschaue, könnte ich mir vorstellen, daß der eine oder andere schon einmal daran gedacht hat, der Kirche den Schlußpfiff zu verpassen, d.h. aus der Kirche auszutreten. Vielleicht sind das mehr, als wir meinen! Ein Pfarrer (aus der Pfalz) hat allen, die aus seiner Kirchengemeinde ausgetreten sind, so eine Trillerpfeife zugeschickt, verbunden mit einem Brief folgenden Inhalts:
Guten Tag, ich schreibe Ihnen als Ihr ehemaliger Pfarrer, denn dieser Tage habe ich die Mitteilung erhalten, daß Sie aus der katholischen Kirche ausgetreten sind. Diesen Schritt respektiere ich, doch möchte ich Ihnen mitteilen, was mir durch den Kopf geht. Dazu habe ich Ihnen zum Abschied ein kleines symbolisches Geschenk beigelegt: eine Trillerpfeife. Das hat verschiedene Gründe:
Zum einen sind Sie mir nicht gleichgültig. Ich pfeife nicht auf Sie. Auch Ihr Kirchenaustritt ist mir nicht egal. Ich frage mich schon, warum Sie wohl ausgetreten sind; nur aus finanziellen Gründen? Vielleicht hat nach Ihrer Meinung und Erfahrung der Kirche der richtige Pfiff gefehlt. Statt dessen nichts als Langeweile. Andererseits pfeifen es die Spatzen von den Dächern, daß sich heutzutage jeder in Kirche und Gemeinde einbringen kann. Haben Sie es schon versucht? Demgegenüber steht, daß auch in Kirche und Gemeinde mancher eine echte Pfeife ist. Diesen Satz darf ich noch einmal wiederholen, um mir selbst ein bißchen Luft zu verschaffen: Demgegenüber steht, daß auch in Kirche und Gemeinde mancher eine echte Pfeife ist.
Aber Jesus hat nicht Eliten ausgesucht, um das Reich Gottes unter den Menschen aufzubauen. Er hat vor allem die einfachen Leute ernst genommen und einbezogen. Wenn jemand jedoch „gehen" wollte, hat Jesus niemanden bekniet und zurückgepfiffen. Deshalb möchte auch ich Sie nicht zurückpfeifen, vielmehr akzeptieren, daß Sie das Spiel „Kirche" für sich abgepfiffen haben. Ich weiß, daß der Kirche und der Gemeinde am Ort der Wind sowieso mehr ins Gesicht pfeift als früher, als Welt und Kirche noch einigermaßen in Ordnung waren. Es kommt noch hinzu, daß vielen Menschen Gott, das Religiöse, Kirche und Gemeinde (Gemeinschaft) sowieso „piepe" sind.
Doch selbst wenn wir uns von Gott wegbewegen, *ihm* sind wir nicht „piepe". Er steht zu uns auch dann, wenn wir die Beziehung abgebrochen haben. Doch vielleicht haben Sie ja gar nicht Gott die Freundschaft aufgekündigt, sondern nur der Kirche. Und sie steht ja – Gott sei's getrommelt und gepfiffen – oft genug elend da. Zudem pfeifen manchmal auch wir Pfarrer aus dem letzten Loch. Das weiß ich, und das gebe ich gerne zu. Es tut mir selbst weh. – Was immer auch der Grund war für Ihren Kirchenaustritt, ich möchte in diesem Spiel nicht den Schiedsrichter spielen.
Was Sie nun mit der Pfeife machen können? Sie können sie aufbewahren als kleines Andenken an Ihre Zugehörigkeit zur Kirche. Sie können sie jemandem

zum Spielen weiterschenken. Sie können kräftig hineinblasen und noch mal der Kirche etwas pfeifen, damit sie aufwacht. Ich meinerseits wünsche Ihnen, auch außerhalb der Kirche – ein Leben mit Pfiff.
(Leicht verändert nach Karl-Heinz Bumb, Frankenthal/Pfalz, in „ferment" 3/95, und „Lebendige Seelsorge" 5/94. Rechte beim Autor.)
(Gl. pfeift noch einmal kräftig). Das war für die, die zu diesem Zeitpunkt schon wieder eingeschlafen sind. Es gibt einen Pfiff, nach dem ich noch viel ändern kann!

46. Volkskirche ade, was nun?
(Ein kleines, leeres Zierfischaquarium und ein größeres Gefäß mit Wasser)

Evangelium: Mt 28,16–20: Taufbefehl.

In diesen Wochen gehen überall Kinder mit zur Erstkommunion. Viele von ihnen tauchen nach dem Fest für viele Jahre unter, unabhängig davon, wie intensiv oder lange die Vorbereitung erfolgte. Das bedeutet für diejenigen, die diese Kinder monatelang begleitet haben, eine bedrückende Enttäuschung. Mit dieser Predigt möchte ich Sie an meinen Sorgen Anteil nehmen lassen.
Angesichts dieses leeren Aquariums darf ich fragen: „Wieviel Wasser braucht ein Fisch, um leben zu können?" Das heißt im übertragenen Sinne: Welches Umfeld braucht ein Kind, um als Christ heranwachsen zu können? Das Beispiel vom „Fisch" ist nicht zufällig gewählt. Denn der Fisch ist ein altes Symbol für den Christen, der im Meer der Zeit hinter Jesus, *dem* Fisch, herschwimmen soll, um zum Vater zu gelangen.
Zunächst zeige ich einmal auf, wie es früher war *(bei jedem Punkt der Aufzählung gießt Gl. Wasser in das Aquarium)*:
- Da wurde in den Familien gebetet – gemeinsam: morgens, zu den Mahlzeiten und abends. Vielleicht manchmal des Guten zuviel, aber die Kinder bekamen mit, daß es den Eltern ganz wichtig war.
- Im Kindergarten wurden sie oft von Ordensschwestern religiös „gebadet",
- in der Schule von Priestern unterrichtet. Das war zwar für beide Seiten selten erquicklich, aber es bedeutete überall eine Begegnung mit dem Christlichen.
- Kinder wurden schon früh mit in den Gottesdienst genommen; auch wenn sie noch nichts „verstanden", so erfüllte sie doch eine Ahnung, daß hier etwas Außergewöhnliches, etwas Heiliges geschah.
- Kinder wurden angehalten, nicht grußlos an einem Wegkreuz, an einer Kirche, an einem Friedhof vorbeizugehen.

Und dahinein geschah Taufe *(jetzt gießt Gl. besonders viel Wasser in das Aquarium)*! Sehen Sie, hier war genug Wasser, damit ein Fisch darin leben konnte. Noch einmal: Das heißt übertragen, hier stimmte das Umfeld, in dem ein Kind als Christ heranwachsen konnte.

Die Frage bleibt offen, warum auch viele von denen, die damals in der Volkskirche groß wurden, heutzutage der Kirche den Rücken kehren? Es war sicherlich oft des Guten zuviel; sie flohen die ständige Berieselung, auch die Disziplinierung, den oft unerträglichen Druck, der von der Kirche ausgeübt wurde, die Kontrolle – bis hin zur sozialen Kontrolle, das finstere Gottesbild. Damals schwamm die Mehrheit mit; heute nicht mehr; und darauf sind die meisten nicht vorbereitet.
In den Gefahren und Ängsten des Zweiten Weltkrieges wie auch in der Notzeit danach blieb nur der Herrgott, an dem viele sich festhielten. Heutzutage halten sich viele am Geldbeutel fest; der beruhigt offensichtlich ungemein, wenn er „stimmt". Der gewonnene Wohlstand erfordert allerdings harte Arbeit; von der muß ich mich schließlich erholen; ja, und ablenken möchte ich mich auch. Da bietet die Freizeitgesellschaft so viel Unterhaltung, daß mancher nicht mehr zum Nachdenken kommt. Dieses Angebot ist auch professioneller als unser kirchliches. – Mangelnde Stille erdrückt das Gespräch mit Gott. Die Meinungsmacher tun das Ihre, um Menschen zu verunsichern und das, was ihnen einmal heilig war, lächerlich zu machen. So verdunstet der Glaube.
Wie steht es aber um die Kinder heute, die wir mit dem Fest der Erstkommunion abspeisen? Dafür muß ich mit der Anschauung neu beginnen. *(Gl. gießt das Wasser wieder zurück ins Gefäß und beginnt neu.)*
Heutzutage wird das Kind in der Regel in einen religiösen Leerraum hineingeboren. Gemeinsames Gebet zu Hause? Fehlanzeige. Doppelgleisigkeit, Inkonsequenz, herrscht vor: Zwar wünschen 70% der Eltern in den alten Bundesländern eine religiöse Erziehung, aber nur 20% beten mit ihren Kindern. – In der Erstkommunionvorbereitung erwarten die Eltern, daß die Kinder zur Einzelbeichte geführt werden; sie selbst haben aber keinen Bezug zu diesem Sakrament. – Im Kindergarten wird in der Regel nicht gebetet aus Toleranz gegenüber der Mehrheit. In der Schule ist das Gebet oft nicht möglich, wenn 80% der Kinder keine Voraussetzungen mehr mitbringen. – In den Kinderprogrammen des Fernsehens spielt das Religiöse keine Rolle, die Mehrheit interessiert das nicht.
Vitamin V = das Vorbild fehlt an allen Ecken! Das Urvertrauen und die Geborgenheit fehlen heutzutage in vielen Familien. Wieviel Wasser sollte ich bisher einfüllen?
Wie sagte der Konfirmand, den der evangelische Pfarrer zum Gottesdienst sonntags einlud?: „Ich lasse mir doch durch so was nicht den Sonntag verderben!" (berichtet vom Pfarrer in Bergheim-Zieverich).
Ich will die Vorzüge der heutigen Zeit nicht abqualifizieren, z.B. sind die medizinische Betreuung von Schwangeren, die gesundheitlichen Beratungshilfen bis hin zum autogenen Training und zu Fitneßprogrammen ausgezeichnet. Die jungen Eltern nehmen an vielem teil, empfinden es aber als Zumutung, an *drei* Abenden zu Taufgesprächen zu kommen oder wenigstens während der Kommunionvorbereitung ihr Kind zum Gottesdienst zu begleiten. Auch darum der

Abschied nach dem Fest. Und in dieses Umfeld hinein haben wir getauft *(Gl. gibt jetzt einen tüchtigen Guß ins Aquarium)*! Schauen Sie selbst: Kann in dem wenigen Wasser ein Fisch leben? – Was sollen wir daraus schließen?

Sollen wir wieder, wie in den ersten drei Jahrhunderten, nur Erwachsene taufen, die sich ein Jahr lang darauf vorbereiten und danach sagen können: Ja, ich glaube, daß Christus der Herr (= auferstanden) ist!? Ein damaliger Bischof wurde gefragt: „Wie machen Sie denn jemanden zum Christen?" Er gab die Antwort: „Ich lasse ihn ein Jahr bei mir wohnen!" Vitamin V!

Wir brauchen also einige der Familien, die ihre Kinder bewußt religiös begleiten und sich mit anderen Familien regelmäßig treffen, um sie anzustecken; um einfache Dinge zu vermitteln, wie Kreuzzeichen, Gebet usw. Sollten solche „Vitamin-V-Familien" nicht dann auch in Zukunft die Taufe vornehmen? Es ist doch christliche Lehre, daß *jeder* Mensch gültig taufen kann. Oder halten Sie es für verantwortbar, daß ein Priester in drei, vier Gemeinden herumsaust, um die Sakramente in einen religiösen Leerraum auszugießen? Höchstens in der Hoffnung, daß Gott hier auf krummen Zeilen gerade schreiben kann.

Wenn aber diese Wege eingeschlagen werden, können Sie sich ausrechnen, wie wir wieder auf Familienstärke zusammenschrumpfen, das Kirchensteuersystem in sich zusammenbrechen wird und die großen Kirchengebäude verkauft werden müssen.

Es bleibt zum Schluß die Frage an Sie und mich: Wieviel Wasser braucht ein Fisch, um darin leben zu können?

(Nach einem Aufsatz „Krise der Sakramentenpastoral" von Hubert Janssen in „pax-Korrespondenz" 1/95, S. 2f.)

SONNTAGE IM JAHRESKREIS

Pfarrfest / Kirchweihfest / Jubiläum einer Kirche / Gemeinschaft

47. Das Licht des Himmels durchscheinen lassen
(Für alle TeilnehmerInnen eine kleine, bunte [dünne] Fensterglasscherbe in der Größe von 1–2 cm^2)

Hinweis: Möglich ist statt dessen auch die Postkarte Nr. 2251 aus dem Kunstverlag D-56653 Maria Laach. Sie zeigt ein Kirchenfenster mit dem Text von Nathaniel Hawthorne: „Der christliche Glaube ist wie eine großartige Kathedrale mit herrlich bunten Fenstern. Wer draußen steht, sieht sie nicht. Aber dem, der drinnen steht, wird jeder Lichtstrahl zu einem unbeschreiblichen Glanz." (Auf diese Alternative geht folgender Predigttext nicht ein.)

Lesungen: Eph 5,8–18.20: Bei der Taufe bekamen wir den Auftrag: „Wandelt als Menschen, die durchlässig sind für das Licht des Himmels!"; 1 Kön 8,27a–30: Einweihungsgebet des Tempels von Jerusalem durch König Salomo; Joh 8,12 und Mt 5,14–16: Vom Licht des Lebens dürfen wir die Leuchtkraft empfangen.

Wir legen die Glasscherbe gut sichtbar vor uns hin oder erspüren sie in unseren Händen.
1. Das Töchterchen eines Glasmalers streifte durch die Werkstatt ihres Vaters und sah ihm bei der Arbeit zu. „Du kannst mir helfen. Komm, setz dich dort an den kleinen Berg von bunten Glasscherben und reiche mir vorsichtig immer ein Scheibchen an." Und die Kleine gab dem Vater eine Glasscherbe nach der anderen an und sah zu, wie er sie auf einen mächtigen Karton in die Umrisse einer Zeichnung legte. Es dauerte, und wie zum Zeitvertreib erzählte der Vater: „Weißt du, jeder Tag, den Gott uns im Leben gibt, ist wie so ein Glasscheibchen. Wir geben ihm im Laufe des Tages die Farbe, je nachdem ob wir mehr gelacht oder geweint haben, ob wir ein freundliches oder trauriges Gesicht gemacht, ob wir geliebt und vertraut oder geklagt und gezweifelt haben und einstecken mußten. Gott kann alle Farben gebrauchen; er setzt die Scherben nach seinem Plan zusammen und macht ein Fenster daraus. Es kommt darauf an, daß die Glasscherben – daß wir – dabei das Licht der Sonne Gottes aufnehmen und es durchscheinen lassen. Dann wird es eine bunte Freude für die Welt!"
Ein paar Wochen später nahm der Fenstermacher sein Töchterchen an die Hand und ging mit ihm in eine Kirche. Die Sonne leuchtete durch ein Fenster mit roten, blauen, grünen, gelben Gläsern. Es war eine bunte, strahlende Pracht, und das Mädchen stand lange und staunte. An den

Stellen, wo die Sonne die gelben Farben durchflutete, mußte das Mädchen vor Helligkeit fast die Hand vor die Augen legen; wie wohltuend dazwischen die dunklen Farben im gleißenden Sonnenlicht! (Vgl. „Kurzg. 5", Nr. 135) Liebe Mädchen, liebe Jungen, liebe erwachsene Christen! Schauen wir auf eines unserer bunten Kirchenfenster, und staunen wir über die Lichtfülle. Jedes Scheibchen darin ist wichtig, ob klein oder groß, ob kantig oder rund. Selbst wenn ein Stückchen an unserer Glasscherbe ausgebrochen ist: mit dem Bleiband der Liebe kann der göttliche „Fenstermacher" alles ausgleichen. Und alle Farben, die wir durch unser Leben mitbestimmen können oder die das Leben uns zuweist, kann er gebrauchen und einsetzen und damit dem Fenster Leuchtkraft geben.

2. Vorne die fünf großen Fenster dieser Kirche – ich habe die Scheibchen einmal zu zählen versucht – sind aus rund sechstausend bunten Scherben zusammengesetzt, einige mehr, als sich katholische Christen um unsere drei Kirchen scharen. In den letzten fünf Jahren sind rund achtzig Personen aus unseren Kirchengemeinden ausgetreten, d.h. übertragen: achtzigmal wurde ein Stein in dieses Fenster geworfen und hat ein Scheibchen zerstört. Wie betroffen wären wir, wenn da vorne jetzt wirklich achtzig Löcher wären! Oder ein weiterer Vergleich: Diese fünf Fenster sind aus 110 verschiedenen Motiven zusammengesetzt. Bei dieser Zahl der Kirchenaustritte müßte ich fast ein ganzes Fenstermotiv entfernen! Wieviel Feuchtigkeit, Kälte und Ungeziefer könnten an dieser Stelle eindringen! Empfinden wir das so, oder nehmen wir diese Entwicklung nur achselzuckend zur Kenntnis? Eine gewisse Anzahl zerstörter Glasscheibchen werden durch Taufen, Konversionen und Wiedereintritte wieder neu eingefügt, aber insgesamt nimmt die Zahl unserer Gemeindemitglieder ab, weil ich ja auch die Verstorbenen abziehen muß. – Fühlen wir uns mitverantwortlich – auch hinsichtlich der neuen „Scheibchen", die wir durch Taufen einfügen? Helfen wir dabei, daß sie fest sitzen in der Bleifassung unserer Zuwendung und Liebe?

3. Selbst wenn wir zehnmal um diese Kirche herumliefen, entdeckten wir nichts von der Schönheit der Fenster. Erst wer *in* die Kirche hineingeht, kann über die bunte Leuchtkraft staunen. Es kommt also darauf an, von innen, vom Glauben her, gegen das Licht der Sonne Gottes zu schauen. Dann kann ich auch die bunte Leuchtkraft des anderen entdecken. Selbst wenn sein Scheibchen „verdreckt" ist, bleibt immer genügend Positives übrig, solange ich mit den Augen des Glaubens schaue!

Zum Schluß: Jeder von uns trägt zur Leuchtkraft bei. Und darauf kommt es an: Es ist nicht unser Verdienst; wir stehen aber auch nicht im Streß von Forderungen, wie „Ich *muß* Licht oder *soll* Stadt auf dem Berge sein" – wie wir in den Lesungen hörten –, sondern wir geben nur weiter, was wir empfangen: Wir lassen das Licht Gottes durchscheinen und werden so zum Licht für diese Welt.

(Dazu ein ausgearbeiteter gleichnamiger Gottesdienst in „FaJu" Juli/August 1997)

48. Das Kreuz hält unsere Gemeinschaft zusammen
(Kirche / Gemeinschaft / Pfarrfest)
(Ein Patchwork-Wandbehang)

Patchwork ist ein aus bunten Flicken zusammengesetzter Stoff. Bei guten Kombinationen ergibt sich ein harmonisches neues Bild. Vielleicht stellen viele Gruppierungen aus der Pfarrei dafür ein Stück Stoff. – Eine Jugendgruppe hatte auf diese Weise einen Wandbehang angefertigt, wobei in der Mitte ein Kreuz aus vierzig Kästchen in Blautönen zusammengesetzt war.

Lesungen: Kol 3,12–15: Liebe und Friede sind das Band, das eine Gemeinschaft zusammenhält; Joh 17,20–23.26: Alle sollen eins sein.
Eventuell aus „Kurzg. 5" Nr. 164: Das zweite Leben eines Strohsackes, aus dem in der Zeit nach dem Zweiten Weltkrieg eine schicke Jacke geschneidert wurde (= nichts ist so wertlos, daß daraus nicht etwas anderes, Neues entstehen kann: als zusätzlicher Gedanke zu untenstehenden Ausführungen).

Aus Stoffresten entstand mit viel Näharbeit dieses Patchwork, das jetzt einige Zeit eine Wand im Pfarrheim (oder anderswo) schmücken wird. Ich möchte diesen Wandteppich symbolisch deuten:
Aus vielen verschiedenen bunten Stoffteilen gelang dieser schöne Behang: Jeder durfte sich einbringen, auch wenn er sich noch so sehr von den anderen unterschied. Das macht auch die bunte Vielfalt einer Pfarrei aus. Wie langweilig würde es, wenn wir alle bis ins Temperament hinein gleich „geklont" wären! Jeder muß aber auch bereit sein, sich einbinden zu lassen und seinen Platz einzunehmen, sonst entstehen häßliche Lücken: Es gibt Treffpunkte, die nicht leichtfertig versäumt werden dürfen, wenn das Miteinander sichtbar und spürbar werden soll (zum Beispiel: beim Pfarrfest, beim Gottesdienst, bei den wöchentlichen Gruppenstunden, bei den Essenszeiten anläßlich gemeinsamer Aufenthalte usw.).
Es fällt schwer, sich vorzustellen, daß alle harmonieren, wenn da nicht das Kreuz in der Mitte wäre, das alle zusammenbringen kann. Menschlich mag es unüberbrückbare Gegensätze geben, aber wenn jeder auf das Kreuz schaut und sich darauf ausrichtet, kann es gelingen, mit dem Band der Liebe (vgl. Lesung), hier besser mit dem Faden der Liebe, alle zusammenzuhalten, weil wirkliche Liebe Toleranz und Verständnis auch für die Andersartigkeit, ja für die Fehler der anderen hat. – Unser Kreuz ist aus unterschiedlich *blauen* Stoffstücken zusammengesetzt: Vertrauen auf Gott macht alles möglich.
Es war kein Zufall, daß das Kreuz aus *vierzig* kleinen Feldern entstand. Die Vierzig ist eine heilige Zahl, die uns an die vierzig Tage von Aschermittwoch bis Ostern erinnert: Wir sind nicht nur Staub, sondern haben mit der Auferstehung eine große Zukunft. Auch die 40 Tage zwischen Ostern und Himmelfahrt Jesu weisen auf etwas Besonderes hin: Am Ende unseres Lebens steht die Rückkehr

zu unserem Ursprung, zum Urgrund der Liebe. Es gibt auch noch die Deutung, daß wir wie die Israeliten „40 Jahre" unterwegs durch die Wüste des Lebens sind bis hin zum Gelobten Land.
So laßt uns, die das Kreuz zusammengeführt hat, heute wie eine intakte Familie bei Essen und Trinken, in Begegnungen und Gesprächen zusammenwachsen, damit wir den Auftrag Christi erfüllen, untereinander eins zu werden (vgl. Evangelium).

49. Bleibe bei uns, Herr! (Kirchweihfest)
(Ein gebasteltes Segelschiff und die im Sprechspiel genannten zusätzlichen Gegenstände)

Lesungen: 1 Petr 2,4–10: Lebendige Steine am Eckstein; 1 Petr 5,6–11: Er stellt uns auf festen Grund; Mt 8,23–27: Sturm auf dem Meer; Mt 28,16–20: Ich bin alle Tage bei euch; Lk 12,32: Fürchte dich nicht, du kleine Herde! Aus „Kurzg. 4", Nr. 88: Was ist eine Gemeinde?

Sprechspiel
Gl.: Heute, am Kirchweihfest, erinnert uns das Sinnbild eines Segelschiffes daran, daß wir in der Kirche als Gemeinschaft unterwegs sind auf dem Meer des Lebens und einmal gemeinsam in den Hafen Gottes einlaufen möchten.
1.: Der **Kapitän** muß verantwortungsvoll und umsichtig sein. Er fährt nicht los bei einer Sturmwarnung, nicht ohne genügend Schwimmwesten an Bord, prüft die Festigkeit der Leinen und denkt an alles Lebenswichtige. Er führt Logbuch und verspricht, richtige Entscheidungen zu fällen. –
In unserem Leben ist Jesus unser Schiffsführer. Ihm können wir vertrauen, weil er nicht nur uns kennt, sondern auch den Weg und das Ziel. – Es ist schwer für Priester und Gemeindeleiterinnen und -leiter, in Jesu Fußstapfen zu stehen.
2.: Ohne die **Mannschaft** kann kein Schiff auslaufen. Sie muß zusammenhalten. Jeder muß sich auf den anderen verlassen können. –
So ist es mit der Gemeinschaft der Christen. Wir alle, das heißt auch alle Gruppen in der Gemeinde, fahren als Mannschaft im großen Schiff der Kirche dem „ewigen" Hafen entgegen. Nur gemeinsam, wenn wir wie an einem Strick ziehen, kann etwas gelingen. In einer guten Mannschaft macht alles Freude.
3.: Für unsere Fahrt brauchen wir ausreichend Verpflegung, den **Proviant**, denn es weiß ja keiner, wie lange die Fahrt dauert. –
Brot und Wein der heiligen Eucharistie sind unser Proviant. Auf unserer Lebensreise wollen sie Speise sein, die uns *innerlich* stärkt. Sie gibt uns Kraft zum Durchhalten.
4.: Die **Seekarte** zeigt uns die richtige Wasserfahrstraße, das vorgeschriebene

Fahrwasser. Sie weist uns auf Gefahren hin, auf Sandbänke, Untiefen, Felsenriffe, Strömungen und Klippen, aber auch auf Bojen und Leuchttürme. Wenn wir uns an eine korrekte Seekarte halten, kommen wir sicher an unser Ziel.
Die Seekarte für unser Leben ist die Heilige Schrift. Sie zeigt uns den richtigen Weg an durch die Zehn Gebote und besonders durch das Hauptgebot der Liebe. Sie hilft uns auch über Gefahren hinweg, z.B. daß wir nicht abdriften oder auf Grund laufen. Mit der Bibel können wir zielsicher das Meer des Lebens befahren, um den Hafen in Gott zu finden.

5.: Auf einem großen Segelschiff wird jede halbe Stunde die **Schiffsglocke** *(Glocke anschlagen!)* geschlagen. Sie ist besonders wichtig für die Steuerleute, die Nachtdienst haben. *(Glocke hier kräftig läuten!)* Die Glocke soll sie wachhalten. Wenn sie nach vier Stunden achtmal geschlagen wird, wechselt die Wachmannschaft, und eine Ruhepause ist angezeigt. –
Auch wir Christen sollen wachsam sein und dort, wo wir hingestellt sind, unsere Aufgabe gewissenhaft erfüllen. Die Schiffsglocke erinnert uns aber nicht nur an unsere Pflichten, sondern auch daran, daß wir Zeiten der Ruhe und Erholung brauchen.

6.: Der **Rettungsring** hängt an verschiedenen Stellen der Reling. Er ist mit einer auffallenden Farbe versehen, damit er für den, der mit den Wellen kämpft, noch gut sichtbar bleibt. –
Manch einer geht heute vom Schiff der Kirche über Bord. Kummer, Schicksalsschläge oder Enttäuschung haben viele immer weiter von der Gemeinschaft abtreiben lassen. Sie sollen wissen, daß wir sie gerne an Bord zurückhätten. Wenn sie ein Zeichen geben, werfen wir ihnen den Rettungsring zu.

7.: Die **Sturmlaterne** brennt mit Petroleum, gibt Licht und darf nicht verlöschen. Sie dient der Sicherheit des Schiffes und seiner Besatzung. So kann das Boot bei Nacht und hohem Wellengang noch gesehen werden. – In Dunkelheit und Stürmen unseres Lebens müssen wir uns bemerkbar machen. Das können Bitten und Hilferufe sein. Eine gute Gemeinschaft darf Notsignale nicht übersehen. Die Laterne kann aber auch Orientierung sein.

8.: Der **Anker** wird im Sturm ausgeworfen und hakt sich im Meeresgrund fest. So hält er das Schiff mitten in stürmischer See. Selbst bei einem Orkan kann es nun nicht mehr abdriften und an den Klippen zerschellen.
Der Anker bedeutet für uns Christen die Hoffnung auf Gottes Hilfe: Gott hat uns zugesichert, bei uns zu sein. Er ist uns nahe, auch wenn wir von Lebensstürmen, von Verzweiflung und Bitterkeit geschüttelt werden.

Gl.: Beim Glaubensbekenntnis zeigen wir auch nach außen hin, daß wir eine gute Mannschaft sind. Wir halten einander an den Händen und bekennen gemeinsam, was wir glauben: Ich glaube an Gott ...

(Familienmeßkreis St. Pankratius, 50126 Bergheim-Paffendorf; als gleichnamiger ausformulierter Gottesdienst in „FaJu" Juli/August 96)

Gott / Glaube / Jesus Christus

50. Gehalten
(Eine Büroklammer für jeden; es gibt sie in vielen Größen)

Lesungen: Ps 73,23–28: Gott nahe zu sein ist mein Glück; Jes 66,10–14: Wie eine Mutter ihren Sohn tröstet, so tröste ich euch; Mk 10,13–16: Er nahm die Kinder in seine Arme.

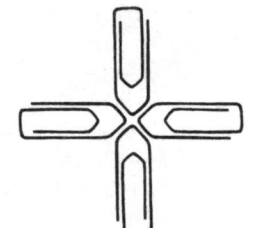

1. Eine Büroklammer an einem einzelnen Blatt Papier ist eigentlich überflüssig. Ihr Dienst heißt vielmehr: Ich halte zusammen, was zusammengehört; ich verbinde Frage und Antwort, Bestellung und Rechnung, Forderung und Quittung, Auftrag und Ausführung. Ordnung zu halten ist mein Dienst.
Schauen wir genauer hin: Sie ist eigentlich nur ein kleines Stück Draht, gebogen zu einer kleinen und einer größeren Schleife an den beiden gegenüberliegenden Enden des Drahtstückes. Die große Schleife umarmt die kleine. Die Spitzen der Schleifen zeigen wie Pfeile in *eine* Richtung, als ob sie etwas Gemeinsames planen. So können sie etwas festhalten oder Getrenntes miteinander verbinden. Und die Kraft dazu haben die beiden Schleifen aus der Spannung, in der sie zueinander stehen.
Eine Büroklammer besitzt auch eine Kehrseite, denn schließlich kann alles mißbraucht werden: Biege ich ein Ende um, kann ich damit zustechen und verletzen. Auch eine Bindungsklammer kann zweckentfremdet werden. Aber gedacht ist sie für etwas anderes: Sie soll Beziehung und Bindung schaffen.
2. Ist sie nicht ein Bild, ja ein Symbol dafür, wie manches nur in Ordnung bleibt, wenn es in einer festen Verbindung zueinander steht – wie zum Beispiel die Bindung des Kindes zu Mutter und Vater? Die Bindungslosigkeit ist zu einer erschreckenden Eigenschaft unserer Zeit geworden. Ihre Folgen beim Menschen sind Ersatzbefriedigungen, mangelndes Selbstvertrauen, geringe Frustrationstoleranz (= zu schnelles Ausflippen) und Unfähigkeit, Verantwortung zu übernehmen. Und woran liegt es? „Hättest du mich festgehalten" heißt ein Buch von Jirina Prekop (geb. 1929), in dem sie aufzeigt, wie wichtig für ein Kind in den ersten Lebensjahren die spürbare Nähe zur Mutter ist; wieviel Lebensleid daraus erwächst, wenn dieses Erleben zu kurz kam. Seit 18 Jahren (= 1999) entwickelt diese Frau ihre „Festhalte-Therapie", die auch noch bei Erwachsenen hilft: „Einen, der in tiefer seelischer Not ist, in den Arm nehmen und so lange mit Liebe festhalten, bis er seine Wut herausgeschrien, seinen Kummer ausgeweint hat und sich wieder freier und zufriedener fühlt."

Staunen wir ruhig bei folgenden Sätzen: Wahre Reife und innere Freiheit eines Menschen können nur da wachsen, wo die Bindung und die Liebe erfahren wurde. Anders gesagt: Verantwortung kann nur gelernt werden durch erfahrene Liebe.
(Wie in Afrika das von der Mutter oft und lange getragene Kind auch hautnäher die Sorgen aus deren Gesichtswinkel erlebt und daran reift. – Hier ist aus „Kurzg. 2", Nr. 45 denkbar: Der Rabbi bettet das Kind, das keine Ausdauer zeigt, an sein Herz und „bekehrt" es so.)

3. So lebt auch unser Glaube vor allem aus dem Erleben der Liebe Gottes. Für das Volk Israel und für Jesus war die Erfahrung der Nähe Gottes („Vater", „Ich bin für euch da", „Gott ist mit uns") die Grundlage des Glaubens und aller Lebenskraft. Diese enge Beziehung zu Gott macht uns nicht unmündig, sondern erst frei: „Wo der Geist des Herrn ist, da ist Freiheit" (2 Kor 3,17). Dann kann ich auch ganz anders meinem Schöpfer und Erlöser begegnen: Im Leid darf ich meinen Schmerz herausschreien, weil mir Gott ganz nahe ist; er leidet ja mit, und wir – wie es die kleine Therese von Lisieux sagte – leiden umgekehrt das Leiden Christi mit, wenn wir Schmerz haben. Die Weitergabe dieser Erfahrung der Nähe Gottes wird auch andere aufhorchen lassen, sie vielleicht zur Umkehr bewegen und in diese „Nachfolge" eintreten lassen.

(Es wäre schön, wenn jetzt Bilder gezeigt werden könnten, wie das von Dorothea Steigerwald „Bleib sein Kind": Ein Kind schmiegt sich in die Hand Gottes, oder der Holzschnitt von Hanns H. Heidenheim „Ijob" [s. Abb.]: Er befindet sich in guten und bösen Tagen in den großen Händen Gottes.)

Wenn wir uns mit Gott verbunden fühlen und zu ihm „in Spannung" stehen, dann wird das Miteinander von Gott und Mensch zu einer spannenden Geschichte.

Eine kleine Büroklammer kann uns verraten, wie entscheidend eine Bindung ist, wie manches erst durch eine feste Verbindung in Ordnung kommt oder bleibt und wie unsere enge Beziehung zu Gott erst Lebenskraft und Freiheit(!) schenkt.

Alternative:
Legosteine: Sie halten und werden gehalten. Nach diesem Prinzip wächst jedes Bauwerk, das aus diesen Steinen entsteht. Jeder Stein gibt weiter, was er

empfängt, nämlich den Halt. „Binder" schaffen zwischendurch die Querverbindungen, damit das Bauwerk in höheren Bereichen keine Risse bekommt. Unten ist die Bauplatte, die allem Halt und Basis verleiht, selbst aber nicht mehr gehalten wird.
Lothar Zenetti: „Was ich von Jesus halte? Daß er mich hält."

Schlußsegen
nach dem altchristlichen Segensgebet, auch dem hl. Patrick von Irland zugeschrieben:
>Der Herr sei vor dir, um dir den rechten Weg zu zeigen.
>Der Herr sei neben dir, um dich in die Arme zu schließen,
>um dich zu schützen vor Gefahren.
>Der Herr sei hinter dir,
>um dich zu bewahren vor der Heimtücke des Bösen.
>Der Herr sei unter dir, um dich aufzufangen, wenn du fällst.
>Der Herr sei in dir, um dich zu trösten, wenn du traurig bist.
>Der Herr umgebe dich wie eine schützende Mauer,
>wenn andere über dich herfallen.
>Der Herr sei über dir, um dich zu segnen.
>So segne dich der gütige Gott – heute und morgen und immer.

(Nach Felicitas Hestermann in einem ausgearbeiteten Gottesdienst in „FaJu" Februar 98: „Festgehalten – Gleichnis Büroklammer")

51. Meine Stimme, deine Stimme – in der Melodie Gottes
(Eine Stimmgabel)

Lesungen: Kol 3,15–17: Alles, was ihr in Worten und Werken tut, geschehe im Namen Jesu; Mt 12,33–37: Über jedes unnütze Wort müssen wir Rechenschaft ablegen.

(Eine Stimmgabel auf Fingerkuppe oder Gegenstand aufschlagen und ans Ohr halten)
Jetzt höre ich einen ganz bestimmten Ton, den die beiden Metallstäbe hier erzeugen, nachdem ich sie zum Schwingen gebracht habe. Diesen Ton kann ich nun einem Chor vorsingen, damit zunächst meine Stimme den richtigen Ton findet und die anderen Stimmen sich daran orientieren können, so daß der Gesang als Harmonie den Zuhörern ins Ohr dringt. Wenn sich nicht alle an diesem Ton orientieren würden, klänge das Ganze wie ein Katzengejammer und wäre zum Davonlaufen.
(Stimmgabel wieder anschlagen und ans Ohr halten)
So hat auch Gott der ganzen Schöpfung einen Ton, eine Grundmelodie, vor-

gegeben, die wir Geschöpfe aufnehmen. Wir bringen dann unsere verschiedenen Stimmen und Töne ein, jeder anders, aber in Harmonie zueinander.
(Stimmgabel ans Ohr halten)
Ich höre den Ton noch. Sie nicht (mehr). Das ist die Schwierigkeit, in die Welt zu horchen, um den Ton Gottes herauszuhören. Darum versammeln wir uns immer wieder hier, weil Jesus diesen Schöpfungston durch sein Leben verstärkt, ja laut und deutlich vorgesungen hat. Dieser Ton, diese Grundmelodie, ist zu umschreiben mit Liebe, Gerechtigkeit, Hoffnung, Vertrauen, Frieden, Schönheit, Freiheit ...
Wenn Menschen zu laut sind oder zu schrill dazwischenrufen, wird es kritisch mit der Schöpfungsmelodie. Die Schöpfung an sich hat aufeinander abgestimmte Melodien, Himmel und Erde sind ein vielstimmiger Klang. Aber weil das Reden der Menschen mit ihrem Handeln nicht übereinstimmt, weil unsere Welt zu laut geworden ist, um die Grundmelodie Gottes deutlich herauszuhören, darum gibt es so viele Mißtöne und Dissonanzen, Ängste, stumme Schreie ...
Das gilt auch für die über 300 verschiedenen christlichen Kirchen, die an den einen Gott glauben. Schwierig wird es, wenn eine Kirche behauptet: „Wir allein geben die richtige Grundmelodie Gottes verstärkt wieder. Nur wir haben die richtige Harmonie in der Melodie. Wir sind ein besserer Resonanzboden, als ihr es seid!" Wie toll könnte dagegen die Schwingung sein, wenn *alle* Kirchen die Melodie Gottes, die Jesus so eindrucksvoll gesungen hat, verstärkten! Es würde sich eine Harmonie verbreiten, die alle Völker und Religionen anzieht. Aber noch übertönen zu viele Schreckensschreie und Dissonanzen unser Miteinander und stoßen ab – oft bis in kleine christliche Gemeinschaften und Gemeinden hinein. – Wie steht es um meine Stimme in diesem Konzert der Welt? Wie steht es um deine Stimme?
(Weitgehend nach Martin Auffarth, Heidelberg)

52. Der Glaube – wie ein Herzschrittmacher
(Ein Herzschrittmacher – im Krankenhaus ausleihen)

Lesungen: 1 Joh 3,16–24: Dem Herzen bekommt am besten, wenn es liebt; Joh 14,1–66: Euer Herz lasse sich nicht verwirren.

In guten Tagen meinen viele Menschen, daß sie einen Halt in Gott nicht brauchen. Warum glauben? Es geht uns doch gut, und wir sind rundherum versichert. Aber wenn unser Herz müde wird, klopft zunehmend die Angst an, daß es plötzlich aussetzen könnte. Wir gehen zum Arzt, und der rät uns unter Umständen, einen Herzschrittmacher einsetzen zu lassen; denn dieser überwindet die Aussetzer und längere Pausen, ohne daß unser Herz Schaden nimmt; er gibt unserem Herzen wieder einen besseren Lebensrhythmus; er ist ein Wächter, der nie schläft; er gibt ein Gefühl von Sicherheit.

Das will auch unser Glaube, unser Vertrauen auf Gott, sein und bewirken. Nun überlegen Sie: Ist unser Glaube nicht wie ein Herzschrittmacher? Er ist wie ein Taktgeber in wichtigen Lebenssituationen, wenn unser Herz nicht mehr genügend Antrieb (Impulse) bekommt; er begleitet unsere Herztätigkeit auch, wenn er nicht direkt gebraucht wird.

Ein fester Glaube nimmt – wie der Herzschrittmacher – die Angst und schenkt Gelassenheit. Er läßt uns daher länger leben; das ist statistisch nachweisbar. – Ich habe mir im Krankenhaus diesen Herzschrittmacher ausgeliehen; ich lasse ihn im Körbchen zum Ansehen rundgehen. (Das kleine Ding kostet so ca. 1.000 DM und mit Extras bis 6.000 DM. – Wir hatten sogar einen Herzschrittmacher aus den 50er Jahren geliehen bekommen und konnten den großen technischen Fortschritt zu früher bewundern.)

Neben den genannten Vorteilen des Herzschrittmachers darf ich auch seine Grenzen aufzeigen – wie beim Glauben:
- Er kann kranke Herzen nicht kerngesund machen.
- Seine Energie muß ausreichend hoch sein, um den Antrieb bis ins Herz zu senden.
- Er braucht über die Verbindungsdrähte, die sogenannten Elektroden, wirklich Kontakt mit unserem Herzen; wenn sich diese Drähte lösen, abbrechen oder knicken, wird er wertlos.
- Er kann Krisen meistern helfen, aber nicht ohne weiteres unser Leben verlängern.

Interessant finde ich dabei die Tatsachen,
- daß sich keine Widerstände an den Kontaktstellen aufbauen dürfen. (Was heißt das für unseren Glauben?)
- daß Schrittmacher sich abnutzen, von Zeit zu Zeit also überprüft werden müssen. (Was heißt das für unseren Glauben?)
- daß Vorsichtsmaßnahmen berücksichtigt werden müssen, ich also mit dem Herzschrittmacher nicht in die Nähe von Handys oder die Strömungen eines Radiosenders gehen darf. (Was heißt „gefährliche Strömungen" für unseren Glauben?)

So wie ich also einen Herzschrittmacher pflegen muß, so auch den Glauben, wenn er helfen soll, die sogenannten „schwarzen Löcher" in meinem Leben zu überbrücken. Kennen wir nicht alle die Aussagen „Ohne meinen Glauben wäre ich völlig verzweifelt" oder „Ohne meinen Glauben hätte ich das nicht geschafft!"?

Für diesen Glauben lohnt es sich also, die Kontrolltermine einzuhalten; die Verbindungsdrähte brauchen den wirklichen Kontakt mit unserem Herzen! Um meine christlichen Herzrhythmusstörungen zu korrigieren, brauche ich Zeit zum Besinnen auf Gott; die Pflege der guten christlichen Gewohnheiten, wie Morgen-, Tisch- und Abendgebet; das Hören auf sein Wort; die „Überprüfungstermine" im Gottesdienst; die neue Energie aus dem Empfang der Sakramente.

Wie die Medizin für uns den Herzschrittmacher bereithält, so ist uns der Glaube angeboten, der die Angst nehmen kann – und das nicht nur an bösen Tagen.

53. Was erblühen läßt

(Eine Auferstehungsblume = Rose von Jericho; für jeden die abgebildete, zusammengefaltete Blüte mit der Inschrift „Glaube, Hoffnung und Liebe lassen neu aufblühen!"; ein Schälchen mit Wasser)

Lesungen: 2 Kor 12,7–10: Mitten in unserer Schwachheit kann Gottes Kraft sich erweisen; Mt 14,22–33: Habt Vertrauen! Mk 4,30–32: Das Senfkorn, das kleinste der Samenkörner.

(*Gl. zeigt die „Rose von Jericho":)*
Dieses botanische Wunder kann Jahrzehnte im dunklen Keller liegen. Wird es ins Wasser gelegt, lebt es wieder auf und entfaltet sich. In den Pharaonengräbern lag es Jahrtausende, ohne gänzlich auszutrocknen. Darum heißt diese Wüstenblume auch „Auferstehungsblume". Könnte dieses zusammengekrümmte, graubraune Bündel nicht Bild für die Seele eines Menschen sein, der verbittert und enttäuscht ist? Nehmt eure verschlossene Blüte, die ihr am Eingang bekommen habt, in die Hand. Was kann dem noch blühen, der die 57. Bewerbung geschrieben hat und die 57. Absage bekam? Was kann dem noch blühen, dessen Frau die Scheidung eingereicht hat? Was kann mir noch blühen, wenn ich trotz aller Anstrengung wieder schlecht in der Schule stehe, wenn der Arzt bei meinem Befund ein ernstes Gesicht macht?

Abbildung auf ca. 12–13 cm Durchmesser vergrößern und auf saugfähigem Papier kopieren. Man schneidet die Blüte aus, faltet die Blütenblätter entlang der gestrichelten Linie nach innen und legt die geschlossene Blütenknospe in ein Schälchen mit Wasser.

(*Gl. nimmt seine zusammengefaltete Blüte – am besten wird ein kleiner, dünner Pappdeckel zum Greifen daran geklebt – und hält sie kurz in das Schälchen mit Wasser: Bei normalem, also weicherem Abzugspapier [Saugpost 80 g] entfaltet sich die Blüte sehr schnell!*)
Seht ihr, das Wasser läßt auch meine „Auferstehungsblume" aus Papier lebendig werden! Ihr könnt es mit eurer zu Hause auch probieren.
Was könnte das Wasser bedeuten, das solch eine Veränderung bewirkt? Ich denke an die ersten Zeilen des ersten Kapitels in der Bibel, in denen geschildert

wird, wie Gottes Schöpfergeist – Liebeskraft, Lebenskraft, Energie (vgl. Nr. 40 in diesem Buch) – über den Wassern der Erde schwebt. Oder an den kleinen Wasserguß bei der Taufe, mit dem gesagt wurde: In Jesus geht jetzt einer mit dir, zu dem kannst du Vertrauen haben; an den kannst du glauben. Also das Wasser des Glaubens und des Vertrauens!
Das Wasser kann aber auch die Hoffnung sein. Ein Kranker kann sich noch so „down" fühlen, seine Hoffnung auf bessere Tage ist unerschütterlich groß. Hoffnung kann nie k.o. geschlagen werden.
Oder das Wasser kann die Liebe sein: Ein paar Tropfen lassen Menschen sich öffnen und bringen sie neu zum Knospen und Blühen. Also Glaube, Hoffnung und Liebe, die drei göttlichen Tugenden, lassen einen Neuanfang zu. Gott kommt uns darin ganz nahe.
Jetzt öffnet bitte einmal eure Blumen! Da steht es: „Glaube, Hoffnung und Liebe lassen neu aufblühen!" Es müßte aber noch ein Satz hinzukommen: „Wir geben Geduld und Tatkraft hinzu!" Glaube, Hoffnung und Liebe sind letztlich Geschenke Gottes und der Menschen. Wie es in der Lesung hieß: Mitten in unserer Schwachheit kann sich Gottes Kraft erweisen (2 Kor 12,7–10). Aber der Mensch muß sich für dieses Geschenk auch öffnen. Dabei Geduld zeigen heißt: Ich darf die sprießende Saat der guten Ansätze nicht höherzupfen, um das Wachstum zu beschleunigen. Das bewirkt genau das Gegenteil: alles vertrocknet. – Tatkraft bedeutet: Wer eine Topfblume mit dicken Knospen kauft, hat noch nicht die Garantie der vollen Blüten. Stellt er sie nämlich in eine dunkle Ecke, gießt und düngt er sie nicht, erlebt er, wie schnell die Knospen abfallen.
Übertragen heißt das:
– Wer das Glück der Familie will, muß auch für sie Zeit haben.
– Wenn Friede in der Welt aufblühen soll, darf ich damit beginnen, ohne Aggressionen meinen Mitmenschen zu begegnen.
– Wer ein guter Schüler sein möchte, darf von der Faulheit Abschied nehmen.
Die guten Gaben Gottes können nur zur Blüte kommen, wenn ich mich für sie öffne und sie fördere.
Probiert zu Hause einmal eure Auferstehungsblume aus. Immer, wenn sie getrocknet ist, könnt ihr die Blüte wieder schließen und sich auf Wasser erneut entfalten lassen. Dabei erinnert euch daran: Wer das Geschenk des Glaubens, des Hoffens und der Liebe erfährt, trägt es auch zu anderen, die ihre Blüten noch geschlossen halten.
(Nach Ideen von Gerhard Vidal, verändert. Seine ursprüngliche Idee steht unter dem Titel „Was kann mir noch blühen?" in „FaJu" Januar 95)

54. Glaube – wie ein Fallschirm
(Ein Fallschirm)

Lesungen: Ps 91: Weil er an mir hängt, will ich ihn retten; Joh 3,1–13 (oder nur bis 5): Wer nicht wiedergeboren wird, kann nicht in das Reich Gottes gelangen.

Immer wieder lesen wir in der Zeitung, daß ein Pilot beim Absturz seiner Maschine sein Leben nur dadurch rettete, daß er den Schleudersitz aktivierte und mit dem Fallschirm landete.
FallschirmspringerInnen trainieren den Ablauf des Sprunges immer wieder. Zuerst einmal muß der Schirm fein säuberlich gepackt werden. In einer Hülle verschlossen hängt er auf dem Rücken. Bei den ersten Absprüngen aus noch geringer Höhe wird der Schirm schon beim Absprung automatisch geöffnet. Später aber, wenn aus größerer Höhe gesprungen wird, muß man selbst die Reißleine betätigen, die erst die Öffnung des Schirmes ermöglicht. Im freien Fall würde man mit hoher Geschwindigkeit auf der Erde aufprallen und damit sterben. Der Fallschirm jedoch bremst abrupt und ermöglicht damit eine sichere Landung. Es liegt nun am Springer, die Reißleine zum rechten Zeitpunkt zu betätigen und die Mindesthöhe nicht zu unterschreiten. Der freie Fall soll ein wunderbares Erlebnis sein, und doch führt er geradewegs in den Tod. Die Öffnung des Schirms aber bedeutet Sicherheit und Lebensrettung.
Der Fallschirmsprung gleicht in so mancher Weise dem Leben des Menschen. Zwei Abschnitte sind es, die zu unterscheiden sind. Der freie Fall mit geschlossenem Schirm und die sichere Landung mit geöffnetem Schirm.
1. So wie jeder Springer einen Schirm mit sich führt, so bekommt auch jeder Mensch den Rettungsplan Gottes angeboten. Doch der Schirm rettet nicht, solange er verpackt am Rücken hängt. So rettet uns auch das Wissen um die Existenz eines lebendigen Gottes nicht, auch nicht die Kenntnis des Rettungsangebotes durch Christus. Der Schirm muß geöffnet, die Reißleine betätigt werden.
  So ist es auch im Glaubensleben. Die Entscheidung, das uns von Gott vorgelegte Angebot anzunehmen, müssen wir selbst fällen. Es ist unser freier Entschluß, Jesus Christus in unser Leben hereinzulassen, ihm unser Leben zu übergeben. Gott läßt uns den freien Willen, uns für oder gegen sein Angebot auszusprechen.
2. Das Öffnen des Schirms bedeutet aber eine abrupte Bewegungsänderung, ohne die es in den Tod ginge. Wie es im Psalm 91 heißt: „Weil er an mir hängt, will ich ihn retten; ich will ihn schützen, denn er kennt meinen Namen." Jesus nennt dies bei Nikodemus eine Wiedergeburt, der Beginn eines neuen Lebens, das mit dem Öffnen des Schirms zu vergleichen ist.
  Im zweiten Teil des Fluges bestimmt der Schirm den Bewegungsablauf. Er garantiert dem Springer die gute Landung, das sichere Überleben. So sichert

uns der Glaube an Jesus Christus schon in dieser Welt das Leben unter seinem Schutz, schlußendlich auch die Auferstehung bei seiner Wiederkunft und damit ewiges Leben im Reich Gottes.

Fassen wir zusammen: Sie und ich, wir alle haben von Gott einen Fallschirm bekommen, der uns das Überleben garantiert. Die Sehnsucht nach dem ewigen Leben steckt in uns allen. An uns allein liegt es, rechtzeitig die Entscheidung zum Öffnen des Schirms zu treffen, unser Ja zum Glauben an Jesus Christus zu geben. Ist es nicht besser, am sicheren Schirm hängend das Leben zu retten, statt ungebremst in den Tod zu rasen?

Abschließend möchte ich noch einen Vers aus dem Psalm 91 so formulieren: „Wer am Schirm des Höchsten hängt und in den Seilen des Allmächtigen schwebt, der spricht zum Herrn: Meine Zuversicht und meine Rettung, mein Gott, auf den ich hoffe."

Dem Glauben kommt in unserer Lebensgestaltung meist eine viel zu geringe Bedeutung zu. Glaube ist für viele etwas zu Persönliches, als daß sie darüber wirklich offen miteinander sprechen könnten. Leichter spricht es sich womöglich über irgendwelche Intimitäten. (Sehr viele erzählen sich ungeniert – selbst vor größtem Publikum – ihre Bettgeschichten, warum wir nicht unsere Bet-Geschichten?) Der Glaube ist aber nichts, was man verbergen sollte, denn er will das Leben bereichern und qualitativ verwandeln. Glaube will leben helfen! Er will den Flug unseres Lebens lenken und sichern!

Wie aber der Fallschirmspringer ständig trainieren muß, damit die Sprünge immer problemloser werden, brauchen wir im Glauben ebenso unsere Übungen.

(Anton Allmer, A-8250 Vorau)

55. Im Symbol des Delphins
(Ein Delphin als Aufkleber)

Vorbemerkung: Dieses Symbol war das Logo, das Erkennungszeichen, für den 93. Katholikentag 1998 in Mainz. Es stieß zunächst zum Teil auf Ablehnung, zum Beispiel in der Kommentierung „Die Welt ruft nach einem Kreuz, während uns hier der Fernsehliebling Flipper als Knuddeltier entgegengehalten wird". Aber die nachfolgenden Ausführungen zeigen, daß diese Kritik zu oberflächlich war.

Lesungen: 1 Petr 3,13–17: Der Welt Zeugnis von unserer Hoffnung geben; Mt 14,22–33: Der versinkende Petrus erfährt Rettung; Mt 8,23–27: Mitten im Sturm erfahren die Jünger die rettende Nähe Jesu.

Es eignen sich die folgenden „Hoffnungsgeschichten": „Kurzg. 1", Nr. 3: Die Erzählung vom alten Mann, der unerschütterlich hofft und dabei die Hände nicht in den Schoß legt, bis er Gottes Hilfe zu spüren bekommt. – „Kurzg. 1", Nr. 54: Das Veilchen am Nordpol träumt von Millionen Veilchen, die einmal helfen, das unendliche Eis aufzutauen. – „Kurzg. 2", Nr. 4: Christlich hoffen heißt über den Horizont hinausschauen. – „Kurzg. 5", Nr. 136: Beim Teppich des Lebens können wir nur *die* Seite sehen, an der wir weben und knoten. –
Aus meinem Buch „In Geschichten das Leben spiegeln, Bd 1", Nr. 2: Ein alter Fischer wirft das Netz immer wieder aus. Denn aufgeben hieße aufhören zu leben.

Wir sehen auf dem Bild einen Delphin in überschäumender Lebensfreude. Hätten wir seinen ansteckenden Schwung, könnten wir hohe Hindernisse überwinden, ja begeistert die Schwelle der Jahrtausendwende überspringen. Aber woher diese Lebensfreude nehmen? Wir schauen einmal zurück in die Geschichte der Menschen und der Christen.
1. Schon in vorchristlicher Zeit haben die Menschen die Geschicklichkeit und Schnelligkeit des Delphins beobachtet, seine fast menschenartige Klugheit, seine Liebe zur Musik, seine Zutraulichkeit, und vor allem hatten sie den Delphin als Retter erlebt, der ins Meer Gestürzte auf seinem Rücken ans rettende Ufer brachte. Daher wurde er für sie zum König der Seetiere. Sie hielten ihn für so menschenfreundlich, daß sie glaubten, er geleite ihre Toten über das große Wasser zur Insel der Seligen. So stellten sie den rettenden Delphin als Symbol des Heilbringers dar.
2. Für die Christen war es bei dieser Sicht nicht schwer, den Delphin in die Nähe des Kreuzes oder eines Ankers zu rücken. Denn Jesus, der die Verstorbenen in die Ewigkeit führt, stand ihnen ja als Retter der Menschheit vor Augen. So wurde der Delphin in den ersten Jahrhunderten nach Christus häufig auf christlichen Sarkophagen, Fresken, Lampen und Schalen abgebildet. (Später löste das Fisch-Symbol den Delphin ab.)
Aber es gibt auch ein Leben vor dem Tod! Heute würden wir sagen: Wir brauchen dich, Christus, der uns in den Schiffbrüchen unseres Lebens ans rettende Ufer bringen kann. So verlor Petrus sein Vertrauen, als er Jesus aus dem Blick ließ (oder: So erfuhren ihn die Jünger in rettender Nähe in den Stürmen des Lebens = Mt 8,23–27) – wie wir eben im Evangelium gehört haben.
3. Der Delphin liebt die lebhafte Gesellschaft. In Gemeinschaft mit anderen entfaltet er seine Fähigkeiten. Es ist herrlich, ihn dann in überschäumender Freude im Zusammenspiel mit anderen Delphinen zu beobachten. Manchmal wurde der Delphin in den ersten Jahrhunderten des Christentums auch als Begleiter eines Schiffes dargestellt. Mit dem Schiff war an das Lebensschiff eines Verstorbenen gedacht, aber auch an das Schiff der Kirche:

Christus begleitet das Schiff der Kirche. Er ist der rettende Gefährte, der dafür sorgt, daß es zum Ziel findet. Unsere Gemeinschaft kann sich von seiner Begeisterung, von seinem Schwung anstecken lassen und Trägheit und Verzagtheit überwinden.
Wenn unser Blick auf den Delphin fällt, können wir uns in Erinnerung rufen: Mit Christus Lebenskünstler sein, Hindernisse mit neuem Schwung nehmen und mit ihm an der Seite in der Gemeinschaft der Kirche voller Hoffnung das Wagnis neu entdecken!
(Dazu ein gleichnamiger ausformulierter Gottesdienst in „FaJu" Juni 1998)
N.B. Heute wird der Delphin mit großem Erfolg in der Therapie schwerstbehinderter Kinder eingesetzt: Seine Nähe schenkt neuen Lebensmut. Die Kurse in Amerika sind überfüllt.

56. Jesus – unser Lot
(Ein Lot – bei einem Maurer ausleihen)

Lesungen: Ps 23: Der gute Hirt als Stock und Stab; Kol 3,1–4: Richtet euren Sinn auf das Himmlische; Mt 22,34–40: Das Hauptgebot; Joh 14,1–6: Ich bin der Weg, die Wahrheit und das Leben.

(Gl. zeigt das Lot) Wozu braucht man so etwas? (= Um die Senkrechte für eine Wand auszuloten; um Abweichungen zu erkennen.)
Das Sprichwort „Alles ist im Lot" will sagen: Die Sache ist korrekt.
Unsere Welt ist nicht „im Lot": Die reichen Länder leben auf Kosten der Armen. Es gibt zu viele Kriege. Da verdienen Nationen an Waffenlieferungen und freuen sich nach einem Krieg, Aufträge für den Wiederaufbau zu bekommen. – Verseuchtes Rindfleisch gelangt doch noch über dunkle Kanäle an die Verbraucher ...
Wir kommen immer zum Gottesdienst zusammen, um herauszufinden, was „das Senkrechte" ist in unserem Bemühen, an einer besseren Welt zu bauen. Dabei schauen wir auf Christus, unser Lot, der gesagt hat: „Ich bin der Weg, die Wahrheit und das Leben!" Damit meinte er: Orientiert euch an mir, dann wird alles korrekt.
(Gl. verdeckt das Lot) Schon die Jünger damals wußten oft nicht, wo es Orientierung und Hilfe gab. Auch heute gibt es genug Menschen, die von der Kirche nichts Gutes erwarten und dabei auch leicht Jesus aus den Augen verlieren. Wenn uns selber klar wird, daß die Worte Jesu und sein Leben uns „Richtschnur" sind, dann dürfen wir diese Erfahrung nicht vergessen, sondern müssen sie weitersagen: Geht zu Jesus, *dem* Lot, der euch zeigen kann, was wahrhaft „senkrecht", was richtig ist.
(Gl. zeigt wieder das Lot) Als Jesus am Kreuz hing, da zeigte der Längsbalken des Kreuzes direkt in den Himmel. Das kann uns sagen: Schaut hinter alles, was sichtbar ist, und hängt euer Herz voller Vertrauen an den, der euch wirklich

retten kann. Der Querbalken des Kreuzes zeigte nach rechts und links (schaut mal, wer jetzt rechts und links neben euch sitzt?!) zu den Menschen, die sich nach Liebe sehnen. Jesus hat uns im Hauptgebot auf diese beiden Richtungen hingewiesen, und er hat es uns im Vertrauen auf den Vater und in der Liebe zu den Menschen vorgelebt.
Wer ihm nachfolgt, sorgt dafür, daß die Welt mehr und mehr „ins Lot" kommt.
(Verändert nach Pfarrei St. Theresia, D-40595 Düsseldorf, in „Kibö" 93-3, S. 37f)

Hauptgebot / Liebe / Christsein / Sakramente

57. Mehr Rück-Sicht!
(Ein kleiner Spiegel von ca. 5 x 5 cm für jeden; ein Rück- oder Handspiegel; ein Spiegel von ca. 60 x 60 cm)

Hinweis: Die Predigt ist auch denkbar ohne kleine Spiegel für jeden, da wohl jeder täglich in einen Spiegel schaut.

Lesungen: Kol 3,12–15a: Liebe bringt auch Rück-Sicht hervor; Mt 7,12 (ähnlich Lk 6,31): „Alles, was ihr von anderen erwartet, das tut auch ihnen!" (Die Goldene Regel).

Haben wir nicht alle die Nase voll von Autofahrern, die rücksichtslos durch unsere Ortschaft rasen; vom Techno-Gedröhne aus den Kinderzimmern; von Rauchern, die ungefragt in unserer Gegenwart rauchen; von Leuten, die ständig über andere herziehen ...?
(Gl. dreht sich um und schaut in den Hand- oder Rückspiegel)
Als Autofahrer schauen wir vor dem Start in den Rück- und Seitenspiegel, um unser Leben und das anderer nicht zu gefährden. Dieser Blick in den Spiegel schenkt uns die Rück-Sicht. Nähmen wir nur immer so viel Rücksicht im Zusammenleben!
Wir nehmen unseren Spiegel und schauen hinein.
Manchmal, wenn ich sinnend in einen Spiegel schaue, frage ich mich: Bin ich das wirklich? – Wer bin ich eigentlich? – Sehe ich mich oft nur selbst? –
Unser Gott spricht zu uns: So, wie du bist, liebe ich dich. – Fühle ich mich geliebt? Liebe ich mich so unvollkommen, wie ich bin? – Wenn ich zu dieser Frage ja sagen kann, nehme ich dann auch unvollkommene Mitmenschen an, so wie sie sind? Wir suchen in unserem Spiegel jetzt jemanden, der/die neben oder hinter uns sitzt. Halten wir diese Person im Spiegel fest! – Mag ich sie/ihn? – Warum? – Warum nicht? – Sind es äußere Gründe, positiv oder negativ zu denken? Können es Vorurteile sein? – Könnte ich auf sie oder ihn Rücksicht nehmen?
Danke, legen wir den Spiegel auf die Bank.
Im Sommer wird es wieder heißen: Die Strände am Mittelmeer sind verschmutzt. Zugleich wird wieder festgestellt: Seit vorigem Jahr ist überhaupt nichts dagegen geschehen! Stellt sich dann heraus, daß der entstandene Schaden nicht länger verheimlicht werden kann, heißt es schließlich, alles sei halb so schlimm. Man kennt auch die Gründe: Es ist nicht unsere Schuld, nein, andere haben es verursacht, weil sie wieder einmal ohne Rücksicht ihre eigenen egoistischen Ziele durchsetzten. Nun reden alle davon, so etwas dürfe sich nicht wiederholen, um nach einiger Zeit festzustellen, daß sich auch dieses Mal wieder nichts geändert hat.
Was über die Verschmutzung der Strände am Mittelmeer gesagt wird, das alles

trifft auch zu auf die zunehmende geistige Verschmutzung unseres Denkens und Handelns, der Ausbreitung des Bösen, dem so viele Menschen tatenlos und hilflos zusehen.
Das Innere des Menschen wird beeinträchtigt, sogar zerstört, durch Rücksichtslosigkeiten, die sich in den unterschiedlichsten Formen der Gewalt, der Überheblichkeit, der Menschenverachtung, in Haß und Neid ausdrücken. Das alles ist auslaufendem Öl vergleichbar, das sich überallhin ausbreitet. Kaum jemand versucht, diese Gefahr zu verringern durch eigene Vorsicht oder bedachtes Reden. Das Meer und die Strände sind einer Ölpest hilflos und nahezu rettungslos ausgeliefert. Bei uns Menschen muß man allerdings fragen, ob wir uns tatsächlich nicht deutlicher wehren können gegen all das Böse, das uns zerstört. Jeder von uns hat vielfältige Möglichkeiten, dem Bösen Einhalt zu gebieten. (Nach Peter Haanen)
Ja, jeder von uns hat vielfältige Möglichkeiten, gegen die Ölpest außen und innen vorzugehen, wenn jeder im Kleinen anfängt. Jesus hat uns dabei die eben gehörte Goldene Regel an die Hand gegeben, die so ähnlich in allen Weltreligionen auftaucht, ja, bis in den Volksmund geläufig ist im Sprichwort „Was du nicht willst, daß man dir tu, das füg auch keinem andern zu!"
Wir nehmen unseren Spiegel noch einmal in die Hand. Wir können das folgende Sprechspiel mit den Augen verfolgen, aber an den entsprechenden Stellen ruhig selbst in unseren Spiegel schauen.

Sprechspiel
Gl.: Was erwarten wir von unseren Mitmenschen?
1. Spr.: Ich erwarte **Freundlichkeit!**
Eine/r: *(wandert mit dem großen Spiegel so an den Bankreihen vorbei, daß sich möglichst viele darin ansehen können, und sagt dazu:)*
Erwarten wir nicht alle Freundlichkeit?
2. Spr.: *(schaut dabei in den eigenen kleinen Spiegel)* Wie war das denn letzte Woche, als der Staubsaugervertreter bei mir zur Mittagszeit klingelte?

1. Spr.: Ich erwarte **Zeit!**
Eine/r: *(wie oben)* Erwarten wir nicht alle Zeit?
2. Spr.: *(in den eigenen Spiegel schauen)* Wie war das denn, als meine Nachbarin mir kürzlich ihr Leid klagen und von ihrer Einsamkeit erzählen wollte?

1. Spr.: Ich erwarte **Verständnis.**
Eine/r: *(wie oben)* Erwarten wir nicht alle Verständnis?
2. Spr.: *(wie oben)* Wie war es denn, als mein Kind mir von seinen Schwierigkeiten in der Schule erzählte?

1. Spr.: Ich erwarte **Toleranz.**
Eine/r: *(wie oben)* Erwarten wir nicht alle Toleranz?

2. Spr.: *(wie oben)* Wie war das denn, als meine Tochter sich die Haare grün färben wollte?
1. Spr.: Ich erwarte **Gerechtigkeit**.
Eine/r: *(wie oben)* Erwarten wir nicht alle Gerechtigkeit?
2. Spr.: *(wie oben)* Wie war es denn beim letzten Streit der Kinder, als ich sofort Partei für das jüngere Kind ergriff?
1. Spr.: Ich erwarte **Zuverlässigkeit**.
Eine/r: *(wie oben)* Erwarten wir nicht alle Verläßlichkeit?
2. Spr.: *(wie oben)* Wie war es denn, als ich den letzten Termin ohne wichtigen Grund versäumte und alle Kollegen auf mich warten mußten?
1. Spr.: Ich erwarte **Ehrlichkeit**.
Eine/r: *(wie oben)* Erwarten wir nicht alle Ehrlichkeit?
2. Spr.: *(wie oben)* Wie war das denn, als ich den Nachbarn fragte, wie es ihm gehe. Wollte ich die Antwort überhaupt hören?
Gl.: Wenn ich mitbekomme, wie ihr, Kinder und Jugendliche, zu Hause für eure eigenen Interessen kämpfen könnt, stundenlang, verbissen, bis ihr euch durchgesetzt habt – es gibt auch Erwachsene, die das können –, dann denke ich immer: Wenn sich jeder so intensiv auch für die Rechte anderer einsetzen würde, dann bräuchten wir keine Friedensorganisationen mehr, und Verträge wären überflüssig. Dann gäbe es überall weniger Überheblichkeit, Haß und Neid, Menschenverachtung und Gewalt in der Welt. Die Goldene Regel „Alles, was ihr von anderen erwartet, das tut ihnen!" angewandt, hieße, das Reich Gottes bricht augenblicklich an. So einfach wäre es!
Darum schauen wir zum Schluß noch einmal in den Spiegel und fragen uns: Was erwarte ich? *(Stille ca. 7 Sek.)* Und was tue ich anderen in dem Punkt, den ich erwarte? *(Wieder 7 Sek. Stille)*
Jetzt haben wir genau die Antwort auf die Frage, warum es in der Welt so ist, wie es ist.
Schauen wir auf das Kreuz hier vorne: Könnte *Er* uns nicht genug Mut und Ausdauer schenken, einen kleinen Schritt auf die anderen hin zu wagen, weil wir in seine Fußstapfen treten möchten?
(Frauengruppe der Pfarrei St. Pankratius/St. Gereon, D-50126 Bergheim. Dazu ein gleichnamiger ausformulierter Gottesdienst in „FaJu", September 98)

58. Das Band der Liebe

(Sechs ca. 7 cm lange Wollfäden in den Farben Gelb, Hellblau, Grün, Orange, Dunkelblau, Lila; ein etwas längerer roter Faden, mit dem alle Fäden zu einem Bündel zusammengeknotet werden, so daß die Enden lose herunterhängen und die einzelnen Farben herausgegriffen werden können.)

Erste Lesung: 1 Kor 13,4–8a.13: Aus dem Hohenlied der Liebe;
Zweite Lesung: Kol 3,12–17: Die Liebe ist das Band der Vollkommenheit;
Evangelium: Joh 15,9–17: Bleibt in meiner Liebe.

Nehmen Sie das Fadenbündel in die Hand, das uns helfen soll, die vollkommene Liebe aufzuschlüsseln, von der wir in der ersten Lesung hörten. Sie besteht aus vielen Eigenschaften, aus vielen „Fäden". Sind alle vorhanden und nicht durch Gewohnheit oder Versagen durchgescheuert, dann ist die Liebe stark und unerhört fest. Wir schauen uns die „Fäden" genauer an, die der Apostel Paulus im „Hohenlied der Liebe" genannt hat.

Wir nehmen zuerst den **gelben** Faden. „Die Liebe ist gütig" – wie ein Sonnenstrahl.
Ja, wenn uns ein Mensch gütig, freundlich entgegenkommt, fängt der Tag schon gut an. Ein Sprichwort umschreibt diese Erfahrung: „In einem gütigen, freundlichen Gruß oder Blick liegt Wärme für drei Winter!" Gütige und freundliche Menschen sind eine Wohltat für unsere Gemeinschaften.

Wir nehmen den **roten** Faden. Rot – Symbolfarbe für die Liebe. Paulus: „Die Liebe läßt sich nicht zum Zorn reizen. Die Liebe freut sich nicht über das Unrecht, sondern freut sich an der Wahrheit."
Daraus spricht eine Menge Fingerspitzengefühl, das die Liebe besitzt. Paulus schreibt weiter: „Sie erträgt alles!" Ob Wunden, ob Leid, ob mißbraucht oder enttäuscht: Sie erträgt alles. Das ist göttlich; für uns Menschen selten erreichbar. Aber so ist wirkliche Liebe!

Wir nehmen die **hellblaue** Farbe. Paulus: „Die Liebe ereifert sich nicht, sie prahlt nicht, sie bläht sich nicht auf. Sie handelt nicht ungehörig, sucht nicht ihren Vorteil."
Die Selbstdisziplin, die daraus spricht, könnte mit dem alten Wort „Demut" eingefangen werden: „Mut zum Dienen". Zurücktreten. Anderen den Vortritt lassen.

Wir fassen den **grünen** Faden. Grün, die Farbe der Hoffnung. Paulus: „Die Liebe hofft alles und hält allem stand."
Eine solche Hoffnung in der Liebe ist nicht unterzukriegen. Wiederum: wahrhaft göttlich!

Wir greifen den **orangefarbenen** Faden. „Die Liebe ist langmütig."
Liebe zeigt einen langen Mut. Wie oft gelänge die Liebe, wenn wir nur mehr Geduld aufbrächten!

Eine wichtige Farbe haben wir noch nicht herausgegriffen: **Dunkelblau**. „Die Liebe glaubt alles."
Wirkliche Liebe zeigt also grenzenloses Vertrauen. Wenn Gott *die* Liebe ist, dann zeigt sein grenzenloses Vertrauen in uns Menschen, welche göttlichen

Kräfte in uns lebendig werden, solange wir dieses Vertrauen weiterschenken. Und nur so ist das grenzenlose Vertrauen möglich: weil Gott dahintersteckt. Und aus diesem Vertrauen kann auch Treue wachsen – zum Partner und zu Gott.

Wir nehmen die letzte der sieben Farben: **Lila**. Die Farbe Violett als Farbe der Versöhnung, des Verzeihens, kennen wir auch von der Beichtstola.

Dazu folgende Begebenheit: Ein neugeweihter Priester machte sich sehr viele Gedanken um seine erste Hochzeitspredigt. Bis ihm eine alte Frau auf einem Spaziergang begegnete und ihm riet: „Sagen Sie den beiden doch, sie sollen einander immer wieder verzeihen." – Paulus schreibt: „Die Liebe trägt das Böse nicht nach!"

All diese Eigenschaften, alle sieben Wollfäden zusammen, werden zum Band der Liebe, das eigentlich nicht zu zerreißen ist. Darum ist die Liebe unbesiegbar und der Maßstab Gottes. So hieß es in der zweiten Lesung aus dem Kolosserbrief: „Die Liebe (das rote Band) ist das Band der Vollkommenheit, das alles zusammenhält."

Jesus greift diese Liebe auch in seinen Abschiedsreden vor den Jüngern auf: „Ihr seid meine Freunde, in dem Maße ihr das tut, was ich euch auftrage: Bleibt in meiner Liebe!" Und: „Liebt einander!"

Darum ist die Liebe das A und O unseres Christseins.

Schließen möchte ich daher mit einer kurzen Begebenheit, die uns vom Lieblingsjünger Jesu, von Johannes, überliefert ist:

Er lebte bis in sein hohes Alter hinein als Bischof in der Stadt Ephesus. Schließlich konnte er nur noch mühsam, auf die Arme seiner Helfer gestützt, zu den Versammlungen der Christen gebracht werden. Auch konnte er nur noch kurze Zeit zur Gemeinde sprechen, dann verließen ihn die Kräfte. Aber einen Satz sagte er bei allen Zusammenkünften: „Kinder, liebt einander!" Das machte seine Schüler schließlich unwillig, und sie fragten ihn, warum er denn immer nur diesen einen Satz wiederhole. Johannes antwortete: „Weil es das Gebot des Herrn ist, und wenn dies allein geschieht, ist es genug."

Vielleicht legen wir dieses Band der Liebe eine Zeitlang auf unseren Schreibtisch, um uns zu erinnern: Die sieben Farben, die dieses Bündel zeigt, sind die Farben des Regenbogens, des Symbols dafür, daß wir Menschen im Bunde mit Gott stehen. Wir Menschen sind in der Lage, göttliche Kräfte in uns fließen zu lassen im Glauben, in der Hoffnung und in der Liebe. Die Liebe ist darunter am größten.

(Nach einer Idee von Iris Werle, in Doris Oehlenschläger [Hg.], Andachten zum Selberstricken, Brunnen Verlag, Gießen ^{5}1996, S. 27f)

59. Im Geiste der Bergpredigt
(Ein großes Malteserkreuz und acht Schilder wie unten angegeben)

Lesungen: Mt 5,3–12: Die acht Seligkeiten; Mt 25,31–40: Ich war krank und fremd ...

Dieses Kreuz mit seinen acht Spitzen[*] ist das Wappen der Johanniter- und Malteser-Hilfsdienste. In Fahrzeugen mit diesem Zeichen fahren heute Notärzte zum Unfallort, werden Kranke und Behinderte zum Krankenhaus oder zur Schule gebracht. Praktizierte Nächstenliebe wollte Kaufmann Gerardus aus Amalfi (Hafenstadt südlich von Neapel), als er in der Mitte des elften Jahrhunderts das Pilgerhospital in Jerusalem neu organisierte und unter den Schutz Johannes' des Täufers stellte: Von daher also der Name der *Johanniter*-Unfallhilfe.

Die acht Spitzen des Kreuzes weisen auf die acht Seligkeiten aus der Bergpredigt Jesu, dem Herzstück des Evangeliums: Im Geiste der Bergpredigt sollen die Mitglieder ihren Dienst an den Menschen verrichten. Betrachten wir diese zentralen Sätze genauer (im folgenden immer nur „angetippt"):
1. „Selig, die arm sind vor Gott, denn ihnen gehört das Himmelreich!"
(Schild „sich arm vor Gott wissen" an eine Ecke des Malteserkreuzes anheften)
Es sind also nicht allein die Armen gemeint, denen ich genauso dienen soll wie den Reichen, wenn sie in Not sind; ich muß auch als Helfer oder Helferin der Menschen wissen, daß ich selbst „arm bin vor Gott" und auf seine Barmherzigkeit angewiesen bin. Als einer, der sich beschenkt weiß, kann ich noch mehr von Herzen und spürbarer teilen.
2. „Selig die Trauernden, denn sie werden getröstet werden!"
(Schild „trösten" an einer anderen Ecke des Kreuzes befestigen)
Sicherlich gehört es zu den schwierigsten Aufgaben, Angehörige nach einem schweren Unfall mit Einfühlungsvermögen zu benachrichtigen; sie vielleicht auch später noch einmal aufzusuchen, wenn sie nicht mehr unter Schock stehen.

---

[*] Die Mitglieder des Ordens stammten aus ganz Europa, und die acht Spitzen des Kreuzes sind auch ein Sinnbild für die damaligen acht verschiedenen „Landsmannschaften" oder „Zungen": Provence, Auvergne, Paris mit Nordostfrankreich, Italien, Aragonien (mit Katalonien und Navarra), Kastilien und Portugal, Deutschland (mit Böhmen und Österreich) und England.
Die vier Grundbalken des Kreuzes symbolisieren die Tugenden der Tapferkeit, der Gerechtigkeit, der Weisheit und der Mäßigung.
Nach der Vertreibung des Ordens aus dem Heiligen Land (1291) und auch von seinem anschließenden Sitz auf Rhodos (1522) ließ er sich auf Malta nieder; daher der Name *Malteser*. In Abgrenzung zum katholischen Malteserorden bezeichnet sich seit der Reformation der evangelische Zweig weiterhin als Johanniterorden.

3. „Selig, die keine Gewalt anwenden, denn sie werden das Land erben!"
   (Schild „gewaltlos leben" anheften)
   Leichter ist es, seiner Wut nachzugeben, zuzuschlagen und Rache zu üben, als sich mit dem anderen so lange auseinanderzusetzen, bis das Problem langsam „entknotet" wird.
4. „Selig, die hungern und dürsten nach der Gerechtigkeit, denn sie werden satt werden!"
   (Schild „gerecht sein" anheften)
   Die Bibel ist ein Buch, das auf vielen Seiten für Frieden und Gerechtigkeit eintritt. Dafür haben sich besonders die Propheten eingesetzt und sich die Zunge verbrannt.
   Bürgerkriege und Revolutionen sind oft genug nur deshalb entbrannt, weil die sozialen Ungerechtigkeiten zum Himmel schrien; siehe Nordirland, Libanon ...
5. „Selig die Barmherzigen, denn sie werden Erbarmen finden!"
   (Schild „barmherzig sein" anheften)
   Wie gehe ich zum Beispiel mit einem Behinderten um, den die Lebensumstände so sehr benachteiligen?
6. „Selig, die ein reines Herz haben, denn sie werden Gott schauen!"
   (Schild „ein reines Herz haben" anheften)
   Menschen, die ohne Falsch zunächst einmal Gutes voraussetzen, sind eine Wohltat. – Diese Seligpreisung berührt sicher auch Witze unter der Gürtellinie. Gedanken, die nur die äußeren Körperformen taxieren, aber der eigentlichen Person nicht gerecht werden. Nur die mit reinem Herzen werden fähig sein, das „Aller-Heiligste" anzuschauen!
7. „Selig, die Frieden stiften, denn sie werden Söhne und Töchter Gottes genannt werden!"
   (Schild „Frieden stiften" anheften)
   Zur Friedensdemo fahren, aber zu Hause Krach haben? Der Frieden in der Welt fängt bei mir an: in meinem Herzen und in meinen Gedanken, Worten und Taten.
8. „Selig, die um der Gerechtigkeit willen verfolgt werden, denn ihnen gehört das Himmelreich!"
   (Schild anheften „Jesus bekennen")
   Würden die erwachsenen Christen da, wo es angebracht ist, mehr Rückgrat zeigen und sich weniger vor dem Zeitgeist verbeugen, hätten auch unsere Jugendlichen mehr Orientierung.

Im Geiste der Bergpredigt leben! Das bedeutet oft, wie Johannes der Täufer es formuliert: *„Er muß zunehmen, ich muß abnehmen!"*
Brauchen wir eigentlich Johanniter und Malteser? Es gibt doch schon genügend Organisationen, die helfen! Gefragt sind aber auch *christliche* Männer und Frauen, die in den Kranken und Hilfsbedürftigen Gott selbst begegnen und so ihren Dienst auch zum Gottesdienst machen.

Wir müssen nicht unbedingt dem Malteser- oder Johanniter-Hilfsdienst beitreten, aber unsere Welt braucht das Zeugnis der Bergpredigt mehr denn je.
(Nach Ideen bei Roland Breitenbach, Das Evangelium von Fall zu Fall, Echter Verlag, Würzburg 1988, S. 74–77)

60. Auf die Blüte des Kaktus schauen
(Kaktus, an dem eine – künstliche? – Blüte zu sehen ist)

Vorbereitung: Eine Blüte zum Ausmalen.

Lesungen: 2 Sam 12,7–10.13: Gott vergibt König David die Sünde des Ehebruchs; Lk 7,36–50: Der Sünderin wird viel vergeben, weil sie Jesus viel Liebe gezeigt hat.

Ein Schweizer Pfarrer erzählt: „Auch zu mir kam so eine verzweifelte Frau. Ich ging nicht weiter auf ihre Selbstanklagen ein. Ich fragte unvermittelt: ‚Mögen Sie sich denn selber noch?' Da brach es aus ihr heraus: ‚Nein, ich verabscheue mich und meinen Körper!' – Ich holte einen Handspiegel und hielt ihn ihr vors Gesicht. ‚Nehmen Sie den Spiegel weg, ich kann mein Gesicht nicht ertragen!' Ich hielt ihn weiter hin und forderte sie auf: ‚Sehen Sie nicht, was Sie für schöne Augen haben?' Da hob sie langsam den Blick und schaute sich zum ersten Mal nach langer Zeit bewußt an." Und der Pfarrer schloß mit den Worten: „Das war der erste Schritt zu ihrer Rettung!"

Liebe Christen, jung und alt! *(Gl. bekommt einen Kaktus angereicht: nur seine stachelige Seite ist zu sehen)* Es ist wie mit diesem Kaktus. Die Frau sah nur noch die Stacheln, ihre Fehler, ihre Schuld. Aber jetzt *(hier wird der Kaktus so weit gedreht, daß die Blüte an ihm sichtbar wird)* entdeckte sie an sich wieder eine Blüte. Denn kein Kaktus hat die Stacheln so dicht, daß nicht Platz bliebe für eine Blüte! Das kann die Rettung vor der Verzweiflung für jeden Menschen bedeuten.

Ihr Kinder (hier vorne), habt sicher immer mal wieder gehört: „Das hast du aber toll gemacht! Da hast du dir wirklich Mühe gegeben! Hier liegt dein Talent!" Dabei habt ihr erfahren: Ja, *das* kann ich besonders gut. So lernt ihr, euch selbst zu vertrauen und *(Gl. zeigt auf die Blüte)* eure Blüten zu entdecken. Fangt jetzt bitte an, die Blütenvorlage, die ihr bekommen habt, bunt auszumalen. Vielleicht schreibt ihr mitten hinein, was ihr besonders gut könnt. Nachher heften wir die Blüten um die stacheligen Kakteen vor dem Altar.

Manchmal ist der einzige Weg zur Rettung vor der Verzweiflung, zwischen all den Stacheln unseres Lebens die Blüten in den Blick zu bekommen. Hätte die Sünderin Jesus nicht vertraut, wäre sie nicht glücklich geworden. Die einzige Blüte, die ihr noch blieb, war das Vertrauen auf Jesus.
Wenn Sie so wollen, ist das unsere Vor-„Leistung" – Leistung natürlich in Anführungsstrichen: Ich mag mich irgendwo noch selbst. Ich habe noch Vertrauen zu mir und zu Gott.
Dann kann auch eine Kranke sagen, der nur noch 30% Bewegungsfähigkeit geblieben ist: „Aus diesen 30% mache ich noch was!" Und ein Alkoholiker mag noch so viele Entziehungskuren machen, sie bringen nur was, wenn er *bei sich* noch eine Blüte *(Gl. zeigt wieder auf die Blüte)* entdeckt und sagt: *„Ich bin es mir noch wert! Ich will!"*
Jeder Mensch hat im Kern so viel Liebe empfangen oder erfahren, daß in ihm eine Wurzel des Guten geblieben ist. Das gilt auch für die, die von unserer Gesellschaft gerne als sogenannte Verbrecher abgestempelt werden; auch, wenn ich auf den *ersten Blick* von erfahrener Liebe nicht viel sehe; auch wenn die Umwelt durch ihr Verhalten eine Menge Stacheln wachsen ließ. Es kann doch aus dieser Wurzel des Guten wieder eine Blüte treiben. Vielleicht bekommt sie nur ein Tier zu spüren oder eine Pflanze.
Jedenfalls die Frau im Evangelium hat sich aufgemacht – voller Sehnsucht, ganz angenommen zu werden. Der erste Schritt zu ihrer Heilung war getan. Im Evangelium heißt es: Sie tritt scheu von hinten an Jesus heran. Sie spürt die verächtlichen Blicke der anderen. Das verunsichert sie. In dieser beklemmenden Situation holt ihre Vergangenheit sie wieder ein: Sie bricht in Tränen aus. Sie gießt das Salböl hilflos über Jesu Füße, das doch für seine Haare gedacht war: Und bei alldem bleibt sie stumm. Wäre sie jetzt von Jesus abgewiesen worden, dann hätten die Stacheln des Simon und der anderen Gäste ihre Hoffnung zerstochen. Aber Jesus ergreift das Wort für sie. Seine Liebe strahlt aus wie eine Umarmung, in der sie sich geborgen weiß. Er, der Barmherzige, zeigt „Herz", wie wir eben in der alttestamentlichen Lesung gehört haben: Gott zeigte selbst Herz für den ehebrecherischen König David. Jesus schaut also auf die Blüte in dieser Frau. Alle anderen sehen aufgrund ihrer Vorurteile nur ihre Fehler. Jesus aber sagt: „Sie hat mir viel Liebe gezeigt, darum ist ihr viel Schuld vergeben!" –
Ich bin schon oft Menschen begegnet, die – vorschnell und pharisäerhaft – als Sünder eingestuft wurden, von denen jedoch ungeheuer viel Liebe ausging. Laßt uns darum bei Jesus in die Schule gehen – ob uns nun der Partner „spitz" kommt oder ein schwieriger Erwachsener oder Jugendlicher: Wir ändern niemanden, wenn wir ihm nur seine Fehler vorhalten! Statt dessen sollten wir wie Jesus Ausschau halten nach der Blüte! Jesus verzieh sogar dem Mörder am Kreuz, weil der ihm vertraute!
Darum möchte ich mich in einer oft stacheligen Welt wieder auf die Suche machen nach Positivem – ohne Vorurteile. Denn ahnen wir, mit wieviel Stacheln wir anderen das Leben schwermachen? Ich möchte nach Blüten Ausschau

halten – bei anderen und bei mir. Es wäre schön, wenn wir sie auch einander zeigten! *(Gl. hält die Blüte den Zuhörerinnen und Zuhörern entgegen und stellt sie dann gut sichtbar hin)*
(Familienmeßkreis St. Pankratius, Bergheim-Paffendorf; Predigt aus der Fernsehmesse, die das ZDF am 18.6.1995 aus der Paffendorfer Kirche übertrug. Der gleichnamige ausformulierte Gottesdienst steht in „FaJu" Juni 98.)

61. Obdachlos
(Am/Im Eingang liegt ein „Penner")

Vorbemerkungen:
1. An den Seitenportalen der Kirche steht: „Bitte den Haupteingang benutzen". Der „Anschauungsunterricht" vor dem oder im Eingang löste Betroffenheit aus, die über den ganzen Gottesdienst anhielt.
2. Der Ausdruck „Penner" ist eigentlich ein Schimpfwort, aber die „offiziellen" Bezeichnungen „Berber" und „Berberin" sind wenig geläufig. Vielleicht einigen Sie sich auf ein anderes Wort.
3. Der „Penner" steht als „Synonym" – natürlich ist er kein „Gegenstand" – für alle, die eigentlich heimatlos sind und uns lästig erscheinen.

Lesungen: Mt 9,9–13: Jesus kam als Arzt für die Kranken; Mt 25,31–40: Was ihr einem dieser geringsten Brüder und Schwestern getan habt ...
Aus „Kurzg. 4" eignen sich Nr. 225: Der Alkoholiker im Gericht Gottes, und ebd. Nr. 224: Wie ein Dieb ins Paradies gelangt.

Hand aufs Herz: Wie haben Sie innerlich oder äußerlich reagiert, als Sie an dem „Penner" vorbeikamen?
(Jetzt vorbereitete Zwischenrufe aus allen Teilen der Kirche im Abstand von 3 – 4 Sekunden:)
– Was will der „Penner" hier?
– Der soll doch lieber arbeiten gehn!
– Wer arbeiten will, bekommt auch Arbeit!
– Der lebt von unseren Steuergeldern!
– Der kann doch hier nicht liegenbleiben!
– „Penner" in der Kirche – wo gibt's denn so was!!!
Deckt sich das mit Ihrer Meinung? (Achtung, hier entwickelt sich eventuell ein Zwiegespräch mit einem/r GottesdienstteilnehmerIn!). Übrigens mochte kaum jemand die Rolle des „Penners" übernehmen. Offensichtlich will sich niemand mit ihm identifizieren.
Ich selbst bin auch sehr unsicher im Umgang mit diesen Personen: An meine Haustür kommen mehr als an Ihre – zu den ungelegensten Zeiten. Wir haben folgende Erfahrung gemacht: Geben wir jedem einen kleinen Geldbetrag, sind wir sie am schnellsten los. Bei Übernachtungen in der Teestube unserer Gemeinde haben wir nicht immer positive Erfahrungen gemacht. Und auch die erzählten Lebensgeschichten, denen sich Geldspenden anschließen sollen, sind

häufig mit Vorsicht zu genießen. Was steckt dahinter? Ich bin kein Streetworker oder eine Mutter Teresa. Wie also sich verhalten?

1. *Vorurteile ablegen*

   Immer wieder können wir Zahlen lesen, daß ca. 60–65% der sozial Schwachen nicht aus eigener Schuld in diese Situation geraten sind. (Das Wort „asozial" nicht verwenden, weil es eine andere Bedeutung hat; es meint: gemeinschaftsschädigend, gemeinschaftsfremd.) Aus den Reihen dieser sozial Schwachen stammen denn auch oft die „Tippelbrüder" und -schwestern, die immer zahlreicher werden; es sind über eine Million in Deutschland!
   Wir, die wir bis über die Ohren versichert sind, können uns doch relativ leicht vorstellen, wie der Weg aus der rundum abgesicherten Familie in den Abgrund führen kann: Arbeitslosigkeit, Alkoholismus, Scheidung, Schulden ... Dann der Teufelskreis: Arbeiten darf, wer eine Wohnung vorweisen kann; aber womit die teure Wohnung bezahlen, wenn ich keine Arbeit habe ...? Darum müssen wir die Vorurteile ablegen.
   Ich schildere Ihnen ein fast zehnminütiges Gespräch mit einem Obdachlosen aus unserer Umgebung, der nie am Pfarrhaus schellen würde, um zu betteln. Es war kurz nach Neujahr. Der Obdachlose brachte die Sätze nur stockend und unter Tränen hervor; Tränen, die sich schnell mit dem Schmutz auf seinem Gesicht vermischten. Er sagte: „Herr Pfarrer, Jesus war wirklich einer von uns ... Das war wirklich seine größte Liebe zu sagen: ‚Ich bin bei euch alle Tage bis ans Ende der Zeit.' Ich vergesse nie, was der evangelische Pfarrer mir als Lebensspruch mit auf den Weg gegeben hat: Er legte mir bei der Konfirmation die Hände auf und sagte: ‚Jesus Christus ist derselbe gestern, heute und in Ewigkeit.' Wenn die anderen, mit denen ich mich treffe, über alles Religiöse nur lästern und abfällig reden, dann verbitte ich mir das und sage: ‚Ich habe länger darüber nachgedacht als ihr. Redet nicht so!'" – Hätten Sie solche Aussagen bei einem sogenannten Penner vermutet? Darum: Vorsicht mit Vorurteilen!

2. *Freundlich behandeln*

   Wenn uns sogenannte „Penner" begegnen, ab und zu sind es auch Frauen, dann muß uns klar sein: Das sind Menschen wie wir. Sie haben Gefühle wie wir. Sie suchen genauso Anerkennung wie wir. Deshalb meine ich: Achten wir ihre Würde. Ob Sie ihnen etwas in die Hand geben, müssen Sie selbst entscheiden. Aber wir können etwas tun, was nichts kostet: Wir dürfen sie nicht wie Luft behandeln oder so, als wären sie unerwünscht. Positiv gesagt: Wir müssen sie freundlich grüßen. Vielleicht sogar einige Sätze mit ihnen reden. Das darf ich doch besonders von Christen erwarten, denn wir haben es im Evangelium gehört: Jesus aß und trank auch mit den Außenseitern und „schwarzen Schafen".
   Vielleicht gehen wir in Indien in die Schule: Dort verneigt sich derjenige vor dem Bettler, der ihm etwas schenkt; der ihm etwas geben *darf*. Das hat

sicherlich religiöse Hintergründe. Welches Denken! Und vergessen wir nicht das Wort Jesu: „Was ihr einem dieser geringsten Brüder und Schwestern tut, das tut ihr mir!" (nach Mt 25,40)? Also: Achten wir ihre Menschenwürde und begegnen ihnen freundlich!

3. *Helfen, wo es sinnvoll und möglich ist*
Manchmal ist es auch nicht schwer zu helfen. Ich schildere kurz die Aktion „Düsseldorfer Tafel", die es so ähnlich auch hier und da in anderen Städten gibt: Frauen fahren – wieder einmal Frauen! – am Großmarkt vorbei und an den Konditoreien, um „Gutes von gestern" einzusammeln: nicht mehr so ganz frisches Brot, angestoßene Äpfel, Bananen, Kiwis – alles, was sonst in den Müll wandert oder bei Tieren landet. Dann fahren sie an den Brücken vorbei oder an den Sammelplätzen der Obdachlosen und verteilen es. Die Obdachlosen kommen ihnen freundlich entgegen; sie genießen diese Begegnungen und Gespräche. – Beschenken darf nicht beschämen; die Art und Weise des Schenkens will also bedacht sein.

Also – bei aller Unsicherheit im Umgang mit Obdachlosen – möchte ich folgendes anraten: Wir sollten unsere Vorurteile ablegen, diesen Menschen freundlich begegnen und – wenn es geht – gezielt helfen, damit sie sich als Mitmenschen anerkannt fühlen.

(Dazu ein gleichnamiger ausformulierter Gottesdienst in „FaJu" Juni 99)

62. Ihr seid ein Brief Christi

(Für jeden einen Briefumschlag, auf dem geschrieben steht: „Ihr seid ein Brief Christi!" [2 Kor 3,3], darin eine Karte mit der Aufschrift: „Ihr seid von Gott geliebt" [Kol 3,12] oder „Ich habe dich in meine Hand geschrieben" [Jes 49,16] oder „Ich bin bei euch alle Tage!" [Mt 28,20])

Vorbemerkung: Noch nicht in den offenen Briefumschlag hineinschauen!

Lesungen: 2 Kor 3,1–6b: Ihr seid ein Brief Christi; Mt 9,35–10,8: Er sandte sie durch Städte und Dörfer; Mt 28,16–20: Missionsbefehl.

1. Jesus ist für uns wie ein Brief von Gott, ein „Wort" von Gott. In der Bibel haben wir den ganzen Brief vor Augen.
2. Jesus sandte seine Jünger aus, das Wort Gottes weiterzugeben; sie waren Boten seiner Frohbotschaft. Nicht zufällig enthalten die 27 Schriften des Neuen Testamentes 21 Briefe. Auch der Name A*post*el verrät etwas von den Post-Boten. (Ebenso lebten die Heiligen die Frohbotschaft überzeugend vor.) Paulus schrieb im 2. Korintherbrief: „Ihr seid ein Brief Christi" (2 Kor 3,3), aber nicht auf Papier geschrieben, das zerknüllt werden kann, sondern ins Herz: Es muß uns Herzenssache sein, wenn diese Botschaft ausstrahlen soll.

Welche Botschaft trage ich weiter? Wir öffnen jetzt die Briefe und lesen die

Botschaft – zuerst jeder für sich: Ich bin von Gott geliebt! Und dann: Ihr alle seid von Gott geliebt! (Oder Entsprechendes einsetzen, s.o. unter der Überschrift.)
3. Wir tauschen die Briefe aus: Alle Menschen, weil Kinder Gottes, besonders aber die Getauften, sind Empfehlungsschreiben Gottes. Verweigere ich die Annahme, oder lege ich die „Briefe" und Botschaften der Mitmenschen ungelesen beiseite?
4. Ich bin vielleicht an mancher Stelle die einzige Bibel, die draußen noch gelesen wird. Bin ich in meinem Christsein eine Empfehlung?

(Dazu eine Bußfeier für Kinder in meinem Buch „Umkehr. 25 Bußfeiern mit Gegenständen aus dem Alltag. 11 für Kinder, 3 für Jugendliche, 11 für Erwachsene", Nr. 7)

63. Taufe – mehr als ein Tropfen auf den heißen Stein
(Ein Glastropfen)

Lesungen: Gen 1,1–10: Der Geist Gottes schwebte über den Wassern; Ex 14,10–15.21–23.26f.29: Durchzug durchs Rote Meer; Mt 14,22–33: Jesus rettet vor dem Versinken; Mt 28,16–20: Taufbefehl.
„Kurzg. 4", Nr. 190: Wasser lehrt das rechte Leben (verkürzt in Band 1, Nr. 127).

Diesen Wassertropfen aus Glas möchte ich Ihnen, liebe Eltern, zur Erinnerung an die Taufe Ihres Kindes schenken. Vielleicht hängen Sie ihn, geschmückt mit einem Band, gut sichtbar am Fenster zwischen den Blumen auf. Und wenn Ihr Blick darauf fällt, dann mögen Sie sich wenigstens an *einen* der folgenden fünf Gedanken erinnern.
– Ohne Wasser gibt es kein Leben; so wuchs dieses Kind geschützt in der Fruchtblase der Mutter auf: Wasser als Bedingung allen Lebens.
– An die Tränen und Sorgen, die auf Sie warten, wenn Sie Ihr Kind mitfühlend begleiten; es gibt aber auch immer wieder Freudentränen.
– An die vielen Aufgaben und Mühen um Ihr Kind: Sie dürfen sie aber nicht wie Tropfen auf den heißen Stein gegenüber den negativen Umwelteinflüssen sehen, sondern als stete Tropfen, die den Stein höhlen können.
– An die Tropfen im Wasser der Taufe, die Ihr Kind ganz eng mit Jesus verbindet. Um es in der Sprache des Wassers zu sagen: Jetzt kann Ihr Kind wie ein kleiner Fisch hinter dem großen Fisch Jesus Christus herschwimmen, der im Meer des Lebens den Weg zum Vater kennt.
(*Eventuell dazu:* an die Befreiung der Israeliten aus der ägyptischen Gefangenschaft: Das Rote Meer ließ die Ägypter versinken, die Israeliten aber rettete es und schenkte ihnen neues Leben – wie wir als Menschen einmal hineingetaucht werden in den Tod, aber durch Jesus in die Auferstehung gerettet werden.)

- An den Tropfen Wasser, den der Priester bei der Gabenbereitung der hl. Messe in den Kelch mit Wein gleiten läßt. Dieser Tropfen sind wir: Wir können unsere kleine menschliche Kraft und Liebe mit der großen Kraft und Liebe Gottes in Jesus Christus (= der Wein) verbinden.

So möchte uns die Taufe sagen: Sie ist mehr als ein Tropfen auf den heißen Stein, weil Jesus jetzt an der Seite des Kindes steht.
(Weitgehend nach Felicitas Hestermann in „FaJu" Juli 94, „Taufe – mehr als ein Tropfen auf den heißen Stein")

64. Der Ring der Treue (Ehe)
(Ein Ehering; eventuell für jeden einen Ring aus Metall oder Plastik)

Lesungen: Gen 2,18–25: Darum bindet sich der Mann an die Frau; Mt 19,3–6: Was Gott verbunden hat, darf der Mensch nicht trennen; Joh 15,9–12: Bleibt in meiner Liebe.

Diesen Ehering meiner Mutter, den sie bis zum Tode getragen hat, hebe ich gut auf; er hat einen Ehrenplatz in meinem Arbeitszimmer. Er ist aus echtem Gold, aber ich käme nie auf die Idee, ihn um des Goldes willen einschmelzen zu lassen. Er bedeutet mir so viel mehr als ein Tausendmarkschein: Dieser Ring erinnert mich an die Treue meiner Eltern. Und aus dieser Geborgenheit zwischen Vater und Mutter durften wir Kinder unseren Weg ins Leben gehen. An diesem Ring prallten Krieg, Nachkriegsnot, Krankheit und Krisen ab. Durch ihn empfingen wir Kinder die Voraussetzung für die eigene Bindung an einen anderen Menschen oder die Treue zu den wichtigen Jas im Leben, die wir sprechen.
Viele Volkslieder singen von vergessener Treue und verratener Liebe, von verlorenen und zerbrochenen Ringen. Dennoch werden auch heute Ringe getauscht und angesteckt. Zeichen der Hoffnung gegen alle niederdrückende Statistik in einer Zeit, in der viele unfähig zur Treue sind und manchmal auch unwillig.
Einen Ring am Finger zu tragen war schon bei den Römern gesetzlich geschütztes Recht und eine Ehre, nämlich Abzeichen des freien Mannes. Er war auch Zeichen der Verfügungsgewalt und Macht. Von solcher Art war der Ring, den der ägyptische Pharao dem verschleppten Joseph übergab, oder der Ring, den der Vater dem verlorenen Sohn bei dessen Heimkehr an den Finger steckte, d.h. dieser wurde wieder Mitbesitzer des Hofes und erhielt die Vollmacht, Verträge abzuschließen und diese mit dem Ring zu besiegeln (die „volle Procura"). Man trug den Ring am sogenannten Ringfinger der rechten Hand (bei anderen Völkern auch an der linken; dem sogenannten „Herzensfinger"; man glaubte nämlich, er sei durch eine Ader direkt mit dem Herzen verbunden).
Während Ringe an den Ohren, an den Händen oder eventuell an der Nase als Schmuck getragen werden, bedeutet der Ehering das Zeichen der Treue – wie es

beim Segensgebet über die Ringe heißt: „Wie der Ring den Finger ganz umschließt, so umschließt das Band der Treue jene beiden, welche diese Ringe tragen ..." Der Ring ist ein Kreis ohne Anfang und Ende und signalisiert damit das „Ewig" im schnellen Wechsel von Gefühl und Zeit, „bis der Tod uns scheidet". Diese Treue meint also zunächst ewige Bindung. Trägt eine Witwe oder ein Witwer den Ring auch nach dem Tod des Partners oder der Partnerin, zeigt das, daß ihre/seine Liebe über den Tod hinaus in die Ewigkeit reichen soll; denn das Versprechen der Treue bis in den Tod haben sie ja bereits erfüllt. Des weiteren zeigt der Ring an: In dieses Band von Gold schließen wir unsere Liebe ein – ohne „Seitensprünge".

Das Geheimnis des Ringes greift in das Geheimnis des dreifaltigen Gottes hinein: Drei ineinander verwobene Ringe versinnbildlichen es. Das deutet an, was die Stola, um die Hände von Braut und Bräutigam gelegt, sagen will: „In guten und in bösen Tagen ist dieser Gott euch nahe. Er jedenfalls steht in Treue zu euch. Euer gemeinsamer Weg kann leichter gelingen, wenn ihr euch in diese Treue Gottes hineinbegebt."

Manche mögen es belächeln oder als altmodisch abtun, wenn zwei Partner sich bereits zur Verlobung Ringe anstecken. Aber damit möchten sie erklären: „Wir sind entschlossen, demnächst zu heiraten. Jetzt ist unsere Beziehung für uns beide nicht mehr unverbindlich. Wir reden jetzt anders miteinander. Konflikte packen wir ernsthafter an. Wir sparen jetzt gemeinsam. Und unsere beiden Familien sind uns wichtig geworden. Außerdem sollen es alle wissen: Wir sind nicht mehr zu haben." (Nach Bernhard Liss). Klare Verhältnisse! Ist das altmodisch?

(Gl. legt den Ring auf den Altar)
(Angeregt durch „Das Zeichen", Ausgabe 6/95)

65. Die Ehe – wie ein Tandem (Ehe / Ehejubiläum)
(Ein Tandem = ein Fahrrad für zwei Personen)

Lesungen: Koh 4,9–12: Zwei sind besser dran als einer allein; 1 Kor 13,4–8a: Die Liebe hält allem stand; Mt 20,25–28: Dienen und nicht herrschen; Joh 15,1–5: Bleibt mit mir verbunden.

Hinweis: Bei einem Jubiläum wird alles in der Vergangenheit beschrieben.

1. Die Leute bleiben stehen und sehen interessiert hin, wenn ihnen ein Tandem begegnet: Zwei fahren im gleichen Rhythmus, gemeinsam macht es mehr Spaß, und wenn auch einer vorn sitzen muß, um das Ganze zu lenken, die zwei entfernen sich nicht voneinander.
Das wünschen wir auch für euer Miteinander: Freude an der gemeinsamen Fahrt. Überwindet dabei gemeinsam Berg und Tal, Höhen und Tiefen! Das

versprecht ihr gleich – für immer. Und Gott, der mit euch sein will, spricht: Ich bin bei euch – in guten und in bösen Tagen.

Die Ehe ist wie ein Tandem: Gemeinsame Freude ist doppelte Freude, gemeinsames Leid ist geteiltes Leid.

2. Manchmal wird einem von euch die Puste ausgehen. Dann darf der andere sagen: „Du, fahr bitte langsamer!" Oder der Stärkere strengt sich doppelt an und läßt den anderen ein Stückchen „mitfahren". So kommen beide vorwärts, bis beide wieder in die Pedale treten.

So ist auch die Ehe wie ein Tandem: Der/die Stärkere nimmt den Schwächeren ein Stück mit, wenn Krankheit oder Prüfungen ... die Kräfte binden.

3. Schlimm und ärgerlich wird es, wenn einer bewußt die Bremse zieht oder mit Worten für eine schlechte Atmosphäre sorgt, so daß der andere die Lust verliert, weiterzutrampeln. Dann hilft nur ein Gespräch, Zeit füreinander und die zur Versöhnung ausgestreckte Hand, die aber nicht immer nur von derselben Seite kommen darf.

Ehe ist wie ein Tandem, auf dem Blockaden zu vermeiden sind und man das verzeihende Wort kennt.

4. Schön wird es immer bei einer Rast, beim Essen und Trinken, bei Begegnungen mit anderen. Dann kann mit neuem Elan und neuer Kraft weitergeradelt werden.

So brauchen auch Eheleute Pausen und Begegnungen, in denen sie „auftanken", damit ihre Beziehung nicht „müde" wird. Eine „Tankstelle" können auch dieser Ort, unsere Gemeinschaft hier, vor der Sie gleich das Ja zueinander sprechen, und der gemeinsame Gottesdienst sein, um *den* bewußter zu erfahren, der Dritter im Bund der Ehe sein will.

Die Ehe ist wie ein Tandem, das an gemeinsamen „Raststätten" auftankt.

5. Vier Augen sehen besser als zwei. Wenn die Landschaft beim Fahren vorbeifliegt, können der Austausch von Erfahrungen und die unterschiedlichen Sehweisen das Miteinander befruchten. Das lebendige Gespräch miteinander, auch über kleine Beobachtungen, bereichert die gemeinsame Fahrt. Die Begegnung der Herzen, auch das Gespräch mit Gott, läßt neue Quellen sprudeln.

Die Ehe ist wie ein Tandem, das im Austausch miteinander die gemeinsame Fahrt zum Erlebnis macht.

So wünschen wir euch: Kommt gut auf eurer Fahrt voran! Eure Kräfte mögen über Berg und Tal reichen! Verliert *den* nicht aus den Augen, zu dem hin wir unterwegs sind.

(Vielleicht dem Brautpaar zum Andenken ein Bündel Speichen überreichen: Gemeinsam seid ihr stark genug, von *dem* gehalten, der mit unterwegs ist: Jesus Christus – wie das auch in der Stola um ihre beiden ineinander gelegten Hände versinnbildlicht wird.)

(Nach Karlheinz Buhleier, Die Ehe ist ein Tandem, in: Die Liebe feiern, Matthias-Grünewald-Verlag, Mainz 1996, S. 48–50)

66. In guten und bösen Tagen in Gottes Nähe
(Ehejubiläum)
(Ein Myrtenbäumchen oder -zweig)

Lesungen: Ex 3,1–14: Mein Name ist: Ich bin der ‚Ich bin da' für euch; Mt 28, 16–20: Ich bin bei euch alle Tage.

Dieses Myrtenbäumchen (diesen Myrtenzweig) möchte ich Ihnen an Ihrem Jubeltag zur Erinnerung an diese Feier schenken. Sie selber tragen ja heute ein (silbernes/goldenes) Myrtenzweiglein an Ihrer Kleidung. Bei feierlichen Anlässen im Leben ist das oft zu beobachten.
Zum Beispiel trug in der diesjährigen Osternacht der Täufling einen kleinen Myrtenkranz auf der Brust, sicherlich als Zeichen der Freude über das neue Leben. Ein Junge, der zur Erstkommunion geht, oder der Bräutigam am Hochzeitstag trägt ein Myrtensträußchen am Revers seines Anzuges. Meine Mutter legte bei meiner Hochzeit großen Wert darauf, daß auch einige Myrtenzweige in den Brautstrauß gesteckt wurden.
Diese aufgezählten Bräuche reichen zurück bis in die Römerzeit, in der die Liebes- und Ehegöttin Aphrodite mit Myrte abgebildet wurde.
Wahrscheinlich weiß niemand hier, warum bei feierlichen Anlässen im Leben die Myrte eine Rolle spielt. Ich habe mich daher in Büchern informiert und folgendes herausgefunden:
Die Myrte wächst in wärmeren Gegenden zu einem Baum hoch, dessen Krone bis zu drei Meter Durchmesser erreichen kann und ab Juni mit einem zarten, weißen Blütenflor überzogen ist. Die weißblühende Pracht ließ die Menschen an Frieden und jugendliche Anmut denken. Wenn die Soldaten früher aus einem Krieg heimkehrten, der ohne Blutvergießen ausgegangen war, trugen sie Myrtenzweige in den Händen, andernfalls waren sie mit Lorbeer bekränzt. Und stimmte bei einem Fest der Freude ein Solosänger ein Lied an, dann nahm er einen Stab aus Myrtenholz in die Hand.
Vom Blütenflor des Myrtenbaumes geht eine besänftigende Wirkung aus, die zu Mitleid, Maßhalten, ja Selbstbeherrschung anregt. Die Blättchen duften, wenn man sie zwischen den Fingern reibt. Auch kann Öl für medizinische Zwecke aus dem Myrtenbaum gewonnen werden, und aus den schwärzlichen Beeren läßt sich Wein bereiten. Sie sehen: alles positive Deutungen.
Daß auch im christlichen Bereich die Myrte Bedeutung erfährt, geht wohl auf folgende Legende zurück, die mir meine Großmutter oft erzählte:
Als Adam und Eva aus dem Paradies vertrieben wurden, hatte Gott Mitleid mit ihrer Traurigkeit und Verzweiflung und gab ihnen den kleinen Trieb eines Myrtenbäumchens mit auf den Weg. Er sagte ihnen: Wenn das Bäumchen blüht und seine weißen Blüten euch an den großen Frieden mit mir erinnern, dann genießt die guten Tage und schönen Zeiten. Die Früchte dagegen, die bitter schmecken, stehen für die schweren Tage im Leben: Bittere Enttäuschungen,

Leiden und Tod bleiben euch nicht erspart. Schaut aber in guten *und* bösen Tagen eures Lebens auf die immergrünen Blätter der Myrte. Sie sagen euch: Gebt niemals die Hoffnung auf bessere Tage auf, weil ich, der Herr, überall für euch da bin. Ihr seid nicht der Vergänglichkeit ausgeliefert, weil ich euer Gott bin.
So möchte ich mit Blick auf die bitteren Früchte Ereignisse aus Ihrem Leben erwähnen, die Sie hart trafen (...), aber auch nicht die Stunden und Tage der Blüte vergessen, an denen Sie glücklich und zufrieden lebten (...). Heute aber sind wir hier, um Gott zu danken, der Sie in guten und bösen Tagen mit seiner starken Hand gehalten hat und Sie auch in den kommenden Jahren halten wird. Auch im Namen der Gemeinde hier sage ich Ihnen Dank für 25/50 Jahre Liebe, Treue und Versöhnung. In einer Zeit, in der Orientierung schwerer fällt, braucht die nachwachsende Generation ein solches Zeugnis.
Vielleicht geben Sie diesem Myrtenbäumchen zu Hause einen besonderen Platz, damit es Ihnen an hellen und dunklen Tagen frohes oder tröstliches Sinnbild der Liebe Gottes ist.

(Barthel Held, D-50126 Bergheim-Glesch)

Sinn des Lebens / Frieden

67. Auf den Blick kommt es an (Sinn des Lebens)
(Eine große, mit gefärbter Flüssigkeit halbgefüllte Flasche – gut sichtbar im Altarraum)

Lesungen: Röm 12,9–21 (in Auswahl): Der positive Blick übertrifft den anderen in gegenseitiger Achtung; Lk 7,36–50: Die Gäste im Haus des Pharisäers sahen nur das Negative an der Sünderin; Jesus spricht sie auf ihr Positives an und verändert sie daher.
Oder: Lk 19,1–10: Jesus spricht Zachäus auf seine positive Seite an; die anderen meiden ihn, weil sie nur auf seine Verfehlungen schauen.

Sehen Sie die halbgefüllte Flasche hier vorne im Altarraum. Was meinen Sie: Ist sie halbvoll oder halbleer? Auf den Blick kommt es an!
So gibt es viele Leute, die noch viele Jahre, nachdem sie zu uns gezogen sind, behaupten: „Mit denen kann man nicht warm werden. Da kommt man nicht rein!" Und andere sagen: „Ich habe hier liebenswürdige Nachbarn gefunden. Ich fühle mich hier richtig wohl!"
Auf den Blick kommt es an! Immer und überall kann ich die Flasche halbvoll und halbleer sehen. Ein Beispiel dazu aus dem Urlaub:
„Sieh mal die Möwen!" schrie das Kind begeistert auf Deck.
„Lästige Fresser!" sagte der Vater.
„Wie schön sie fliegen!" staunte das Kind.
„Die machen uns gleich auf den Kopf!" sagte der Vater.
„Sie sind wie Silberflocken, die in der Sonne schwimmen!" schwärmte das Kind.
„Abschießen sollte man die Biester!" sagte der Vater.
(Peter Spangenberger. *Dieses Beispiel kann auch entfallen*)

Besonders deutlich macht uns dies die Geschichte von den zwei Gärten:
Da hat ein Mann von wunderschönen Gärten in einem Dorf gehört und will sie sich einmal ansehen, um für seinen Garten Nützliches zu erkunden. So wird er vom Sohn eines alten Mannes in einen großen Garten geführt, hört aber nur Negatives: „Hier, diese Gartenpforte muß erneuert werden", „Die Wege sind ausgetreten und müßten geebnet werden", „Die Blattläuse werden den Rosenstrauch zerstören" ... Es schien ein kranker Garten zu sein, und enttäuscht bat er darum, noch einen anderen zu sehen.
Jetzt führte ihn ein anderer Sohn, der ihm nur Positives zeigte: „Es gibt keine Kletterrose im ganzen Dorf, die so viele Blüten treibt wie diese!", „Dieser Mandarinenbaum trägt die süßesten Früchte weit und breit!", „Der Brunnen hier ist so tief gegraben, daß uns noch nie Wasser gefehlt hat!" Der Mann war begeistert von diesem Garten und bedankte sich. Da sagte der Alte nur

lächelnd: „Haben Sie nicht gemerkt, daß Sie in ein und demselben Garten gewesen sind?"
(Stark verkürzt nach Renate Schubert in „Durch viele Welten wandern wir", Verlag am Eschbach, Eschbach 1997)

Ein anderes Beispiel: Da regte sich eine Frau unaufhörlich über die Wäsche der Nachbarin auf, die doch eher grau als weiß auf der Wäscheleine hing. Als nach Jahren das Haus der Frau gründlich renoviert und auch wärmedämmende Scheiben eingesetzt wurden, war die Überraschung perfekt: Die Wäsche der Nachbarin war jetzt weiß, schneeweiß! Also hatte die Qualität des Fensterglases alle Verdächtigungen verursacht.

Daraus folgt: Wenn sich das Verhalten eines anderen Menschen unter Umständen nicht ändert, liegt es vielleicht an meiner Sicht der Dinge, muß *ich* möglicherweise die Qualität meiner „Fenstergläser" ändern, mit denen ich ins Leben hinausschaue.
(Vgl. „Kurzg. 5", Nr. 166)

Jesus zeigt uns im Evangelium, wo es für einen Christen langgeht. Die Gäste im Haus des Pharisäers tragen dunkelgetönte Brillen, die nur die eigenen Mutmaßungen widerspiegeln. Ein Mensch ändert sich nur schwerlich, solange er auf seine negativen Seiten angesprochen wird. Jesus schaut auf die Liebe der Frau und spricht das Positive in ihr an. Das verändert. Das gibt Mut zu einem neuen Anfang. Auf den Blick (und die Worte und die Tat) kommt es an!

68. Wie beim Atom (Sinn des Lebens)
(Das Modell eines Atoms)

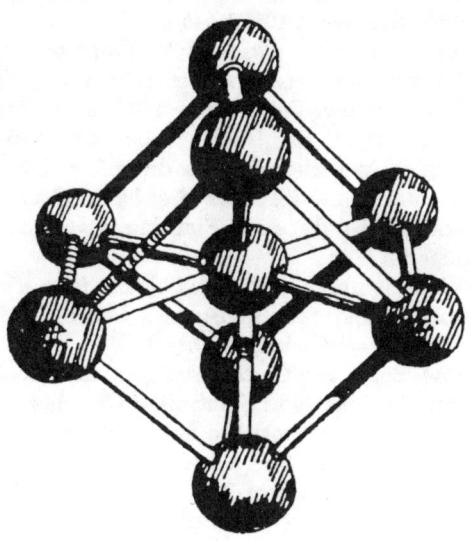

Lesungen: 1 Kor 9,24–27: Lauft so, daß ihr den unvergänglichen Siegeskranz gewinnt; Kol 3,12–15: Ihr seid von Gott geliebt; Offb 21,1–5a: Gottes Wohnung unter den Menschen; Joh 14,1–7a: Jesus – der Weg zum Vater.

Viele von uns haben schon solch ein Atommodell gesehen. Ich darf es vereinfacht folgendermaßen erklären:
Da gibt es den positiv geladenen Kern, den die negativ geladenen Elektronen auf bestimmten Umlaufbahnen umkreisen – wie die Planeten die Sonne. Aufgrund bestimmter Kräfte und dieser Ladungen werden

Kern und Elektronen zueinander auf Distanz gehalten. Würde das Atom zerstört, verlöre der Kern seine Ladung, alles würde instabil.
Ist es mit unserer Welt und unserem Leben nicht ähnlich wie mit dem Atom? Wir Menschen sind jeweils der positiv geladene Kern – wir sind ja Ebenbilder Gottes. In ihm bewahren wir unsere Träume und Ideale, unsere Kräfte und Prinzipien. Daraus formen wir unseren Charakter und unser Menschsein. Um uns herum schwirren die Elektronen, d.h. die Anforderungen, Erwartungen und Pflichten des Alltags; ob das nun momentan die Ausbildung ist, der Beruf, die Familie oder die Pflege eines Schwerkranken, wodurch wir besonders gefordert sind. Kern und Elektronen stehen in einem Spannungsverhältnis. Wer den Anforderungen nicht genügt, bekommt das zu spüren. Wenn sie aber unsere Kräfte übersteigen, kann mein Kern die Ladung verlieren: Ich resigniere, ich gebe meine Ideale auf, ich werde instabil und depressiv. Oder meine Sehnsüchte können in Süchte zerfallen.
Was können wir, was kann der Mensch dagegen tun? Den positiven Kern stabilisieren! Das heißt: Wir müssen herausfinden, was unser Ziel ist, damit wir nicht einem blinden Schicksalsglauben verfallen.
An dieser Stelle sagen „kleine" Wissenschaftler, die in diesem Bereich forschen: Ich muß alles in *meine* Hände nehmen und das Beste daraus machen. Die „großen" Wissenschaftler, auch viele Physiker, sagen aber: „Warum soll ich jetzt nicht auf das hören, was die Gottesgelehrten sagen? Ich bin mit meinem Latein hier am Ende." Der christliche Glaubensgelehrte sagt uns hier ganz klar: „Du bist kein zufälliges Produkt, sondern ein von Gott geliebtes Geschöpf" (Kol 3,12). Also nicht vergleichen: Alle sind von Gott geliebt – wie die Kerne auch ausfallen! Und du hast auch ein Ziel, nämlich wieder ganz in die Liebe Gottes einzutauchen (Offb 21,1–5a).
Es ist wichtig, dieses Ziel zu kennen, denn dann lasse ich mich nicht von Spannungen vereinnahmen oder vom Wege abbringen. Und du hast für diese Zeit zwischen Geburt und Tod eine Richtschnur, ein Prinzip, nach dem du am besten lebst. Das ist die Liebe (Mt 22,35-40: Hauptgebot). Die Liebe zu Gott, zu den Menschen und zu dir selbst. Und es ist gut, wenn du dich zunächst – leichter geht das über die Liebe Gottes – selber lieben lernst, denn dann entwickelst du auch Einfühlungsvermögen in die Bedürfnisse anderer Menschen.
Wenn so unser Kern stabil bleibt, dann können die Elektronen, die Herausforderungen und Spannungen des Lebens, nicht zu nah an uns herankommen. Es entsteht ein Gleichgewicht.
Das Buch der Gottesgelehrten, die Bibel, sagt uns noch etwas für die Zeit zwischen Schöpfung und Ziel: Gott hat uns seinen Sohn gesandt, der uns den Weg der Liebe vorlebte und uns zeigte, wo die Wahrheit zu finden ist und das erfüllte Leben. Wir haben es eben im Evangelium gehört! Jesus antwortet auf die Frage nach dem Weg: „*Ich* bin der Weg und die Wahrheit und das Leben!" Und am Anfang dieser guten Nachricht hieß es: „Euer Herz lasse sich nicht

verwirren. Glaubt an Gott, und glaubt an mich!" Dann geht alles klar. Kann es eine andere Antwort geben als die folgende?:
Herr, du Weg und Ziel meiner innersten Sehnsüchte, ich nehme deine – seit der Taufe! – dargebotene Hand an!
(Nach einer Abiturrede von Wilhelm Neusser beim Abitur 1996 am Norbert-Gymnasium, Knechtsteden, D–41540 Dormagen; wiedergegeben im ngk-Magazin 96/97, Ausgabe 5, S. 60, christlich verändert. Unter dem Wortlaut stand noch die Anmerkung der Redaktion: Während des Vortrags wurden entsprechend zur Freilegung des „Kerns" symbolisch die Kleidungsstücke abgelegt. – Dazu ein ausgearbeiteter Gottesdienst von Peter Frowein, Gleichnis Atom, Unser Herz in einem Gewirr von Kräften: „FaJu", April 98.)

69. Der kostbare Schatz (Sinn des Lebens)
(Einen Halbedelstein für jeden. Sie können Halbedelsteine preiswert über einen Juwelier im Großhandel bestellen. Z.B. bei der Firma Oppermann, D-24530 Neumünster, Fax 0180/5672424, Artikel 389176 „Edelstein-Schatzkiste" mit 100 Halbedelsteinen für DM 33,- + MwSt. Stand: Frühjahr 1999)

Anlässe: Zeugnisvergabe; Fest der Hl. Familie (Sonntag nach Weihnachten); 17. Sonntag im Jahreskreis A (Mt 13,44–46); 33. Sonntag im Jahreskreis A (Mt 25,14–30).

Lesungen: Gen 1,26–28.30b.31: Die Menschen als Gottes Abbilder; Jes 49,14–18: Ich habe dich eingezeichnet in meine Hände; Kol 3,12–15: Ihr seid von Gott geliebt; Mt 13,44–46: Der Schatz im Acker des Lebens; Mt 25,24–28: Das Gleichnis vom anvertrauten Geld.

1. Wir nehmen den schönen Stein in unsere Hand und denken nach:
Ich bin – wie dieser Halbedelstein – wertvoll, weil ich Ebenbild Gottes bin. Gott sieht mich – wie wir in der Lesung (Gen 1) gehört haben – als sehr gut an. Wir sind Abbilder Gottes – abgebrochene Steine aus dem „Urgestein Gott". Darum darf ich mich sehr gut fühlen, weil der Wichtigste – Gott – mich liebt, wie ich bin. Das verkündet auch Paulus in einem Brief: „Ihr seid von Gott geliebt" (Kol 3,12). Und schon im Alten Testament heißt es beim Propheten Jesaja: „Ich habe dich eingezeichnet in meine Hand" (Jes 49,16).
So ein „Edelstein" bleibt auch dann wertvoll, wenn er nicht alle Ansprüche zufriedenstellt. Wenn ihr, liebe Kinder, also manchmal ein nicht so gutes Zeugnis mit nach Hause bringt, so werden euch Vater und Mutter dennoch in den Arm nehmen, denn ihr seid ja nach wie vor ihr geliebter „Edelstein". Liebe Eltern! Haben Sie nicht oft zu Ihrem Kind gesagt und sagen es hoffentlich noch immer: „Du bist mein Schatz, das Kostbarste, das mir geschenkt ist!"? Und das ist nicht an Noten zu messen.
Andererseits sind die Talente in uns, die Schätze, nicht für uns selbst da. Ich soll sie auch in die Gemeinschaft einbringen. Wer also zu faul war, sie auszupacken nach dem Motto „Was gehen mich die anderen an?", der darf

sich vorsehen. Denn es steht in der Bibel, im Buch der Bücher: Zuletzt kam auch der Diener, der das *eine* Talent erhalten hatte, und sagte: „Hier hast du es zurück; ich hatte Angst vor dir. Ich wußte, daß du streng bist, und habe das Talent wieder in der Erde versteckt. Hier, nimm es zurück!" Da antwortete der Herr: „Du bist ein schlechter und fauler Diener! Hättest du mein Geld wenigstens auf die Bank gebracht, dann hätte ich die Zinsen bekommen! So nehmt ihm das eine Talent auch noch ab" (Mt 25,24–28)!
Ist es mir klar?: Das Kostbare, das Gott in mich hineingelegt hat, ist auch für die anderen da! Mit meinen Begabungen die Gemeinschaft bereichern, das gehört auch zum Sinn meines Lebens! Dann erfahre ich Leben in größerer Fülle!

2. Jetzt legen wir den Stein vor uns auf die Bank und schauen ihn an.
Die zweite Hälfte dieser Predigt will dazu auffordern: Halte Ausschau nach den Schätzen, die Gott im Acker dieser Welt versteckt hat!
Zunächst: Sehe ich noch das Edle und Kostbare in meinen Mitmenschen, im Kind, in Vater und Mutter, den Geschwistern, den Nachbarn, dem Arbeitskollegen, dem Mitchristen, oder habe ich mir einen Blick angewöhnt, der am Negativen hängenbleibt? – In jedem Menschen den kostbaren Schatz suchen und sehen! Er ist ja da!
So hat Jesus das Kostbare in Zachäus gesehen und ihn nicht auf seine negativen Seiten angesprochen! So hat er der Sünderin Mut gemacht und sie an ihr gutes Herz erinnert! Und so hat Jesus selbst beim Mörder am Kreuz nicht auf dessen Verbrechen geschaut, sondern auf seine Seele, die sich anlehnen wollte.
Ich muß die Schätze auch in den Gemeinschaften suchen, denen ich angehöre. Auch diese Gemeinschaft hier „kocht zwar nur mit Wasser". Aber wenn wir ernsthaft auf die Suche nach verborgenen Schätzen gehen, werden wir Erstaunliches zu Tage fördern.
Es bleibt noch die Suche nach dem Schatz im Acker unseres Lebens, dem Schatz, an Gott glauben und auf Jesus vertrauen zu können. Ein Mann/eine Frau entdeckte ihn, verkaufte alles, was er/sie besaß, und kaufte den Acker (Mt 13,44). Wer seinen Glauben gefunden hat, der stellt alle die tausend Dinge hintan, die ihm den Blick verstellen können.

70. Von der Vision und der Ausdauer – Ein Frosch als Vorbild (Sinn des Lebens)

(Ein größerer gebastelter oder gefalteter Frosch zum Vorzeigen; eventuell für jeden einen kleineren)

Hinweise
1. Eine Anleitung zum Falten mit grünem Papier finden Sie in diversen Bastelbüchern oder in meinem Buch „Gottes Spur in der Schöpfung", Seite 93.
2. Aus den angegebenen Kurzgeschichten auswählen!

Lesungen: Jak 5,7–8.10–11: Mahnung zur Ausdauer (3. Advent, Lesejahr A); Mt 14,22–33: Was über Wasser halten kann: Petrus geht übers Wasser (19. Sonntag, Lesejahr A).

Zusätzlich folgende Kurzgeschichte:
Ein junger Mann, der sich freiwillig zur Marine gemeldet hatte, war schnell enttäuscht und verließ nachts mit einem Schlauchboot heimlich seinen Flugzeugträger. Er glaubte, noch nahe an der Küste zu sein und nahm weder Wasser noch Lebensmittel mit. Neunzehn Tage trieb er danach im Meer und durchlebte alle Schrecken. Schließlich wurde er bewußtlos aufgefischt und gerettet. Allen, die ihn im Krankenhaus besuchten, sagte er: „Ich habe nur überlebt, weil ich immer wieder an meine Freundin dachte und sie unbedingt wiedersehen wollte."
(Nach Lothar Zenetti; ausführlich in „Kurzg. 2", Nr. 17. –
Alternativ: „Kurzg. 5", Nr. 139: Zu früh resigniert.)

Predigt:
(Gl. hält den Frosch hoch) Zu diesem Frosch erzähle ich eine Geschichte:
Da gab es einmal drei Frösche, die fielen in ein Faß Milch. Als sie nicht wieder herauskonnten, sagte der erste: „Da kann man ja nichts mehr machen." Und dabei ging er unter. Der zweite meinte: „Vielleicht kommen wir wieder raus. Warten wir nur ab, bis jemand vorbeikommt!" Und er schwamm so lange umher, bis seine Atemwege von der Milch total verklebt waren. Dann ging er unter. Der dritte aber, und das ist dieser Frosch hier, der wußte: „Ich werde noch gebraucht. Und ich will hier raus!" Und er strampelte stundenlang. Plötzlich fühlte er etwas Festes unter seinen Füßen. Er hatte aus der Milch Butter gestrampelt! Er kletterte auf den Butterkloß und sprang hinaus. –
Diese Geduld wurde uns in der Lesung aus dem Jakobusbrief ans Herz gelegt: Wie der Landwirt geduldig auf die Ernte wartet und der geduldige Ijob alles Leid ertragen hat, so können auch wir, wenn wir geduldig in der „Milch unseres Lebens" strampeln, auf einmal festen Boden unter den Füßen spüren!
An Petrus sehen wir, aus welcher Richtung das Heil kommt, wenn wir über Wasser bleiben wollen: Jesus ist unser Halt!
Der Matrose im Boot hat uns noch etwas verraten: „Ich habe nur überlebt, weil ich an meine Freundin dachte!" Zur Geduld muß auch noch eine Vision kommen, eine Motivation, d.h. ein Ausblick, der mich ganz erfüllt und mir meinen Einsatz sinnvoll erscheinen läßt. Dazu darf ich noch von Experimenten in unseren Tagen erzählen.
Als erstes von einem Versuch an Tieren – der, meine ich, die Grenze des Erlaubten überschreitet: Bei Wasserratten wurde getestet, wie lange sie sich schwimmend über Wasser halten können. Nach ca. zwei Stunden war die erste total erschöpft und ging unter. Bei einer anderen wurde in der Anfangsphase ein kleiner Zweig ins Wasser gehalten, an dem sie sich eine Zeitlang festklammern konnte; dann wurde er wieder entfernt. Dieses Tier hielt es anschließend um

Stunden (!) länger aus. Ein Beweis, meines Erachtens, wieviel Kraft Hoffnung verleiht.

Das zweite Experiment war ein Versuch am Menschen: Ein junger Mann bediente einen Kraftmesser und erreichte eine Leistung von 51 Kilo. Nun versetzte ihn ein Psychologe in Hypnose und redete ihm ein, er sei sehr müde, schwach und erschöpft. Unter diesem Eindruck erreichte er an seinem Meßgerät nur 14,5 kg. Selbstverständlich wurde auch die Gegenprobe gemacht. Das Ergebnis: Der Zeiger des Kraftmessers kletterte auf 71 Kilo, also mehr als im wachen Zustand!

(Nach Erwin Neu in „Kurzg. 1", Nr. 196)

Daß eine Vision beflügelt, können wir ja auch im Alltag beobachten: Wenn zum Beispiel ein ehemals bequemer Schüler entdeckt, daß es sinnvoll ist, sich neben dem Beruf weiterzubilden, so kann er plötzlich bis in die Nacht hinein arbeiten und sich durch immer neue Prüfungen quälen. Das gilt auch für den Familienvater, der in jeder freien Stunde an seinem neuen Haus arbeitet, um seiner Frau und den Kindern ein schönes Zuhause zu bauen. (Das kann allerdings auch ein Spiel mit dem Feuer sein, weil an solcher Überbelastung Familien manchmal zerbrechen.) Das zeigten Menschen und Heilige, die aus ihrer Karriere ausstiegen, um sich ganz für Benachteiligte einzusetzen und sich darin von nichts abhalten ließen.

(Beispiele: „Kurzgeschichten 1–5", Stichwort „Liebe", oder aus dem Leben von Heiligen erzählen, z.B. über Don Bosco, der bei der Einweihung einer großen Kathedrale dem Architekt nur Kleingeld in die hingehaltenen Hände schütten konnte, aber ein unerschütterliches Vertrauen auf Gott einbrachte; oder über Mutter Teresa, die ungeheure Kräfte aus ihrem ausgemergelten Körper holte.)

Wir können also Berge versetzen, wenn zu einer begeisternden „Vision" auch noch die Ausdauer hinzukommt, die dieser Frosch zeigte. Dazu auch zwei Beispiele aus der Literatur in „kleiner Münze", damit wir uns nicht überfordert fühlen:

Als Benjamin Franklin (der große amerikanische Politiker, aber auch Erfinder des Blitzableiters) einmal gefragt wurde, warum er eine Sache trotz großer Hindernisse nicht aufgebe, gab er einen Ratschlag, den alle beherzigen sollten, die versucht sind zu verzagen, wenn sie für eine gute Sache arbeiten: „Haben Sie schon einmal einen Steinmetzen bei der Arbeit beobachtet?" fragte er. „Er schlägt vielleicht hundertmal auf die gleiche Stelle, ohne daß auch nur der kleinste Riß sichtbar würde. Aber dann, beim hundertsten Schlag, springt der Stein plötzlich entzwei. Es ist jedoch nicht dieser eine Schlag, der den Erfolg brachte, sondern die hundert, die ihm vorausgingen."

(Nach James Keller; vgl. „Kurzg. 1", Nr. 206)

Kenneth Smith hatte sieben Minuten Pause zwischen seinen Fahrten als Straßenbahnführer in Baltimore. Der große Platz, wo seine Fahrt endete, war mit dickem Gebüsch und Gestrüpp bewachsen. Herr Smith beschloß, seine

sieben freien Minuten der Arbeit zu widmen. Am Ende jeder Fahrt arbeitete er und rodete die Büsche und das Unkraut. Langsam verwandelte er den Platz, der eine Augenschande gewesen war, in einen Garten. Rote Eichen und Pappeln stehen jetzt dort, umgeben von mexikanischen Rosen, Petunien, Zinnien und Veilchen. Weiche Rasenflächen sind mit weißgetünchten Feldsteinen umrandet. Kies- und Aschenwege führen zu einem Picknickplatz.
(Nach James Keller; vgl. „Kurzg. 1", Nr. 205)

Jesus selbst will uns – ähnlich wie dem Petrus damals – diese Vision im Leben sein: Mit ihm vor Augen und mit Geduld und Ausdauer im Herzen kann ein Christ jede Lebensmilch in „Butter" verwandeln.

71. Wider die Gewalt (Frieden)
(Eine Schlange, die um ein Kreuz gewunden wird; ähnlich der Schlange am Äskulapstab. Die einzelnen Glieder der Schlange werden im Sprechspiel mit Bezeichnungen aufgeheftet)

Kurzgeschichte als Lesung:
Einführung: Wir hören eine interessante Geschichte, die uns am Schicksal einer Schlange zeigt, wie denn der Weg der Gewaltlosigkeit – nicht nur auf dem Schulhof – aussehen könnte:
Eine Schlange hatte in einem Dorf so viele Leute gebissen, daß sich kaum noch jemand auf die Felder wagte. Die Heiligkeit des Meisters war so groß, daß man von ihm erzählte, er habe die Schlange gezähmt und sie überredet, die Disziplin der Gewaltlosigkeit zu üben.
Die Dorfbewohner merkten bald, daß die Schlange harmlos geworden war. Sie begannen, Steine nach ihr zu werfen und sie am Schwanz hinter sich herzuziehen. Die übel zugerichtete Schlange kroch eines Nachts in des Meisters Haus, um sich zu beschweren.
Sagte der Meister: „Mein Freund, du jagst den Menschen keine Achtung mehr ein, das ist schlecht."
„Aber ihr habt mich doch gelehrt, Gewaltlosigkeit zu üben!"
„Ich habe dir gesagt, du solltest aufhören zu beißen, nicht aber zu züngeln und zu zischen!"
(Anthony de Mello aus: Eine Minute Weisheit, Verlag Herder, Freiburg [12]1998)

Nachwort: Wie unser Züngeln und Zischen aussehen könnte, darüber wollen wir weiter nachdenken.

Evangelium: Mt 5,5.9. 38–41: Der Gewalt keinen Widerstand leisten.

Ansprache
(Zunächst kann der Satz: „Halte ihm auch noch die andere Wange hin!" als Ausdruck absoluter Gewaltlosigkeit entschärft werden, weil es sich hier um

einen sogenannten Verachtungsschlag handelt. Das ist leicht zu demonstrieren: Wenn ich jemanden vor mir habe, dem ich eine Ohrfeige verpassen will, schlage ich als Rechtshänder auf dessen *linke* Wange. Schlüge ich auf seine rechte Wange, die Jesus benennt, kann ich das nur mit dem Handrücken und das auch nur mit verminderter Schlagkraft; es handelt sich also um eine Geste des Verächtlich-Machens. Auf solch einen Verachtungsschlag soll ich auch noch mit dem Hinhalten meiner anderen Wange reagieren, das heißt dem Gegner zeigen, daß er mich *so* nicht kleinkriegt!)

Da Fäuste nur blutige Nasen und blaue Augen bringen und Konflikte auch nicht lösen, haben sich einige Gruppen bei der Vorbereitung Gedanken gemacht, wie denn das Züngeln und Zischen der Schlange ausfallen muß, um Eindruck zu schinden. Denn keiner von uns möchte ja als Duckmäuser oder Feigling dastehen. Einige Schülerinnen und Schüler möchten gleich die Schlange hier mit Gliedern versehen, auf denen steht, was uns stark macht, wenn wir den gewaltlosen Weg versuchen.

Zunächst aber darf ich noch sagen, warum die Schlange hier so positiv vor dem Altar aufgerichtet ist: Wir haben uns an das Zeichen der Ärzte und Apotheker erinnert, das eine aufgerichtete Schlange am sogenannten Äskulapstab zeigt. Eine Schlange hat ja nicht nur den tödlichen Biß mit dem Giftzahn in Bereitschaft; nein, aus ihr ist auch das heilbringende Serum zu gewinnen, das ihr Gift wiederum unwirksam macht. Auch bei Mose wird von einer ehernen Schlange berichtet, die er in der Wüste auf einer Signalstange aufrichtete: „Jeder, der vom Biß der Schlange getroffen war, blieb am Leben, wenn er zur Kupferschlange aufblickte" (Num 21,4–9). Dieses Bild greift Jesus übrigens später auf und sagt: „Wie Mose die Schlange in der Wüste erhöht hat, so muß der Menschensohn erhöht werden, damit jeder, der (an ihn) glaubt, in ihm das ewige Leben hat" (Joh 3,14f).

Nun aber darf ich die einzelnen Schülerinnen und Schüler bitten, die Schlange hier vorne zu vervollständigen:

Sprechspiel

1.: *(mit einem Glied der Schlange, auf dem steht* **„Sich selbst verteidigen können")**
Wir haben uns gedacht: Wenn mein Gegner weiß, daß ich einen Selbstverteidigungskurs mitgemacht habe, mich also zu verteidigen und zu wehren weiß, wird ihn das eher abhalten, mich anzugreifen. *(heftet das Glied auf die Schlange)*

2.: *(mit der Aufschrift* **„Sich solidarisieren"** *oder* **„Gemeinsam sind wir stark")**
Es ist schon wichtig, den Mut aufzubringen und zu rufen: „Hört doch auf!", wenn sich zwei verprügeln. Aber so wie Chaoten sich auch nur stark fühlen, solange sie als Gruppe daherkommen, so müssen sich auch die Friedliebenden untereinander solidarisieren, um stärker zu sein. *(aufheften)*

3.: Nacheinander kommen jetzt die Sprecherinnen und Sprecher der einzelnen Gruppen nach vorne und teilen das Ergebnis ihrer Überlegungen mit: Leserbrief in der Schülerzeitung. – Mit mehreren das Gespräch mit einem Verursacher suchen. – Die Außenseiter in der Klasse mehr einbinden. – Demonstrieren. – Hungerstreik. – Es gibt einen Unterschied zwischen „Antragen" und etwas Wichtiges der Schulleitung melden. – Aktionen mit Gebet begleiten. – Plakate schreiben. – Ausdauernd und geduldig einem Mißstand begegnen. – Handzettel verteilen usw.

Zum Abschluß: Auf der positiven Schlange vor dem Altar steht jetzt zu lesen, wie sie „züngeln und zischen" kann und somit nicht wehrlos und leichtes Opfer bei jedem Schabernack ist.
Wir blicken noch einmal auf das Zeichen, das sie aufrichtet: das Kreuz. Mit Jesus an der Seite und seinen Worten des Lebens im Ohr sind wir zäher, mutiger und ausdauernder in jeder Auseinandersetzung.

Verschiedenes

72. Vom Geschenk der Freundschaft
(Ein Schmuckkästchen, darin ein Seilchen, ein kleiner Spiegel und eine kleine Baumscheibe)

Lesungen: Sir 6,7–17: Die Freundschaft; 1 Sam 19,1–7: Jonathans Freundschaft mit David; Koh 4,8–10.12: Zwei sind besser dran als einer allein; Joh 15,12–17: Ich nenne euch Freunde.
„Kurzg. 1", Nr. 124: Freundschaft der selbstlosen Liebe, und Nr. 81: Jesus spricht: Da habe ich dich getragen. „Kurzg. 4", Nr. 119: Freundschaft mit einem geistig behinderten Kind, und Nr. 137: Freundschaft in der Bewährung.

oder:
Einleitung: Wem das Geschenk einer Freundschaft zuteil werden soll, der muß Zeit und Geduld mitbringen. Das gilt auch für die Freundschaft mit Gott. Wir hören eine Stelle aus der Erzählung „Der Kleine Prinz".
„Bitte ... zähme mich!" sagte der Fuchs.
„Ich möchte wohl", antwortete der kleine Prinz, „aber ich habe nicht viel Zeit. Ich muß Freunde finden und viele Dinge kennenlernen."
„Man kennt nur die Dinge, die man zähmt", sagte der Fuchs. „Die Menschen haben keine Zeit mehr, irgend etwas kennenzulernen. Sie kaufen sich alles fertig in den Geschäften. Aber da es keine Kaufläden für Freunde gibt, haben die Leute keine Freunde mehr. Wenn du einen Freund willst, so zähme mich!"
„Was muß ich da tun?" sagte der kleine Prinz.
„Du mußt sehr geduldig sein", antwortete der Fuchs. „Du setzt dich zuerst ein wenig abseits von mir ins Gras. Ich werde dich so verstohlen, so aus dem Augenwinkel anschauen, und du wirst nichts sagen. Die Sprache ist die Quelle der Mißverständnisse. Aber jeden Tag wirst du dich ein bißchen näher setzen können ..."
(Aus: Antoine de Saint-Exupéry, Der Kleine Prinz, © 1950 und 1998 Karl Rauch Verlag, Düsseldorf)

(Gl. nimmt das Schmuckkästchen mit Inhalt)
Ein echter Freund oder eine echte Freundin ist ein Geschenk des Himmels, ein kostbarer Schatz. Mehr wert als Gold und Silber. Darum habe ich dieses „Schatzkästchen" mitgebracht. Drei Gegenstände liegen darin, die eine Freundschaft näher erklären.
Schon Kinder sprechen stolz von ihrem Freund oder ihrer Freundin. Wir können erfahren, was einen guten Freund ausmacht.
1. Dieses **Seilchen** will sagen: Ein guter Freund muß mir Halt sein, wenn bei mir einmal „alle Stricke reißen". An ihm darf ich mich im Augenblick der Not festhalten wie ein Bergsteiger, dessen Füße im steilen Fels, d.h. in

schwierigen Situationen, abgerutscht sind. Vielleicht muß er mich sogar ein Stück weit abschleppen. Unsere Freundschaft wird nach außen offenkundig, indem wir am gleichen Strang ziehen ... Wer genau hinsieht, erkennt, daß so ein Seil aus mehreren Seilchen geflochten ist. Diese einzelnen Seilchen, die das feste Freundschaftsseil ausmachen, lassen sich umschreiben mit Verständnis und Sympathie, vor allem mit Vertrauen und Liebe.
2. Was kann uns dieser **Spiegel** sagen? So wie ein Spiegel unverblümt ehrlich zeigt, wie ich aussehe, so darf ein wirklicher Freund mir unverblümt und offen sagen, was er von mir hält. Er soll auch meine Fehler und Schwächen behutsam und hilfreich nennen. Er darf meinen jetzigen Weg auch als „falsch" einstufen, ohne daß ich ihn deshalb ablehne. Ein australisches Sprichwort faßt das wie folgt zusammen: „Wer einen guten Freund hat, braucht keinen Spiegel." Denn der Freund ist sein Spiegel. An einem Spiegel kann ich auch den Unterschied zur Kumpanei aufzeigen: Letztere deckt den anderen, egal, was dieser angestellt hat.
3. Diese **Baumscheibe** zeigt viele Ringe, die alle Jahr für Jahr um die Mitte gewachsen sind. Mittlerweile hat sich ein fester Stamm gebildet.
Wie eine Baumscheibe, so braucht auch eine Freundschaft Zeit zum Wachsen. Die Begegnungen und Erfahrungen legen immer mehr Ringe um das gemeinsame Empfinden und lassen es „baumstark" werden (das Wort „Treue" kommt vom germanischen Wortstamm „drewo" = Baum). Es wird Treue daraus. Wie wir eben in dem Auszug aus dem „Kleinen Prinzen" hörten: „Ich werde dich so verstohlen, so aus den Augenwinkeln, anschauen ... Aber jeden Tag wirst du dich ein bißchen näher setzen können." Zeit und Geduld füreinander haben. Und sich eines Tages ohne Worte verstehen.

Ich möchte dieses Schatzkästchen noch nicht schließen, denn im Evangelium hieß es: „Ich habe euch Freunde genannt! sagt Jesus." Auch die Freundschaft mit Gott – soll sie sich entwickeln –, braucht wie jede Freundschaft die Zustimmung von beiden Seiten. Darum möchte ich auch zu dieser Beziehung aufzeigen, welche Bedingungen nötig sind:
1. Das **Seilchen**: Ich darf von Gott erwarten, daß er mir Halt ist, wenn „alle Stricke reißen", besonders als letzter Halt in Todesgefahr. – Daß Jesus jeden halten kann, der ausgerutscht ist, das hat er an zahlreichen Menschen bewiesen ... Und das Freundschaftsseil, bestehend aus mehreren Seilchen, wie Verständnis und Sympathie, Vertrauen und Liebe, sind von *seiner* Seite her zugesagt. Wie gesagt, es gehören immer zwei dazu.
2. Der **Spiegel** bedeutet: Vor Gott kann ich all meine Masken ablegen. Er nimmt mich so an, wie ich bin. Ich kann ganz ehrlich und offen mit ihm reden. – Vor kurzem las ich: Frau Gorbatschow trägt ein kleines Halskreuz. Als sie einmal gefragt wurde „Beten Sie denn auch?", antwortete sie: „Wie geht das?" Beten können ist ein Problem für viele Kinder und Jugendliche. Dabei ist es so einfach: Sprechen wie mit einem guten Freund oder auf ihn hören – daraus wird eines Tages ein Verstehen ohne Worte.

3. Die **Baumscheibe** mit den vielen Jahresringen drückt aus: Das Suchen und Ringen um die Mitte, die wir „Gott" nennen, dauert ein Leben lang. Manchmal helfen sogar Zweifel und Rückschläge, schneller in eine Freundschaft hineinzuwachsen. Vor allem aber muß ich mir Zeit dafür nehmen und mich immer wieder „ein bißchen näher setzen" – wie es im „Kleinen Prinzen" hieß.
Einen echten Freund an der Seite zu wissen ist ein Geschenk des Himmels, ein kostbarer Schatz. Keine Straße im Leben ist zu lang mit einem guten Freund an der Seite.
(Zum Teil nach Peter Frowein, Meckenheim. – Dazu ein gleichnamiger, ausformulierter Gottesdienst in „FaJu" Mai 97)

73. Am Sonntag der Seele Flügel schenken
(Sonntagsheiligung)
(Ein leerer Vogelkäfig, noch verschlossen)

Lesungen: Dtn 5,12–15: Das Sabbatgebot = Nicht arbeiten und der Befreiung aus Ägypten gedenken; Mk 3,1–6: Jesus heilt am Sabbat = Die Liebe steht über dem Gesetz.

Wir sehen den Vogelkäfig vor dem Altar – noch geschlossen. Der Käfig steht symbolisch für all die Verpflichtungen und Termine, die uns in der Woche einengen: Leistungszwang und Geschäftigkeit; außerdem hat uns die Freizeitgesellschaft zwischendurch fest im Griff und zwingt uns oft sogar sonntags wie ein Korsett. Wir sind – wie die Israeliten in Ägypten – zu Sklaven geworden. Und viele merken es nicht einmal, wie sie immer mehr ihre Mitte verlieren.
Schon Kinder zwängen sich hinter solche Stäbe, sprich: Sie präsentieren einen Terminkalender, der erschreckend dicht ist. Oft bleibt dann für das Wichtigste am Sonntag keine Zeit mehr. Wir hören dazu eine kurze Geschichte:
Es war einmal ein kleines Herz. Das freute sich riesig auf ein anderes Herz, das zu Besuch kommen wollte. Voller Erwartung auf seinen Gast war das kleine Herz aufmerksamer, wärmer, ja ein wenig größer. Bevor aber der hohe Besuch eintraf, klopfte ein Freund an die Tür und sagte: „Wir wollten doch die neuen Computerspiele ausprobieren. Kommst du?" Und das kleine Herz verbrachte gefesselt lange Zeit vor dem PC.
Dann waren da dringend noch Hausaufgaben zu erledigen, und eine Klassenarbeit warf ihre Schatten voraus. Ach ja, noch schnell zum Training, denn nächstes Wochenende stand ein wichtiges Turnier an. Ausgerechnet heute lief auch noch der neue Teil der Fernsehserie.
Aus der Gruppenstunde mußte das kleine Herz etwas früher gehen – zur Geburtstagsparty. Den Gitarrenunterricht hätte es beinahe vergessen. Und wo sollte die Verabredung mit Freunden zum Inline-Skating noch hin?

Das kleine Herz war voll ausgefüllt mit all seinen Verpflichtungen und Terminen. Es blieb gerade noch Raum für die neue CD, die es vor dem Schlafengehen hören wollte.
Still – wollte da noch jemand rein? Das kleine Herz fragte: „Wer ist da? Brauchst du viel Platz?"
„Ja", sagte die Stimme, „ich brauche den ganzen Platz. Ich brauche dich ganz – jedenfalls wenigstens für *eine* von 168 Stunden in der Woche!"
„Na, so was! Wer bist du denn?" fragte das Herz etwas müde und unwillig.
„Ich bin der hohe Besuch. Ich heiße ..."
Aber die Musik der CD spielte so laut, daß das Herz nichts verstehen konnte. Es sagte nur kühl: „Komm rein und such dir einen Platz, aber – stör nicht!"
Und der hohe Besuch drückte sich in die hinterste Herzensecke und dachte daran, daß damals in Bethlehem auch kein Platz für ihn da war.
(Frei nach H. Schuh; die Geschichte kann auch entfallen)

In der Erwachsenenwelt ist es oft noch schlimmer. Immer mehr Arbeit für immer weniger Leute. Sie wollen es gar nicht, sind aber wie Sklaven dazu gezwungen. Ich, der ich das sage, muß zugeben, daß ich sonntags auch oft stundenlang am Schreibtisch sitze. Und ich weiß um genug Leute, die sich Arbeit aus dem Büro mit nach Hause nehmen, um überhaupt rundzukommen. Das ist nicht richtig, denn es verstößt gegen das dritte Gebot „Gedenke, daß du den Sonntag heiligst". Es ist, wie jede Sünde, auch gegen unser eigenes Ich gerichtet. Der Sonntag ist dazu da, der Seele Flügel wachsen zu lassen! *(Hier wird die Tür des Käfigs geöffnet)*
Das Sonntagsgebot meint erstens:
Der Sonntag ist ein *Ruhetag*. Ich sollte nur das tun, was anders ist als in der Woche, sofern es andere in ihrer Ruhe nicht stört. Das heißt: kein Rasen mähen oder Auto putzen, die Waschmaschine soll nicht laufen; die Kinder dürfen nicht hinter Schulbücher gezwungen werden; der Traktor bleibt in der Scheune. Ich kenne die Berufe vieler Menschen, die arbeiten *müssen* oder Seminare halten und besuchen usw. Die Ausnahmen werden von der Not und der Liebe diktiert. Darum wiederhole ich den Satz: Die Ausnahmen werden von der Not und der Liebe diktiert. Das zeigt Jesus im Evangelium, als er den Mann mit der verdorrten Hand heilt. Die Liebe steht immer über dem Gebot! Aber das Dilemma ist heutzutage: Jeder sucht so lange, bis er genügend Gründe gefunden hat, daß er alles darf.
Das Sonntagsgebot meint zweitens:
Uns *gemeinsam* an das erinnern, was Jesus am Ostersonntag für uns getan hat: Er hat uns aus dem Tod befreit – wie damals Gott die Israeliten aus der Knechtschaft in Ägypten holte – und aus der Sünde, weil er alle Schuld auf sich nahm.
Auf der Gemeinschaft liegt also auch ein Akzent, warum wir uns sonntags hier versammeln. Jesus ging am Sabbat nicht in den Wald, sondern zu seinen Glaubensfreunden in die Synagoge; d.h. in die Kirche. Das müssen sich all die

sagen lassen, die sich als Getaufte im Bett umdrehen und meinen, auch gottgefällig zu handeln. Es ist nicht richtig, es ist Sünde an der Gemeinschaft, die hier ihr Fest der Erlösung feiern möchte und das nicht so gut kann, wenn die Reihen gelichtet sind. (Hier kann denen ein Danke gesagt werden, die wie selbstverständlich kommen.)

Ich möchte Ihnen das Zitat eines Mannes vorlesen, der sich selbst als „nicht religiös" bezeichnet. Es ist der Fraktionsvorsitzende der PDS im Bundestag; er schreibt:

„Ich war in Israel und habe die Vorbereitung des Sabbat erlebt, in nicht religiösen Familien. Auch bei den Menschen, die nie in die Synagoge gehen, hat dieser Tag eine ganz besondere Bedeutung. Sie gucken nicht fern, sie lesen an dem Tag ihren Kindern vor; sie sprechen darüber mit den Kindern; sie arbeiten tatsächlich nicht. Da ist mir klargeworden, daß ohne den religiösen Wert dieses Tages sich dies alles nie durchgesetzt hätte. Auf die christliche Gesellschaft übertragen, habe ich dabei erkannt, welcher Kulturverlust darin besteht, daß der Sonntag zu einem völlig normalen Tag geworden ist und eben nichts Heiliges mehr an sich hat. Diesen Tag wieder zu etwas Besonderem zu machen und seine Heiligkeit wiederherzustellen, funktioniert nur über Religion. Wenn wir das nicht schaffen, wird das für die Kultur dieses Landes und die Gesellschaft und ihre Familien, vor allem für die Kinder, verheerende Auswirkungen haben. Dann, glaube ich, werden wir einen furchtbaren mentalen und kulturellen Verlust erleiden. Und deshalb verstehe ich ‚heilig' als etwas Besonderes, etwas fundamental Wichtiges in unserer Gesellschaft."
(Gregor Gysi, aus „Christ in der Gegenwart", Nr. 42/96)

Wenn dieser Standpunkt schon von einem nicht-religiösen Menschen vertreten wird, ist es um so mehr unsere Pflicht als Christen, für mehr Sonntagsruhe in unserem Land zu kämpfen und auch im eigenen Leben. Wer um drei Uhr nachts für eine Formel-I-Übertragung aufstehen kann, der schafft es auch, *wenn er will*, unter vier Angeboten zum Sonntagsgottesdienst am Vorabend und Vormittag zu wählen oder zu einer Zentralkirche noch zur Abendmesse zu fahren. Wenn er will!

Wer den Sonntag hält, wird gehalten.

Wer ihn heiligt, wird unmerklich geheiligt.

Der Käfig der Verpflichtungen muß sonntags offenstehen: Für Stille, Musik, Gebet ... Damit der Seele neue Flügel wachsen! Dann fliegt sie etwas anders durch die Woche.

74. Der Sonntag – verloren? (Sonntagsheiligung)
(Größerer siebenarmiger Leuchter)

Lesungen: Dtn 5,12–15: Achte auf den Sabbat. Halte ihn heilig! Alle sollen sich ausruhen; Gen 2,2–3: Gott erklärt den siebten Tag für heilig; Lev 23,1–3: Der siebte Tag ist ein vollständiger Ruhetag, an dem ihr keinerlei Arbeit verrichten dürft, und ein Tag heiliger Versammlung zur Ehre des Herrn.
„Kurzg. 2", Nr. 190: Der unscheinbare Bruder: Die Geschichte spricht von sieben Brüdern, meint damit aber die sieben Wochentage. – Aus „Kurzg. 4", Nr. 179: „Freudenstadt" wird in „Werklingen" umbenannt; die Arbeit bekommt endgültig den ersten Platz zugeordnet, aber „Familie" und die Freude am Leben verdunsten unaufhörlich.

Zu jedem Tag der Woche wollen Kinder und Jugendliche etwas sagen:

1. Spr.: *(entzündet von der Osterkerze her die erste Kerze am siebenarmigen Leuchter)* Jeden **Sonntag** erinnern wir uns an den Tag des Festes der Auferstehung. – Wir kommen zusammen, um gemeinsam den Sonntag, den Tag des „inneren" Sonnenscheines, zu feiern. Er bringt den anderen Tagen der Woche Licht und Segen: weil wir am Tag des Herrn neues Leben über den Tod hinaus gefunden haben. Wir dürfen in der Hoffnung leben, daß das Leben mehr ist als Arbeit.

2. Spr.: *(entzündet die zweite Kerze von der ersten Kerze am siebenarmigen Leuchter her)* Am **Montag** beginnen wieder Alltag und Routine. – Habe ich mich auf die Arbeit gefreut oder erscheint sie mir lästig? Wurde es ein „blauer Montag" im positiven Sinne, weil ich noch etwas vom Blau des Himmels am Sonntag verspürte?

3. Spr.: *(entzündet die dritte Kerze von der ersten Kerze her)* Der **Dienstag** kann mich vom Wort her an das Dienen erinnern. – In meiner Dienstleistung erfülle ich *meinen* Teil des Schöpfungsauftrages. Im bewußten Dienen, nicht im Job-Denken, finde ich auch selbst ein großes Stück innerer Zufriedenheit.

4. Spr.: *(entzündet die vierte Kerze von der ersten Kerze her)* Am **Mittwoch** erreichen wir die Mitte der Woche. – Wenn ich auch in der Arbeit meine innere Mitte spüre und suche, stehe ich mitten im Leben.

5. Spr.: *(entzündet die fünfte Kerze von der ersten Kerze her)* Der **Donnerstag** erinnert an den germanischen Gott Donar, den Gott des Donners. – Gab es Krach, Ärger, Konflikte, oder – positiv: War ich voller Kraft und Temperament?

6. Spr.: *(entzündet die sechste Kerze von der ersten Kerze her)* Der **Freitag**. Darin steckt das Wort „frei". – Habe ich mich heute schon freier

gefühlt mit Blick auf die beiden freien Tage, die vor mir liegen? Oder hat mich die Arbeit der Woche eingeengt – auch weil meine eigenen Bedürfnisse zu kurz kamen?

7. Spr.: *(entzündet die siebte Kerze von der ersten Kerze her)* Am **Samstag** kann ich mich wieder auf die „Sonnenstrahlen" des Sonntags freuen. Ich kann länger schlafen, zur Ruhe kommen oder liegengebliebene Arbeit nachholen. Ich treffe die Vorbereitungen für den Sonntag und werde mir bewußt: Wieder ist eine Woche meines Lebens vergangen.

(Zum Teil nach Thomas Kroll in „Informationen und Materialdienst" 1/95, S. 22f)

Schön wäre es, wenn alle Tage der Woche vom Sonntag her Licht und Orientierung bekämen. Das kann uns als Christen unterscheiden. Oder wie es die Kurzgeschichte vom „unscheinbaren Bruder" sagen wollte: Der Sonntag kann der Woche den Segen geben.

Die Heiligung des eigentlich ersten Tages der Woche meint zwei Richtungen.

1. Du sollst eine Pause in deiner üblichen Arbeit machen. Auch die Arbeitsruhe, das Nichtstun, ist Wille Gottes: Wir haben ein Recht auf Ruhe und Erholung. Dieser Ruhetag, man könnte auch sagen, der Tag der „befreienden Menschlichkeit", erinnert uns daran, daß Arbeit und Leistung nicht alles sind. Wir sind mehr! Zumal wir uns bewußt werden sollten, daß wir letztlich alles geschenkt bekommen – von Gott und den Menschen. Den Sonntag als Tag der Ruhe, den meint das dritte Gebot von der Heiligung des Sabbats *zuallererst*.

Wo der Sonntag in Langeweile und Fernsehgucken erstickt, vertun wir zudem eine wichtige Gelegenheit, Familienleben zu erfahren; denn während der Woche hetzt oft jeder seinen Terminkalender ab. Fragen wir uns doch: Wann sind noch gemeinsame Mahlzeiten in Ruhe möglich? Wann gibt es Zeiten für gemeinsame Gespräche und Diskussionen in der Familie? Wann können wir noch gemeinsam beten oder den Gottesdienst besuchen?

2. Die andere Richtung setzt den Akzent auf den Gottesdienst. So wie Jesus an jedem Sabbat in die Synagoge ging, um in Gemeinschaft mit der gläubigen Gemeinde Gott zu loben und zu preisen (wäre er nicht regelmäßig gegangen, hätte das bestimmt zu kritischen Fragen der Pharisäer und Sadduzäer geführt, die ihren Niederschlag in den Schriften des Neuen Testamentes gefunden hätten), so kommen wir Christen am Tag der Auferstehung unseres Herrn zusammen, um in der Gemeinschaft des „Volkes Gottes" froh vor Gott zu sein. Gott braucht natürlich unseren Gottesdienst nicht, aber wir brauchen ihn, um uns nach dem auszustrecken, der unser Ziel ist und von dem wir alles zu erwarten haben.

Der Sonntag, der Tag des Herrn, ist eine Chance!

(Dazu ein gleichnamiger ausformulierter Gottesdienst in „FaJu" Mai 97.)

75. Mehr scheinen als sein (Heuchelei)
(Attrappe eines Handys und ein funktionstüchtiges Handy)

Lesungen: Apg 5,1–11: Betrug des Hananias und der Saphira; Jak 2,1–9: Urteilt nicht nach dem Ansehen einer Person; Mt 23,1ff: Worte gegen die Falschheit der Pharisäer; Mk 7,1–8.14–15.21–23: Das Innere ist entscheidend; Lk 18,9–14: Pharisäer – Zöllner.

(Gl. legt die Attrappe eines Handys ans Ohr) Dieser Gegenstand ist euch sicherlich bekannt? Aber etwas stimmt nicht mit diesem Handy; komm, sieh es dir einmal genauer an ... Ja, es ist eine täuschend ähnliche Nachbildung, eine Attrappe! Damit kann man gar nicht richtig telefonieren, und manch einer ist schon damit aufgefallen, wenn er in einem Notfall gebeten wurde, schnell Feuerwehr oder Polizei herbeizurufen. Bei diesem Handy stimmen Innen und Außen nicht überein. Da will jemand den Anschein erwecken, er sei etwas Besonderes, ein VIP = eine „very important person", eine sehr wichtige Person, die immer erreichbar sein muß.

Jesus hat sich immer wieder mit solchen Menschen angelegt, mit den Pharisäern, die durch die Einhaltung vieler Gesetze Gott ganz besonders gefallen wollten, aber mit der Zeit stimmten Außen und Innen nicht mehr überein. Die Einhaltung des äußeren Gesetzes war ihnen wichtiger als das Gespür für das Innere, das Herz. Sie wollten mehr scheinen als sein. Das geschieht auch heutzutage oft genug, zum Beispiel:

– Nach dem tollen Rennen von Jan Ullrich im gelben Trikot kauften sich viele Leute ein Fahrrad, wie er es fuhr, und ein Trikot, wie er es trug. Sind das jetzt nun die tollen Fahrradfahrer?
– Da bekommt einer eine schicke neue Schultasche, die allerneueste Marke von Kugelschreiber und noch einiges Tolle dazu. Ist er deshalb ein guter Schüler?
– Da treffen sich Freunde, die sich zur Begrüßung einen Kuß geben. Es kommt aber schon mal vor, daß man sich nur äußerlich superfreundlich umarmt. Jeder, der sie sieht, nimmt an, sie seien die dicksten Freunde. Aber in Wirklichkeit ist da nicht viel. Vielleicht denkt sogar einer: „Die alte Zicke/der alte Angeber, wäre sie/er bloß schon wieder fort ..."

Es ist so wie bei der Handyattrappe: Außen und Innen stimmen nicht überein. Wir setzen oft Zeichen, die gar nicht der Wirklichkeit entsprechen. Aber aufs Äußere kommt es doch gar nicht so sehr an, sondern wichtig ist, was drinsteckt. – „Mehr scheinen als sein!" ist sehr modern geworden.

Selbst vor Gott gebrauchen wir manchmal Zeichen, bei denen Innen und Außen nicht übereinstimmen:

– Da wird feierlich ein Kind getauft. Aber das war's dann auch. Von christlicher Erziehung keine Spur.
– Manch einer trägt ein großes goldenes Kreuz um den Hals. Aha, ein frommer Mensch? Fehlanzeige, nur Schmuckstück. Eine taube Nuß – christlich besehen!

- Zur Erstkommunion kommen die Kinder in teuren Kleidern, wunderschön anzusehen. Aber für Jesus ist kaum Platz im Herzen, weil sich da die Geschenke, vor allem die Geldscheine drängeln.

Gott ist nicht zufrieden mit äußeren Zeichen, mit „so tun als ob" – wie bei der Handyattrappe. Gott will unsere echte Zuneigung, er will unser Herz; ihm ist unser Inneres entscheidend wichtig.

Versteht mich bitte recht: All die äußeren Zeichen, die ich aufgezählt habe, sind in sich nicht schlecht. Ein Jan-Ullrich-Fahrrad ist schon was Tolles, ein Kuß zur Begrüßung schön..., aber das Äußere soll mit dem Inneren übereinstimmen, nur dann sind wir glaubwürdig, nur dann gefallen wir Gott.

(Gl. nimmt das richtige Handy) Hier habe ich ein richtiges Handy. Damit kann ich Hilfe herbeiholen oder mit jemandem ein gutes Gespräch führen. Darum lege ich es gut sichtbar vor den Altar. Es möge daran erinnern, daß Innen und Außen übereinstimmen müssen, wenn es Gott gefallen soll – und letztlich auch den Menschen.

(Rolf Kips, D-53879 Euskirchen)

76. Das Loslassen üben. Ein Evangelium in der Sprache der Hände
(Hände)

Lesungen: Jesus Sirach 29,8–12: Macht euch Freunde mit dem ungerechten Mammon; Apg 5,1–4(–11): Geld kann den Blick vernebeln (Hananias und Saphira); Mt 22,15–21: Gebt dem Kaiser, was dem Kaiser gehört. Und Gott, was Gott gehört.

Hinweis: Sie können aus jeder Übung auch eine eigene Predigt machen.

Hoffentlich ruft es ein Lächeln in Ihren Herzen hervor, wenn ich Sie heute zu einem Fingerspiel einlade. Wenn Sie bereit sind, mitzuspielen, wird das Gehörte ein Stückchen tiefer in Sie eindringen. Wenn Sie aber wichtige Gründe haben, nicht mitzumachen, dann stellen Sie sich bitte alles sehr genau vor!

Erste Übung: *Reiben wir Daumen und Zeigefinger aneinander: Das „Pinkepinke"-Zeichen ...*
Wissen Sie, wie der Kupferdraht erfunden wurde? Da hat jemand ein Pfennigstück, das er in der Kirche spenden wollte, so lange zwischen Daumen und Zeigefinger gerieben, bis es sich erhitzte und zum Draht formen ließ. Spaß beiseite: Wie tief sitzt dieses Fingerspiel in uns? Wie wichtig ist uns das Geld?
Im Evangelium hieß es: Gebt dem Kaiser, was dem Kaiser gehört! Und Gott, was Gott gehört.
Im Sinne Jesu heißt das eigentlich richtig übersetzt: „Werft dem Kaiser, dem Staat, das Nötige vor die Füße, aber hängt euer Herz ganz an Gott."

Zahlen wir gerne Steuern? Ich kann doch nicht zum Beispiel über unsere schönen Straßen sausen und mich andererseits darüber aufregen, daß ich auch dafür kräftig bezahlen muß?! Warum schauen wir nicht auf die 90 Prozent, die von diesen Steuergeldern vernünftig angelegt werden? Warum auf die zehn Prozent, die vielleicht verschwendet werden? Waren denn unsere Angaben in unserem Versicherungsfall immer hundertprozentig richtig? Sind es nicht Deutsche, die mit Ausländern eine Scheinehe eingehen, um sich das Taschengeld aufzubessern?

Also: Wie wichtig ist uns das Fingerspiel, genügend „Knete" zu haben? Würden wir in einer Erbschaft auf zwanzig- oder dreißigtausend Mark verzichten um des Friedens willen unter den Geschwistern? Bin ich dem Geld, dem Konto, dem Kapital schon verfallen?

Zum Kapital fand ich ein treffendes Lied, das Katja Ebstein singt (Text: Inge Brück). Darin führt sie aus: Wer sich auf die Macht des Geldes einläßt, das uns Herz und Hirn verbiegen kann, der macht die Erfahrung: Es schleicht sich immer mehr in unser Denken ein. Die letzte Strophe wörtlich: „Dann läufst du rum und bist schon tot. Hast mit der Lüge keine Not. Taub ist die Seele, taub das Fleisch in dem Bewußtsein ‚Du bist reich!' Doch tief im Innern bist du arm. Schlägt dein Gewissen nicht Alarm, fraß dich total: das Kapital, das Kapital."

Zweite Übung: *Eine Hand, die bereit ist zur Vergebung. Schauen wir in unsere offene Hand – geöffnet wie zum Friedensgruß. Das Wort „verzeihen" kommt von „zeihen, zeigen".*

Zeigen wir jetzt bitte mit dem Zeigefinger auf einen anderen in der Absicht: „Das vergesse ich dir nie!" Schauen wir genau auf unsere Hand: Jetzt zeigen drei Finger auf uns selbst. Wenn ich die Sprache der Hand verstehe, dann heißt das doch: Trifft auch mich Schuld? Wie kommt der andere zu der Behauptung, ich sei der Hauptschuldige in diesem Streit? Wenn ich jetzt *verzeihe* (also das Gegenteil von zeihen, zeigen) und den Zeigefinger zurückziehe – tun wir es mal –, was passiert dann?: Die Hand ist in sich geschlossen, zeigt Ruhe und Frieden an. Aber Vorsicht! Wie schnell kann sie wieder zur Faust verkrampfen. Darum muß hier mehr als guter Wille eine Rolle spielen – vielleicht die Überlegung: Weil du, Gott, meine Schuld vergibst, vergebe ich auch! „Vergib uns unsere Schuld, wie auch wir vergeben *unseren* Schuldnern!"

Dritte Übung: *Beide Hände legen wir jetzt zum Gebet zusammen, so daß die Fingerspitzen nach oben zeigen. Schauen wir, wie entspannt sie zusammengefügt liegen! Die einfachste, aber wohl auch schwerste Übung.*

„Greifen und festhalten können wir seit der Geburt; teilen und schenken mußten wir lernen und jetzt das Loslassen üben" (Kyrilla Spiecker). Gilt das erst für ältere Menschen? Nein, ich habe letzte Woche einen 31- und einen 51-jährigen beerdigt! Also, ein Leben lang das Loslassen üben!

Jesus sagt im Evangelium: „Gebt Gott, was Gott gehört." Und weil er uns alles geschenkt hat, erhebt Gott Anspruch auf den ganzen Menschen. „Werft dem Kaiser das Nötige vor die Füße, aber hängt euer Herz an Gott."

Schauen wir hin: Wir öffnen die gefalteten Hände – jetzt liegen sie wie offene Schalen da, die empfangen und weitergeben können; beide Hände, die sich vertrauensvoll geöffnet haben, um sich in Gottes große Hand einzufügen.

„So nimm denn meine Hände und führe mich!", wie es im Lied heißt, das gerne zur Trauung und zur Beerdigung (im evangelischen Bereich) gesungen wird.

Spüren wir?: Unsere Hände, diese kostbaren Werkzeuge, können zu seelenlosen Greifwerkzeugen verkommen, aber sie bergen auch wichtige Aussagen der Heiligen Schrift.

Schöpfung / Umwelt / „Dritte" oder Eine Welt

77. Interview mit einem Goldregenpfeifer
(Schöpfung / Umwelt)
(Ein Kind – als Vogel kostümiert)

Lesungen: Auszüge aus Ps 104 oder 148: Dank für die Schöpfung; Mt 6,26–34: Seht euch die Vögel des Himmels an.

R. = Reporter, G. = Goldregenpfeifer

R.: Vielleicht stellen Sie sich selbst vor. Ich kenne nur Ihren Namen: Sie sind ein Goldregenpfeifer.

G.: Ja, ich bin taubengroß, wiege 130 Gramm, sehe goldgesprenkelt aus und bin auf der Bauchseite dunkel. Vielleicht kennen Sie meine Vettern und Cousinen; sie machen in Deutschland Halt, wenn sie nach der Brutzeit in Finnland und Schweden für die kalten Monate nach Afrika fliegen.

R.: Sie sind ein Goldregenpfeifer, der in Alaska brütet und für die Winterzeit nach Hawaii fliegt, und dabei überwinden Sie eine Strecke von nahezu 4.500 Kilometern!

G.: Die Schwierigkeit besteht darin, daß ich mich auf der ganzen Strecke, also über diese 4.500 Kilometer, nicht ein einziges Mal ausruhen kann, weil es unterwegs keine Insel, nicht einmal ein trockenes Fleckchen gibt. Und schwimmen kann ich nicht! Meine Altersgenossen und ich fliegen 88 Stunden ununterbrochen im Non-Stop-Flug über das offene Meer – also drei Tage und vier Nächte lang.

R.: Eine phantastische Leistung! Wissenschaftler haben ausgerechnet, daß Sie dabei rund 250.000 Mal die Flügel auf- und abbewegen. Das hieße – angemessen verglichen – für uns Menschen: eine Viertelmillion Liegestützen machen! – Was stellen Sie denn an, um für diesen Marathon gerüstet zu sein?

G.: Ich fresse mir in kurzer Zeit mehr als die Hälfte meines Körpergewichtes an, nehme also um 70 Gramm Fett zu.

R.: Mehr als die Hälfte des Körpergewichts? O wie würden *wir* aussehen, wenn wir in drei Monaten statt 80 Kilo auf einmal 120 Kilo, das wären fast zweieinhalb Zentner(!), auf die Waage brächten!

G.: Wir fliegen dann 88 Stunden lang in der für uns idealen Fluggeschwindigkeit von 51 Kilometern in der Stunde. Wenn wir langsamer fliegen, verbrauchen wir zuviel „Treibstoff" für den Antrieb; fliegen wir schneller, verschwenden wir zuviel Energie zum Überwinden der Lufttreibung.

R.: Das bestätigen Wissenschaftler in ihren Untersuchungen und sagen: Im Vergleich zu seinem Gewicht braucht ein Hubschrauber siebenmal und ein Düsenjäger sogar zwanzigmal mehr Treibstoff als Sie.

G.: Jedenfalls darf ich am Ende meiner Reise nicht weniger als 130 Gramm wiegen, sonst stürze ich ins Meer und ertrinke. Aber rechnen Sie mal mit: Pro Flugstunde verbrauche ich 0,6% meines Gewichtes. Nach 72 Flugstunden wäre alles „Treibfett" vollständig verbraucht und ich müßte – 800 Kilometer vor dem Ziel – ins Meer stürzen.

R.: Und wie lösen Sie das Problem?

G.: Unser Schöpfer, der uns so wunderbar programmiert hat, gab uns noch zwei lebenswichtige Informationen mit: Erstens, fliege nicht allein über das große Meer, sondern immer in Gemeinschaft mit anderen. Und zweitens, ordnet euch beim Flug immer keilförmig an. So spart ihr Energie.

R.: Natürlich nicht der Goldregenpfeifer, der vorne an der Pfeilspitze fliegt. Aber der trägt ja vermutlich nicht ständig die Last?

G.: Nein, die Stärksten wechseln sich vorne ab. So sparen wir gegenüber dem Einzelflug 23% Energie ein. Meistens haben wir am Ende noch ein paar Gramm Fett übrig. Es könnte ja auch Gegenwind geben.

R.: Und wenn ein Unwetter aufkommt?

G.: Wir fliegen über den Wolken!

R.: Und verirrt sich keiner im Dunkel der Nacht, zum Beispiel einer, der am hinteren Teil der Kette fliegt?

G.: Wir stoßen immer wieder zwischendurch Laute aus, die anzeigen, wo wir fliegen.

R.: Es sind doch sicher die Eltern dabei, die aufpassen, damit alle durchkommen?

G.: Nein, die sind bereits Wochen vorher losgeflogen – ohne uns. Das störte uns auch nicht!

R.: Aber da bleiben doch wichtige Fragen: Woher wußten Sie dann, daß Sie sich genau 70 Gramm Fett anfressen müssen? Wer sagte Ihnen, wo Hawaii liegt und welche Richtung Sie dann einschlagen müssen? Vorher sind Sie diese Strecke gewiß nicht abgeflogen? Und unterwegs gibt es keine Orientierungspunkte im offenen Meer. Und wie finden Sie die winzigen Inseln im Pazifischen Ozean, die ringsum viele hundert Kilometer von Wasser umgeben sind?

G.: Ja, es ist zum Staunen. Wir fliegen die Strecke wirklich zum ersten Mal, denn unsere Eltern sind schon vorausgeflogen. Wir finden den Flugkurs selbst dann, wenn Stürme in großer Höhe uns abgetrieben haben. Der Schöpfer hat uns ein Navigationssystem einprogrammiert, ähnlich einem Autopilot (= automatische Steuerung von Flugzeugen), der uns mühelos den Kurs einhalten läßt.

R.: Eigentlich kann das auch nicht alles ein Zufall bewirkt haben, daß sich ein Ur-Goldregenpfeifer zufällig 70 Gramm Fett angefressen hat und zufällig die richtige Richtung fand und über 4.500 Kilometer zufällig nicht abgetrieben wurde. Denn eine winzige Abweichung vom Kurs – und alle gingen rettungslos zugrunde.

G.: Wir erreichen unser Winterquartier mit unserem Autopiloten absolut betriebssicher. Wir freuen uns, wenn wir weiter diese staunenswerte Leistung vollbringen können und uns die Menschen in Alaska wie in Hawaii und auch unterwegs unseren Lebensraum erhalten.

R.: Ich staune, welche Wunder unsere Welt immer noch vorweisen kann. Danke für dieses Gespräch!

G.: Ja, danke unserem Schöpfer! Und danke dafür, daß Gemeinschaft so stark machen kann. Auch die Menschen können nur überleben, wenn Wege gefunden werden, die – bei aller Technik – gemeinsam weiterführen.

(Nach einem Artikel von Werner Gitt in „Schritte ins Leben", Christliche Literatur-Verbreitung e.V., D-33649 Bielefeld)

Alternative
Ähnlich finden Sie in der „Kibö" 93-2, Seite 11, ein Interview mit einem Regenwurm, Spezialist für Erdarbeiten, der verrät, wieviel Leben in einer Handvoll gesunder Erde steckt. Absicht: Wer an einer kleinen Stelle des Kosmos staunen kann, wird auch die großen Wunder mehr in den Blick bekommen!

78. Staunen, danken und erhalten (Schöpfung / Umwelt)
(Eine Turmschnecke für jeden)

Hinweise:
1. Urlauber, die an die Adria fahren, bitten, eine ausreichende Anzahl mitzubringen. Eine große Zeichnung kann notfalls genügen.
2. Wenn Sie diesen Gottesdienst mit Weinbergschnecken durchführen möchten, muß der dritte Punkt der Predigt geändert werden.

Lesungen: Ps 104 (nur Auszüge bringen!); Jak 5,7–11: Geduldig ausharren (diesen Gedanken betont Absatz 2); Mt 6,25–33: Mehr als auf unsere nötige Vorsorge für das alltägliche Leben kommt es auf unser Gottvertrauen an.

Drei Gedanken möchte ich zur Turmschnecke darlegen. Vielleicht nehmen wir sie dabei in die Hand, um uns besser zu konzentrieren.
1. Wie anspruchslos sie lebt: Sie hat alles Nötige auf ihren Rücken gepackt! Stellt euch vor, Kinder, ich würde euch alles aus eurem Kinderzimmer auf euren Rücken packen! Da würdet ihr zusammenbrechen! Dabei sind die vielen Spielsachen, Bücher und Stofftiere ja gar nicht sooo wichtig. Denn ab und zu schaut ihr (und auch der alte Mensch) in der Wohnung nach, ob noch einer da ist. Das Vertrauen zu demjenigen, mit dem wir sprechen können und der bei uns bleibt, ist doch viel wichtiger als all die tausend Dinge, die wir uns hingestellt haben. Das meinte auch das Evangelium eben: Die Sorge um alle lebensnotwendigen Dinge ist wichtig, aber entscheidender ist, wem ich vertrauen und wen ich lieben kann. Ich möchte die Frage auch an die Erwachsenen stellen: Was nähmen wir aus der ganzen Wohnung mit,

wenn wir flüchten müßten – wie immer wieder so viele Menschen auf der ganzen Welt? Was behielten wir von der Last noch nach zehn Kilometern, wenn sie immer schwerer wird? Jedenfalls, die Schnecke lebt uns vor: Es geht auch mit weniger!
2. Wir hetzen an den Herrlichkeiten der Welt vorbei. Wie schnell fährt euer Vater, eure Mutter: 150, 180 Stundenkilometer? Diese Schnecke hier ist langsam. Solch ein „Schneckentempo" geht sicher manchem auf die Nerven. Aber wir können – ich will es mal auf uns übertragen – alles bewußter erleben, weil dabei „die Seele nachkommen" kann. Wer weiß, worüber lächelt Gott mehr: über das Schneckentempo oder über unsere Hektik? Mit Geduld kommen wir auch ans Ziel. Darum haben wir einmal beim Segen über die Schulneulinge unter den Eltern ein Wollknäuel herumgereicht, damit sie sich ein Stück „Geduldsfaden" für ihr Kind abschneiden konnten.
3. Am auffallendsten an der Schnecke ist die Spirale. Schaut mal genau hin, und setzt das Haus wie einen Turm auf: Ganz klein fängt die Spirale oben an und wird größer und immer größer – wie unsere Ansprüche! Immer höher, immer weiter, immer schneller. Aus dem Super-Jackpot 34 Millionen gewinnen! (hier Aktuelles einfügen: letztere Information stammt von August 1998). Aber genau diese rasante Bewegung macht unsere Umwelt nicht mehr mit, weil sie dabei auf der Strecke bleibt.

Erinnern wir uns noch an das Märchen der Brüder Grimm von dem Fischer und seiner Frau? Aus der Hütte sollte ein Häuschen werden, dann mußte ein Schloß her; aber nur König sein? Nein: Kaiser! Nein: Papst! Nein --- Gott selbst sein!! Im Märchen hält es bei diesen Ansprüchen die Natur nicht mehr aus: Immer bedrohender wirken Meer und Himmel. So heißt es, als die Spirale der Wünsche ins Unermeßliche steigt: „... der Sturm brauste, Häuser und Bäume wurden umgeweht, die Berge bebten ... Felsstücke rollten in die See, der Himmel war pechschwarz, und es donnerte und blitzte, und die See ging in schwarzen Wogen so hoch wie Kirchtürme ..." Und dann – sitzen sie wieder in der Hütte.

Heute ist der Mensch so weit, daß er fast wie der liebe Gott sein kann. Er kann Gene verändern, also auch den Menschen neu schaffen. Aber könnte uns der Turm der Schnecke nicht warnen: Eure Türme, liebe Menschen, wachsen auch heute noch nicht in den Himmel!? Sie brechen zusammen wie der Turmbau von Babel, von dem die Bibel erzählt. Der Turm damals wurde bis in die Wolken gebaut, um Gott vom Thron zu holen, weil die Menschen damals glaubten, Gott wohne oben im Himmel. Warum brach der Turm zusammen? In der Bibel heißt es: Die Menschen verstanden auf einmal einander nicht mehr! Wenn es um den Jackpot einer Erbschaft geht, dann erleben wir oft genug, wie Geschwister, die viele Jahre miteinander gut umgegangen sind, sich plötzlich nicht mehr verstehen. Und dann zerfällt so vieles. Auch jede „Tagesschau" beweist es: Die Menschen verstehen einander nicht. Darum wächst kein Turm mehr ganz hoch.

Vielleicht kleben wir den Schneckenturm für ein paar Wochen senkrecht auf unserem Schreibtisch fest und schauen uns dann ab und zu die Spirale an, um dabei zu überlegen: Ginge es nicht auch andersherum? Wir drehen alles um ein paar Wünsche zurück und leben einfacher, bewußter, ziehen kleinere Kreise ..., damit die Umwelt überleben kann! Zum Beispiel: Unsere geplante Anschaffung für die nächsten Wochen – muß sie sein? Gibt sie uns tatsächlich mehr Lebensqualität?

79. Mehr Gerechtigkeit *vor* dem Tod
("Dritte" oder Eine Welt)
([Rotes] Meßgewand, Plüsch-Hund, Türklinke, Fernglas)

Hinweis: Diese Predigt ist sehr allgemein gehalten. Es ist erforderlich, beim gewählten Thema die Formulierungen zu konkretisieren.

Evangelium: Lk 16,19–31: Der arme Lazarus vor der Tür des Reichen.

Gl.: Die Sprecher und/oder Sprecherinnen geben uns vier Hinweise, um der Gerechtigkeit *vor* dem Tod ein wenig nachzuhelfen.

1. Spr. *mit einem roten Meßgewand oder sonst einem schönen Gewand in der Hand:*
„Purpur und feines Leinen" – ein tolles Gewand, das der reiche Mann besitzt. Bestimmt zeigt er sich gerne damit. Stolz ist er auf das, was er sich erarbeitet hat, und das vielleicht auch zu Recht.
Wir haben auch große Errungenschaften, auf die wir stolz sein können. Sie wurden über Generationen erarbeitet und erkämpft: unsere Freiheit, daß jeder glauben und sagen kann, was er denkt; daß unsere Kinder in die Schule gehen und wir alle einigermaßen sicher leben können ... All das sind große Errungenschaften. Aber was sind sie wert, wenn quasi vor unserer Haustür die große Not herrscht? Dürfen wir tatsächlich „Tag für Tag herrlich und in Freuden leben"? Geht uns das alles wirklich nichts an – wie den reichen Mann im Evangelium? *(Gewand vorne ablegen)*

2. Spr. *mit einem Plüschhund:*
„Die Hunde leckten an seinen Geschwüren." – Warum kamen die Hunde? Suchten sie ihren Vorteil am Leid des „Lazarus", des Armen in der Welt? Wer einmal am Boden liegt, wird schnell zertreten. Mit denen, die andere Menschen mit Füßen treten, lassen sich oft gute Geschäfte machen. Die Konditionen sind meistens gut, und selbst beteiligt man sich ja schließlich nicht „an den schlimmen Dingen, die nun einmal eben passieren". Lazarus liegt ja schon am Boden.
Oder leckten die Hunde an den Geschwüren des Lazarus, um seine Schmerzen zu lindern und seine Wunden zu heilen? Wer kümmert sich

	um den, der am Boden liegt? Nur der Hund – der, der selbst nicht geachtet wird? *(Hund vorne absetzen)*

3. Spr. *mit einer Türklinke:*
Lazarus lag vor der Tür des Reichen. Vor der Tür – und der Reiche hat ihn nicht einmal bemerkt. Er ist einfach über ihn hinweggegangen. Hätte der Reiche seinen Blick auch nur einmal nach unten gerichtet – selbst von seinen Abfällen hätte Lazarus schon leben können. Aber er hat Lazarus nicht beachtet.
Wer beachtet schon den oder das, was auf dem Boden liegt? Dabei ist das Beachten, ein bißchen Achtung, oft schon alles, was ein anderer braucht. Doch der reiche Mann hat lieber erst gar nicht vor die Tür geschaut. Die Tür blieb verschlossen. *(Türklinke vorne ablegen)*

4. Spr. *mit einem Fernglas* – schaut damit zuerst suchend umher:
Erinnern Sie sich? Wir wollten noch einmal auf ... *(Thema einsetzen)* zurückkommen: Auch diese Menschen haben eine Zukunft, wenn – ja, wenn wir sie beachten. Wenn wir genau hinschauen, was dort geschieht. Wenn wir konsequent anprangern, was Menschen an Leid zugefügt wird. Die Menschen in ... *(Thema!)* haben eine Zukunft, wenn auch wir auf ihre Rechte achten und nicht einfach über sie hinweggehen. *(Fernglas vorne ablegen oder aufhängen)*

Gl.: Jesus kam als Arzt zu den Kranken und Benachteiligten. Wir stehen in seiner Nachfolge, wenn wir uns um Menschen kümmern, die *vor* der großen Erlösung im Tod schon jetzt ein wenig besser leben und aufatmen möchten.

(Ulrike Fell, Bergheim/Erft, in „Des Menschen Recht – mit Füßen getreten", Gottesdienst in „FaJu" April 96)

Maria / Rosenkranz

80. Maria – Mutter und Fürsprecherin
(Eine Marienikone: Mutter mit Kind)

Lesungen: 1 Joh 4,7–10: Weil sich Maria der Liebe Gottes öffnete, schenkte sie uns die göttliche Liebe in Jesus Christus; 1 Kön 18,41–46: Das dürstende Land, auf das endlich Regen fällt, ist die Zeit, in der die Menschen auf Christus warteten. Die kleine Wolke stellt Maria dar, die uns den erquickenden Regen in Jesus Christus schickte. Marienverehrung darf also nie von Jesus Christus getrennt sein (Interpretation nach Papst Johannes I., Kölner Kirchenzeitung 18/97, S. 11); Joh 19,25–27: Sie ist deine Mutter; Lk 1,46–56: Er vollbringt machtvolle Taten; Joh 15,12.14–17: Wer in der Liebe bleibt, bleibt in Gott – wie Maria.

Wunderschön ist der Maialtar wieder geschmückt. Inmitten von Blumen und Kerzen steht Maria. Wenn ich das richtig beobachtet habe, werden vor keiner und keinem anderen Heiligen so viele Kerzen entzündet und damit Anliegen vorgebracht wie vor Mariendarstellungen.
Theologisch ist richtig: Ich kann mich in meinen Anliegen direkt an Jesus wenden! (Jetzt auf die Darstellung der Ikone eingehen: Maria ist zwar größer als Jesus dargestellt, aber ihre Kopfneigung, ihre Hand, die Falten ihres Gewandes: alles ist auf Jesus hin ausgerichtet, von dem alle Gnade ausgeht.) Und doch darf ich in der Predigt einmal bei Maria stehenbleiben: Ich bin froh, daß durch sie auch Mütterlichkeit in dieser manchmal unbarmherzigen Männerkirche vorhanden ist. Mich haben schon immer die Kriegserlebnisse meines Vaters nachdenklich gemacht, in denen er von der Not in den Schützengräben an der Front erzählte: Wenn der Tod näherrückte und die Angst die Männer überfiel; dann schrien sie in ihrer Todesnot nicht nach dem Vater, sondern immer nach der Mutter! Darum möchte ich das Geschenk, eine Mutter zu haben, anhand von zwei Begebenheiten würdigen:
Ein Freund hatte bei einem ehemaligen Studienkollegen in München übernachtet. Beim Frühstück fragte der Gastgeber: „Hast du denn überhaupt schlafen können?" Er erhielt wahrheitsgemäß die Antwort: „Na, ich hatte meine Schwierigkeiten." Das Haus des Studienkollegen lag nämlich in der Einflugschneise des Flughafens. Bis in die späte Nacht hinein und vom frühen Morgen ab dröhnten die Flugzeuge über das Dach.
„Ja, weißt du", sagte der Gastgeber, „wir hören es gar nicht mehr, dieses Dröhnen. Aber wenn eines unserer Kinder im Schlaf laut seufzt, ist meine Frau hellwach. *Ich* höre das nicht!"
Da ist dieser erstaunliche Vorgang der Mutterliebe mit der feinen Antenne für ihre Kinder. Und das ist das Wunderbare an Maria, die das leiseste Seufzen

nicht überhört. Maria ist unsere Mutter, die uns liebt. Sie ist zwar auch Königin, aber sie ist für uns mehr Mutter als Königin.

Die zweite Begebenheit spielte sich in der Zeit ab, als in Zügen noch nicht automatisch das Licht anging, wenn sie durch Tunnel fuhren. Es war im Schwarzwald. Im Abteil saß eine Mutter mit ihrem kleinen Jungen. Kurz nach St. Georgen fuhr der Zug in einen Tunnel. Finsternis und intensiver Lärm. Dahinein die Stimme des Kindes: „Bist du noch da, Mama?" Begütigend die Stimme der Mutter: „Ja, Kind, ich bin da!"

„Aber ich sehe dich nicht!" – „Du spürst mich doch", beruhigte die Mutter. Doch Finsternis und Lärm blieben. Und wieder die Stimme des Kindes: „Dauert's noch lang?" – „Nein, Kind, gleich sind wir wieder im Hellen."

(Beide Erlebnisse nach Joseph Weissmann, D-78224 Singen)

So ähnlich mag es uns manchmal ergehen in der Dunkelheit einer Situation, mit der wir uns plötzlich konfrontiert sehen: „Bist du noch da, Gott?"

Es gibt da oft das Gefühl der Gottverlassenheit. Manche suchen dann einen Ausweg; in diesen harten Erfahrungen suchen sie gleichsam den mütterlichen, weiblichen Bezug und wenden sich an Maria. So entstand aus der Erfahrung von Christen folgendes Gebet:

„Es ist noch nie gehört worden, daß jemand, der zu dir seine Zuflucht genommen, deine Hilfe angerufen, um deine Fürbitte gefleht hat, von dir sei verlassen worden." (GL, Kölner Diözesananhang Nr. 983,1)

Maria steht uns als Mutter ganz nahe. Das können viele bestätigen, die den Rosenkranz beten. – Eine Mutter berichtet:

Sie wußte, Kinder können sterben – aller medizinischen Technik zum Trotz. Sie wußte, jedes Kind bedeutet ein Geschenk auf Abruf, nicht Besitz auf Lebenszeit. Sie wußte, jedes Leben – und sei es noch so kurz – trägt seinen Sinn in sich selbst. Sie war Theologin, Religionslehrerin.

Dennoch – die Nachricht von der schweren Krankheit ihrer neugeborenen Tochter trifft sie wie ein Fallbeil. Traurigkeit, Entsetzen, vor allem aber ein namenloser Zorn legen sich wie eine tödliche Schlinge um ihr Herz – eine Schlinge, die sich von Minute zu Minute enger zusammenzieht. Beten? Unmöglich! Schließlich tut sie etwas für sie Ungewöhnliches. Sie greift zum Rosenkranz – um von der Last befreit zu sein, ihre Not auch noch in Worte pressen zu müssen. „In dieser Situation", so erzählt sie Monate später, „habe ich zum erstenmal begriffen, was Rosenkranz-Beten eigentlich bedeutet. Es war das einzige Gebet, zu dem ich noch fähig war, die einzige Brücke, die noch trug."

(Silvia Becker, in: Frau & Mutter 10/91. Rechte bei der Autorin)

Darum können auch wir uns ihr vertrauensvoll zuwenden und mit dem biblischen Gebet gemeinsam sprechen: Gegrüßet seist du, Maria ...

(Dazu ein gleichnamiger ausformulierter Gottesdienst in "FaJu", 4/98)

81. Maria – ein Klangspiel Gottes
(Ein Klangspiel – wie ein Windspiel konstruiert, aber mit kräftigeren Klangkörpern als beim Gong; im Handel besorgen)

Lesungen: Jes 61,10–11: Von Herzen will ich mich freuen über den Herrn; Lk 1,39–47: Hoch preiset meine Seele den Herrn.

Eine Sage erzählt: Die Stadt Theben sei von einem Brüderpaar gebaut worden. Zetos, der aktive, stark und kräftig, konnte nur dann die mächtigen Felsbrocken verschieben und Mauern errichten, wenn Amphion, der schwächere und sensiblere, voller Lust die Leier schlug. *(Klangspiel anschlagen!)*
Wie oft werden Künstler in ihrem Schaffen von einem geliebten Wesen beflügelt! Zerbricht die Beziehung, erlischt manchmal oder zeitweise die künstlerische Kraft. *(Klangspiel anschlagen!)*
Es wäre theologisch falsch, einseitig den *einen* Gott im christlichen Gottesbild herauszukehren: Der *dreifaltige* Gott zeigt das Hin- und Herfluten der Liebe in Gott an, wobei neuerdings der Heilige Geist (ruach = der Atem; im Hebräischen weiblich) vorwiegend als die „weibliche" Komponente herausgestellt wird. *(Klangspiel anschlagen!)* (Vgl. Nr. 40 in diesem Buch)
Maria öffnete ihre Herzenstüren dem Ansinnen des Heiligen Geistes. Der Mächtige suchte die Harmonie mit dieser Frau, die uns dann den Erlöser gebar. Da in Maria das Urbild der Kirche gesehen wird, ist sie für uns der versöhnliche Ausgleich, der der Kirche den mütterlichen Zug schenkt und sie zur Harmonie finden läßt.
(Jetzt auf das entsprechende Marienfest näher eingehen und ab und zu das Klangspiel anschlagen!)

82. Von Rose zu Rose beten
(Ein größerer Rosenkranz, dazu ein Stück Bergseil, eine größere Holzkugel mit ca. 10 cm Durchmesser, eine Rose)

Lesungen: Jes 61,10–11: Von Herzen will ich mich freuen über Gott (Worte des Propheten Jesaja: Maria in den Mund gelegt); Lk 1,46–55: Meine Seele preist die Größe des Herrn.

(Gl. zeigt den Rosenkranz)
Für viele ist das Beten des Rosenkranzes ein Gebet vom Fließband, seelenloses Geplapper, dazu noch „Leistung" von 53 „Stück" Ave Maria. Eigentlich geht es bei den Wiederholungen jedoch um einen Rhythmus, dem wir im Leben immer wieder unterworfen sind: beim Ein- und Ausatmen, bei Tag und Nacht, Ebbe und Flut, Saat und Ernte. Besser noch ist der Vergleich mit dem Wasser eines Brunnens, das von Schale zu Schale fließt: In der Wiederholung fällt etwas

immer tiefer in unsere Seele. Es geht also nicht um das dauernde „Gegrüßet seist du, Maria", es geht um eine Einstimmung auf eine andere Ebene – so wie manch einer es im Urlaub liebt: immer wieder am Strand entlanggehen und sich tiefer und tiefer besinnen. In der Einsamkeit der Berge bete ich am liebsten *dieses* Gebet. Um zu verdeutlichen, was ich meine, habe ich den Rosenkranz in seine Einzelteile zerlegt.

1. Hier das Band, das die Perlen des Rosenkranzes zusammenhält, ein starkes Band, ein Stück **Bergsteigerseil** *(Gl. zeigt es)*: Am Fels hänge ich mich in solch ein Seil. Ich vertraue mich ihm an. Es gibt mir Sicherheit. Das Wort Religion kommt vom lateinischen religere = Ich binde mich an einen anderen; ich halte mich fest; ich lasse mich halten und überwinde leichter die schwierigen Passagen im Leben.
   Und die Knoten zwischen den Perlen? *(Gl. macht einen Knoten ins Seil)*: Sie bieten mir festen Zugriff und verstärken den Halt, damit ich nicht unversehens abgleite.
2. Hier eine vergrößerte **Perle** *(Gl. zeigt sie)*: Sie ist eine Kugel. Eine Kugel zeigt eine vollendete Form; alle Ecken und Kanten sind abgeschliffen. Sie weist wie die Kugel am Weihnachtsbaum auf Göttliches hin: Da gibt es kein Oben und Unten mehr, kein Rechts und Links, kein Vorne und Hinten. Ich darf also meinen Blick aus allem Irdischen lösen und auf das Göttliche richten, wenn Perle um Perle, Kugel um Kugel durch meine Hände gleiten. Größtenteils sind die Kugeln aus Holz. Daher lade ich Sie ein, beim Beten auch an Krippe und Kreuz zu denken, die beiden wichtigsten Stationen aus Holz zu Beginn und am Ende des Erdendaseins unseres Menschenbruders Jesus. – Noch deutlicher wird dieses Besinnen durch das letzte Einzelteil:
3. Wir beten beim Rosenkranz von Perle zu Perle oder – vom Namen her – von Rose zu Rose: Diese **Rose** *(Gl. zeigt sie)* ist ein Sinnbild für unser Leben: Sie ist wie das Leben schön und verletzend, eine herrliche Blume mit bezauberndem Duft und – stechenden Dornen. Beim Beten von Rose zu Rose denke ich also über das Leben nach, über Freude und Trauer, über Sehnsüchte und Enttäuschungen. Dabei darf ich auf Maria schauen, die dies alles zu spüren bekam: Die Dornen stachen schon gleich bei der Schwangerschaft zu, als in Nazaret alle mutmaßten, wer wohl der Vater des Kindes sei. Die Dornen stachen wieder zu im armseligen Stall zu Bethlehem; danach war sie Flüchtling und Asylbewerberin in Ägypten. Zuletzt mußte sie unter dem Kreuz den grausamen Tod ihres Sohnes miterleben. Aber sie erfuhr auch den Duft des Glücks: als Jesus auferstand, sie zu sich in den Himmel nahm und sie zur Königin machte, der Fürsprecherin aller Menschen. In allem gab sie sich hinein in den Willen Gottes. Wenn unsere Hände im wiederholenden Gebet von Perle zu Perle gleiten, dann können wir dabei auch das Schwierigste im Leben versuchen: ja sagen zum Willen Gottes – „dein Wille geschehe".

Zum Schluß möchte ich drei „Ave Maria" mit Ihnen beten: Bei der ersten Perle denken wir an alle, die uns am Herzen liegen, aber augenblicklich mehr die Dornen als den Duft des Lebens zu spüren bekommen. (Ein Kind betet den ersten Teil vor?) Bei der zweiten Perle beten wir für den Frieden unter den Menschen ..., bei der dritten still für uns selbst: daß wir immer mehr in den Willen Gottes hineinwachsen.

(Zum Teil nach Gedanken von Sr. Violen Bauer, Maria Rast, Euskirchen)

Hinweis: Eine Predigt mit einer Rose zum Thema „Mutter" finden Sie in meinem Buch „Bausteine für Familiengottesdienste. Besondere Anlässe im Kirchenjahr in Symbolen, Geschichten, Spielen und Bildern", Matthias-Grünewald-Verlag, Mainz 1996, S. 36f.

Heilige

83. Peter und Paul (29. Juni)
(Gemalte Symbole, wie im Sprechspiel angegeben, die auf zwei große menschenähnliche Silhouetten aus Styropor [= Petrus und Paulus] aufgeheftet werden)

Lesungen: 2 Kor 11,23–31: Leiden und Mühen des Paulus; Mt 16,13–19: Dir, Petrus, will ich die Schlüssel des Himmelreiches geben.

Gl. Wir möchten die beiden Apostelfürsten näher kennenlernen, zunächst Petrus.
1. Das **Fischernetz** zeigt den Beruf des Petrus an. Jesus trägt ihm auf: In Zukunft sollst du keine Fische mehr, sondern Menschen fangen. *(Zeichnung aufheften)*
2. Der Name „Petrus" bedeutet übersetzt „Stein" oder „Fels". Dieser **Stein** erinnert an einen Felsen, der selbst dem wütenden Meer standhält. Petrus, später der Papst, wurde zum felsenfesten Mittelpunkt, auf dem Jesus seine Kirche baute. *(Zeichnung aufheften)*
3. Als Jesus Petrus den **„Schlüssel"** überreichte, gab er ihm die Vollmacht und die Verantwortung, die Türen seiner Kirche zu öffnen und zu schließen. *(Zeichnung aufheften)*
4. Mit einem **Schwert** schlug Petrus am Ölberg zu, um Jesus zu verteidigen. In der Firmung bekommt jeder Christ den Auftrag, durch sein Zeugnis seinen Glauben mutig zu verteidigen. *(Zeichnung aufheften)*
5. Der **Hahn** erinnert an das Versagen des Petrus, als er den Herrn, seinen besten Freund, dreimal verleugnete. Trotzdem ließ Jesus ihn nicht fallen, sondern rief ihn in die Verantwortung. So ist Jesus! *(aufheften)*
6. Petrus wurde in solche **Ketten** gelegt, damit er von Jesus kein Zeugnis mehr ablegen sollte; aber ein Engel befreite ihn. So lernte Petrus, Gott zu vertrauen und ihm mehr zu gehorchen als den Menschen. *(Zeichnung aufheften)*
7. Mit dem Kopf nach unten wurde Petrus in Rom ans **Kreuz** genagelt. So befolgte er bis in den Tod den Auftrag Jesu: Nimm dein Kreuz auf dich und folge mir nach! *(Zeichnung aufheften)*
(Nach W. Eisele, St. Jakobus, D-87674 Ruderatshofen)

Gl. Paulus, der vor seiner Bekehrung Saulus hieß, war ein ganz anderer Charakter als Petrus. Wir wollen Eckpunkte auch aus seinem Leben hervorheben.
1. Der ausgebildete Schriftgelehrte Saulus verfolgte die Christen überallhin. Diese **Blindenbinde** zeigt an, daß er blind war vor Wut auf jeden, der etwas von Jesus Christus hielt. Vor der Stadt Damaskus wurde ihm die

Blindenbinde abgenommen, als er von seinem hohen Roß stürzte. *(Zeichnung aufheften)*
2. In einem **Korb** wurde er an der Stadtmauer herabgelassen und konnte vor denen fliehen, die ihn töten wollten. Als rettenden Korb, der vor dem Absturz ins Bodenlose bewahren kann, verkündete er fortan auch überall die Kirche Jesu Christi. *(Zeichnung aufheften)*
3. Fünfmal wurde Paulus als Missionar mit neununddreißig Hieben ge**geißel**t; einmal gesteinigt; dreimal erlitt er Schiffbruch und erduldete jede Mühsal und Plage. *(Zeichnung aufheften)*
4. Immer wieder wagte Paulus sich aufs **Schiff** und brachte die Botschaft in alle Länder der damaligen Welt: nach Syrien und in die Türkei, nach Griechenland und Italien. *(Zeichnung aufheften)*
5. Gefährdet durch Räuber; gefährdet durch falsche Brüder; gefährdet durch Hunger, Durst und Kälte bekam Paulus das **Kreuz** zu spüren. *(Zeichnung aufheften)*
6. Schließlich wurde er wie Petrus gefesselt. Im Gefängnis schrieb er **Briefe** und Mahnungen an die Gemeinden, die er besucht und begeistert hatte. *(Entrollte Briefrolle aufheften)*
7. Das **Schwert** steht für die Schärfe und Gewalt seiner Zunge. Mit dem Schwert wurde ihm aber auch als römischer Bürger schließlich der Kopf abgeschlagen. *(Zeichnung aufheften)*
Gl. *(trägt ein großes flammendes Herz, das er/sie unter beide Silhouetten stellt)* Beide, Petrus und Paulus, waren sehr unterschiedliche Charaktere, aber eines hatten sie gemeinsam: Ihr Herz brannte für Jesus Christus, dem sie ihr ganzes Leben schenkten. So ließen sie die Kirche wachsen. Darum feiern wir heute die beiden wichtigsten Apostel.

84. Am Kreuz kommst du nicht vorbei: Hubertus (3. November)

(Eine Fahne oder ein Schnitzwerk mit dem hl. Hubertus, dem Hirsch und dem Kreuz zwischen dessen Geweih; ein einfaches Kreuz aus zwei zusammengebundenen Hölzern, die an den Enden wie bei einem Wegweiser zugespitzt sind)

Lesungen: Eph 2,11–19: Im Kreuz ist die Umkehr möglich; Mt 16,24–27: Täglich sein Kreuz auf sich nehmen.

Hinweis: Die „vita" ist als Interview angelegt.

Reporter = R, Hubertus = H

R: Zunächst danke ich Ihnen, daß Sie in die Rolle des heiligen Hubertus schlüpfen.

H: Das mache ich gern, denn ich bin leidenschaftlicher Jäger, so daß es mir nicht schwerfällt, mich in die Gedankenwelt des heiligen Hubertus hineinzuversetzen.

R: Es ist schwer, aus dem Kranz der vielen Legenden den Ursprung herauszufinden. Sicher ist, daß Sie um 655 geboren wurden, ungemein klug waren und 727 als Bischof von Lüttich im heutigen Belgien starben. Sie können sicher noch einiges hinzufügen.

H: Ja, es war bei mir wie oft bei Menschen, die von Gott in besonderer Weise an die Hand genommen werden: Mein Eheglück war nur kurz, weil meine Frau bei der Geburt unseres ersten Kindes starb. Um über diesen Kummer hinwegzukommen, stürzte ich mich in alle möglichen Vergnügen; dazu gehörte auch meine Lieblingsbeschäftigung, die Jagd. Wer den Sinn des Lebens gefunden hat, braucht das alles nicht in dieser extremen Art, mit der ich übertrieb.

R: Ja, das ist bekannt: Hinter einem dolce vita, das betäuben kann, bleibt ein Leerraum, eine Sehnsucht, daß es „noch mehr als das alles" geben muß. Die Wende bei Ihnen bewirkte das Kreuz im Geweih eines kapitalen Hirsches, den Sie erlegen wollten – wie es die Fahne (die Darstellung) sehr schön zeigt?

H: Zunächst überraschte mich, daß der Hirsch ruhig stehen blieb. Dann sah ich das leuchtende Kreuz und lag schon auf den Knien. Ich spürte, Gott wollte mir signalisieren: Der Herr über Natur und Kreatur, der Herr der Welt, ist auch mein Herr. Er wollte mich ganz. Ich kam an diesem Kreuz nicht vorbei – wie schon so viele vor mir.

R: Sie zogen die Konsequenzen?

H: Ja, ich verließ den Hof, auf dem ich als Pfalzgraf lebte.

R: Sie waren der älteste Sohn des Herzogs Bertrand von Toulouse, und sicher warteten viele Verpflichtungen auf Sie?

H: Ich legte alle Ämter ab, verschenkte mein Vermögen an die Armen und zog mich in die Einsamkeit der damals riesigen Wälder der Ardennen zurück. Ich brauchte einen klaren Kopf.

R: Sie kamen am Kreuz nicht vorbei.

H: Genau. Dann ging ich zum Bischof Lambert von Maastricht, der mich schließlich zum Priester weihte. Als er starb, wollten die Leute mich zum Bischof.

R: Damals wählten die Leute noch ihren Bischof – wie auch den hl. Martin?

H: Ja. Ich habe mich genauso wie er gewehrt, dieses schwere Amt anzunehmen. Aber dann fügte ich mich dem Wunsch der Leute bzw. dem Willen Gottes, den ich dahinter spürte. Wieder kam ich am Kreuz nicht vorbei.

R: Sie haben sicher oft und lange über das Kreuz nachgedacht.

H: *(zeigt das Kreuz aus zwei Hölzern, deren Enden wie ein Wegweiser zugespitzt sind.)* Wissen Sie, es ist wie ein Wegweiser! Der Längsbalken nach oben will sagen: Suche den Schöpfer, der über aller Kreatur, auch über den Menschen, steht. Und der horizontale Balken sagt: Bewahre diese Schöpfung! Wer einen Menschen ins Gesicht schlägt, trifft eigentlich den Schöpfer selbst. Wer ein Tier quält oder ausbeutet, beleidigt den, der es sich entwickeln ließ. Und wer eine Pflanze oder einen Strauch oder Baum ohne Grund vernichtet, zerstört das Kleid der Herrlichkeit Gottes *(stellt das Kreuz vor den Altar)*.

R: Mir ist klar: Wer nichts Heiliges mehr *über sich* anerkennt, der zertritt auch gewissenlos Heiliges *unter sich*.

H: Dann zog ich unter Mühen von Dorf zu Dorf in meinem früheren Jagdgebiet, durch Südbrabant und die Ardennen, um die Menschen für Christus zu begeistern und sie von den heidnischen Bräuchen und ihrem Aberglauben zu bekehren.

R: Sie verlegten ihren Bischofssitz von Maastricht zum heutigen Lüttich?

H: Ja, weil die Normannen und die Friesen zu nahe und zu gefährlich waren.

R: Ihr Tod kam für die Menschen damals viel zu früh, obwohl Sie 72 Jahre alt wurden. Die Trauer war groß. Sie wurden zum Patron der Jäger, der Forstleute und vieler Schützenbruderschaften gewählt.

H: Da gibt es noch etwas Originelles zu erzählen: Meine Gebeine wurden in das Kloster St. Hubertus in den Ardennen überführt. Und an meinem Festtag, dem 3. November, wenn überall die Jagd eröffnet wird, dürfen dort die Jäger mit ihren Pferden und Hunden in die Kirche reiten.

R: Wenn Sie Ihr Leben noch einmal Revue passieren lassen, was würden Sie uns als wichtigste Erkenntnis hinterlassen?

H: Am Kreuz kommst du nicht vorbei – wenn du in deinem Leben den Blick dafür hast.

(Dazu ein ausformulierter gleichnamiger Gottesdienst in „FaJu" Oktober 98)

Allerheiligen / Allerseelen / Gericht
November / Zeit – Ewigkeit

85. Der Siegeskranz (Allerheiligen)
(Ein „Siegeskranz" aus Buchsbaumzweigen)

Lesung: Offb 7,2–4.9–14: Die vor dem Throne trugen Palmzweige in ihren Händen.

Anregungen:
1. Es könnte – so groß wie ein Adventskranz in der Kirche – ein Siegeskranz aus Palmzweigen (bei uns Buchsbaum) angefertigt werden, um ihn vor den Pfarrpatron oder eine der Heiligenfiguren in der Kirche hinzustellen.
2. Ein Strohkranz (bei einer Gärtnerei entleihen) hängt an einem Kreuz. Zumindest die Kinder reißen – nicht schneiden, sonst wirken sie nicht mehr lebendig – aus grünem Papier in Art der Lorbeerblätter kleine Blätter, auf die Eigenschaften der Heiligen geschrieben werden, z.B. selbstlos, unerschrocken, gottvertrauend, ausdauernd, aktiv, freundlich ..., die dann mit Metallkrampen (Bastelgeschäft) auf den Kranz geheftet werden. So entsteht ein lebendiges Siegessymbol für die, die Jesu Wort ernst nehmen: „Ihr sollt meine Zeugen sein!"

Letztes Jahr war ich an Allerheiligen in der Abtei Maria Laach in der Eifel. Als ich die Kirche betrat, sah ich überrascht an all den grauen Säulen große, grüne Kränze aus Palmzweigen (= Buchsbaum) hängen, unten versehen mit prächtigen Schleifen.
Ich überlegte: So sehen doch die Kränze aus – wenn auch meistens aus Lorbeerblättern –, mit denen erfolgreiche Boxer und Radrennfahrer als Sieger geehrt werden. Auch die Denkmäler von großen Dichtern, Denkern und Musikern aus Bronze oder Marmor, die oft in schönen Parks stehen, sind mit solchen Kränzen geschmückt. Und was bedeuten die Kränze auf dem Friedhof, die den Toten aufs Grab gelegt werden? Sie erinnern daran: „Du hast den Lauf des Lebens geschafft!"
Dann fiel mir ein: Der Palmzweig, von dem an Allerheiligen in der ersten Lesung (Lesejahr B) die Rede ist, nämlich „die vor dem Throne Gottes trugen Palmzweige in den Händen" (Offb 7,9), dieser Palmzweig stammt doch von dem Baum, der Kokosnüsse trägt. Gott gibt uns im Leben eine Menge Nüsse zu knacken, aber die größte Nuß für uns Menschen ist der Tod! Und von allen Nüssen ist die größte doch die Kokosnuß! Haben daran die Völker schon vor Christus gedacht? Denn sie gaben auf Abbildungen den Verstorbenen einen Palmzweig in die Hand. Sie wollten wohl ausdrücken: „Du hast gesiegt! Du erhältst einen Siegespreis, den du nach gutem Lebenskampf verdient hast!"
Ich hatte mich in der Abteikirche in eine Bank gesetzt, um der Orgelmusik zuzuhören. Dabei kam mir zur Palme noch in den Sinn: Die Menschen jubelten Jesus beim Einzug in Jerusalem zu und schwenkten dabei freudig Palmzweige.

Ihr erinnert euch ...? Sie jubelten dem König zu, der später durch seine Auferstehung auch der König der unsichtbaren Welt wurde. Jetzt stehen – wie die Lesung eben sagte – die 144.000 (eine symbolische Zahl, die alle Menschen meint, die ins himmlische Jerusalem einziehen dürfen) mit Palmzweigen vor dem Thron (= Gott) und dem Lamm (= Jesus) und danken Gott für ihre Rettung.

Es wäre eigentlich richtig, ich würde jetzt jedem einen Palmzweig in die Hand geben und wir gingen damit in unserer Kirche von Heiligenfigur zu Heiligenfigur, um ihnen zuzuwinken und zuzujubeln: „Ihr wart ‚Spitze'!"

Dies würde nicht auf Kosten unserer Hochachtung Jesus gegenüber gehen, weil es auch ihn ehrt: Er würde lächelnd zuschauen. Denn das hat er doch jedem versprochen: Wer mir nachfolgt, wird den Siegeskranz erlangen. Der hl. Paulus schreibt es deutlich in seinem Brief an Timotheus: „Der Kranz der Gerechtigkeit liegt für mich bereit! Nicht nur für mich liegt er bereit, sondern für alle, die sehnsüchtig auf sein Erscheinen warten." (2 Tim 4,7–8)

An Allerheiligen ehren wir alle Heiligen. Sie freuen sich, wenn wir ihnen nicht nur zujubeln, sondern wie sie hinter Jesus hergehen, um auch den Siegeskranz zu erreichen.

(Zuerst veröffentlicht in „PuK" 6/95, S. 711-713)

86. Am Grab (Allerseelen)

(Grab, Weihwasser, Rosenstock, Kreuz, goldene Strahlen – nicht mitbringen: unsere Phantasie hält es bereit – oder ein entsprechendes Dia zeigen)

Lesungen: Von Allerseelen

Im Urlaub haben wir Muße, um Einheimische bei ihren Bräuchen zu beobachten, wie zum Beispiel in Bayern oder Österreich, wo der Friedhof meistens noch bei der Kirche liegt. Da gehen die GottesdienstteilnehmerInnen anschließend zu den Gräbern ihrer Lieben, besprengen sie mit Weihwasser und bringen hier und da etwas in Ordnung. Schöne geschmiedete Kreuze sind da zu bewundern, oft von kunstvoll nachgebildeten Rosensträuchern umrankt; die Blätter vergoldet – wie auch die Strahlen, die vom Kreuz ausgehen. Verweilen wir einen Augenblick bei einem Angehörigen und schauen wir zu:

1. Zuerst geht der Blick zur **Erde**; oft herrscht spürbare Betroffenheit über den Tod des geliebten Menschen. Die Erde konfrontiert uns unbarmherzig auch mit unserer Vergänglichkeit: „Mensch, bedenke, daß du Staub bist!"
2. Dann folgt das Besprengen des Grabes mit **Weihwasser,** eigentlich auch eine Erinnerung an die Taufe. Was damals mit dem Wasser der Taufe der erste Guß an das „Bäumchen" bedeutete, nämlich: „Du kannst dich Gott in Jesus anvertrauen", das lösen wir jetzt ein: Du da unten im Staub der Erde gehörst für immer Jesus Christus an. In dem, was wir am Verstorbenen

liebten, konnten wir immer schon ein Stück Himmel erfahren, eine Ahnung von der ewigen Seligkeit, von der Nähe und Liebe Gottes. Wieder ein Guß Weihwasser, und der bedeutet: „*Er* gestaltet deinen sterblichen Leib ganz um in die Gestalt seines verklärten Leibes."

3. Der Blick wandert langsam hinauf und erfaßt den geschmiedeten **Rosenstrauch**. Da erwacht die Erinnerung an eine Liebe, die durch die Dornen des Leides, der Prüfung, der Opfer füreinander zur Reife gekommen ist. Diese Rosen sind kostbar, weil sie für die bestandenen Prüfungen stehen. Darum sind diese Rosen am Stamm des Kreuzes oft vergoldet. Denn wie Gold im Feuerofen die Schlacken verliert, so deuten die Rosen auf geläuterte Liebe in der Hitze durchlittener leidvoller Tage. Jetzt darf das Gold den Blick zurück auch etwas verklären, aber im Blick nach vorne leuchtet schon der Widerschein der Ewigkeit. Was reif und stark wurde, kann auch die Macht des Todes nicht mehr nehmen oder streitig machen.

4. Jetzt ruht der Blick in der Kreuzung des Stammes, dem Kreuzesstamm. Da hängt Jesus am **Kreuz**, er, der sprach: „Wenn das Weizenkorn in die Erde fällt und stirbt, bringt es reiche Frucht." Er sagte es nicht nur, er gab sein Leben hin für uns alle. Ihm wurde nichts erspart: Das schreckliche Sterben forderte seinen Blutschweiß. Es war der harte Kampf mit dem „Feind" – damit sind weniger die Schergen als der Tod selbst gemeint, den die Sünde des Menschen in die Welt gebracht hat.

5. Der Blick ist jetzt oben angekommen, bei den **goldenen Strahlen** um und über dem Grabkreuz. Da werden Himmel und Erde verbunden, Zeit und Ewigkeit. Die Gebete am Grab und im Hochgebet der hl. Messe wandern „in das Land der Verheißung, des Lichtes und des Friedens", wie es im Meßkanon heißt.

Wenn wir in diesen Tagen vielleicht immer noch fassungslos den Blick zur Erde auf das Grab unserer Lieben senken, dann dürfen auch wir aufschauen zum Kreuz und Jesu Worte hören: „Habt keine Angst. Fürchtet euch nicht. Denn ich habe den Tod besiegt. Er hat keine Macht mehr!"
Dann können auch wir mit Weihwasser zum eigenen Trost ein Kreuz über uns schlagen und eine Kerze des Vertrauens und der Hoffnung entzünden. Der Tod hat nicht das letzte Wort.
(Nach Edi Niederwieser, A-6167 Neustift, Stubaital)

87. Am Ende des Regenbogens (Allerseelen)
(Ein Regenbogen aus Papier oder Filz vor dem Altar oder die Missio-Leuchtbox-Folie 47–2)

Lesungen: Gen 9,12–17: Der Regenbogen als Zeichen des Bundes mit Gott und als Symbol der Versöhnung; Joh 6,37–40: Mein Vater verlangt, daß ich keinen zugrunde gehen lasse.

Dieser Tage traf mich eine erschütternde Nachricht von einer Familie aus Neustift im Stubaital/Österreich, wo ich manchmal Urlaub mache. Der fünfzehnjährige Nachbarjunge hatte sich den Pkw der Eltern genommen und war losgefahren. An einem Verkehrsspiegel endete die Fahrt, denn der brach ab und schlug so unglücklich ins Auto, daß er den Jungen am Kopf tödlich verletzte.

In der Todesanzeige stand folgender Satz: „Ganz weit draußen am Ende des Regenbogens werde ich auf euch warten ..." Ich weiß nicht, ob die Eltern diesen Wortlaut aus einem Märchen entlehnt haben, aber dieser Regenbogen – ein internationales Zeichen für Frieden, Versöhnung und Harmonie – ist ein biblisches Symbol.

In manchen Kirchen ist auf Wand- oder Deckengemälden der wiederkommende Christus zu sehen; er thront auf einem Regenbogen, häufig sind es auch zwei Bögen, die Füße auf der Weltkugel, mit einem zweischneidigen Schwert, das ihm aus dem Munde ragt: der Herr der Welt, der kommen wird, um die Menschen nach Recht und Gerechtigkeit zu richten, ob wir für oder gegen ihn standen, d.h. ob wir ihm vertraut und die Liebe weitergegeben haben oder nicht (Mk 10,34; Hebr 4,12; Offb 1,16).

Der erste Regenbogen steht als Zeichen für den Bund Gottes mit den Menschen, wie er nach der Sintflut geschlossen wurde (vgl. Lesung Gen 9). Und der zweite Bogen steht für das, was wir im Evangelium gehört haben: Der Vater verlangt, daß Jesus keinen zugrunde gehen läßt. In Jesus leuchtet der neue Bund mit Gott auf, der im Gleichnis vom barmherzigen Vater die dichteste Ausdruckskraft erlebt: Wir dürfen einem Vater im Himmel vertrauen, der seine Arme ausgebreitet hält für alle, die sich zu ihm aufmachen. Jesus hat sich auf diese Haltung Gottes festnageln lassen. Wenn im Tod in Sekundenschnelle das ganze Leben vor unserem geistigen Auge abläuft, dann können wir uns seiner Barmherzigkeit anvertrauen oder nicht. In diesem Zusammenhang sind die Formulierungen interessant, die eine Schweizerin in der Fernsehsendung „Boulevard Bio" mit dem Titel „Wenn ich in den Himmel komme" (Sendung vom 14.10.97, ARD) aussprach. Nach einem Autounfall hatte sie ein Nah-Tod-Erlebnis. Sie sagte: „Es gibt kein Gericht. Ich sehe im Tod selbst, was ich gut und richtig gemacht habe und was nicht. Ich richte mich selbst ... Mir ging ein ungeheures Licht auf wie eine Sonne, die Liebe ausstrahlt. Voller Sehnsucht drängte ich mich zu diesem Licht."

Das Meßgewand, das ich zu Beerdigungen trage, zeigt auf der Vorderseite ein großes Kreuz. Der Längsbalken ist rot und erinnert an die Liebe ... Der Querbalken ist lila und erinnert an all das Leid, den Umkehrwillen und das Fegfeuer, das den Verstorbenen schon zu Lebzeiten läuterte – und erst recht an den „Liebeskummer", der uns im Tod bis ins Mark trifft, wenn wir erkennen, wie sehr wir hinter unseren Möglichkeiten zurückgeblieben sind. Bei diesen Gelegenheiten erinnere ich gerne daran, daß Rot und Violett zwei Farben des Regenbogens sind, der als Zeichen der Versöhnung über dem Grab stehen müßte. Wie oft erlebe ich zerstrittene Parteien, von denen sich jede 150prozentig im Recht fühlt. Wer glauben kann, möchte in den Himmel kommen; aber wie soll das gehen, wenn wir die Versöhnung vor uns herschieben? Wer nicht über dem Grab die Hand zur Versöhnung reicht, wird schließlich im Tod den Weg der Läuterung gehen müssen, um überhaupt in die Gemeinschaft der Heiligen zu passen. Wir kommen nicht an dem vorbei, was wir so oft beten: „Vergib uns unsere Schuld, wie auch wir vergeben unseren Schuldigern", unseren Schuldnern. Warum nicht schon jetzt?

„Am Ende des Regenbogens werde ich auf euch warten ..." Das Zeichen der Versöhnung, der Regenbogen zwischen Himmel und Erde, zwischen Mensch und Gott, verrät uns die Vorbedingung für den Eintritt ins Paradies.

88. Sich voller Vertrauen am Kreuz festhalten
(Allerseelen / Gericht)
(Eine Zwiebel und ein Kreuz)

Lesungen: Eph 2,13–19: Jesus versöhnte durch das Kreuz mit Gott (16. So i.J., Lj. B); Kol 2,12–15: Jesus hat den Schuldschein dadurch getilgt, daß er ihn ans Kreuz geheftet hat (17. So i.J., Lj. C); Mt 14,22–33: Jesus ergriff sofort die Hand des Petrus: Du Kleingläubiger, warum hast du gezweifelt? (19. So i.J., Lj. A); Lk 7,36–50: Die Sünderin hielt sich voller Vertrauen an Jesus fest (11. So i.J., Lj. C); Lk 18,9–14: Das Aufzählen seiner Leistungen rechtfertigt den Pharisäer nicht; das Vertrauen des sündigen Zöllners rettet (30. So i.J., Lj. C); Joh 3,14–18: Jesus kam, um die Welt zu retten (Dreifaltigkeitssonntag, Lj. A; 4. Fastensonntag im Lj. B; Fest Kreuzerhöhung).

Unsere Zeit grenzt an die Ewigkeit. Manche stecken davor ihren Kopf in den Sand, daß unser Leben Bewährungszeit ist. Nur erfüllte Zeit kann die Grenzen vom Tod zum ewigen Leben überschreiten. Aber wie kann unser Leben zur erfüllten Zeit werden?

Es gibt tröstliche Geschichten, die auf christlichem Boden gewachsen sind. Eine davon möchte ich vorlesen. Sie stammt vom russischen Schriftsteller Dostojewski (1821–1888). Dieses Zwiebelchen hier dient uns als Gedankenstütze. *(Zwiebel zeigen oder gut sichtbar hinlegen)*

Es lebte einmal eine alte Frau – ebensogut könnte es ein Mann sein –, die war sehr böse und starb. Diese Alte hatte in ihrem Leben keine einzige gute Tat vollbracht. Da kamen denn die Teufel, ergriffen sie und warfen sie in den Feuersee. (Feuersee bedeutet soviel wie: Wir stehen im Feuer der Selbstvorwürfe, der verpaßten Chancen, des Liebeskummers darüber, die Liebe nicht oder zu wenig weitergegeben zu haben.) Ihr Schutzengel aber stand da und dachte: „Kann ich mich denn keiner einzigen guten Tat von ihr erinnern, um sie Gott

mitzuteilen?" Schließlich fiel ihm eine ein, und er sagte zu Gott: „Sie hat einmal in ihrem Gemüsegärtchen ein Zwiebelchen herausgerissen und es einer Bettlerin geschenkt." Und Gott antwortete dem Schutzengel: „Dann nimm dieses Zwiebelchen, und halte es ihr hin in den See, so daß sie es zu ergreifen vermag, und wenn du sie daran aus dem See herausziehen kannst, so möge sie ins Paradies eingehen; wenn aber das Pflänzchen abreißt, so soll sie bleiben, wo sie ist."
Der Engel lief zur Frau und hielt ihr das Zwiebelchen hin: „Hier", sagte er zu ihr, „faß an, wir wollen sehen, ob ich dich herausziehen kann!" Und er begann vorsichtig zu ziehen – und hatte sie beinahe schon ganz herausgezogen, aber da bemerkten es die anderen Sünder im See, und wie sie das sahen, klammerten sie sich alle an sie, damit man auch sie mit ihr zusammen herauszöge. Aber die Frau war böse, sehr böse und stieß sie mit den Füßen zurück (ihr Ich war immer noch zu breit) und schrie: „Nur *mich allein* soll man herausziehen und nicht euch, es ist *mein* Zwiebelchen und nicht eures!"
Wie sie aber das ausgesprochen hatte, riß das kleine Pflänzchen entzwei. Und die Frau fiel in den Feuersee zurück und brennt noch bis auf den heutigen Tag. Der Engel aber weinte und ging davon.
Wenn die Geschichte auch negativ ausgeht, bleibt in uns Freude zurück bei dem Gedanken: So viel Liebe habe ich in meinem Leben längst gezeigt. Und deshalb brauche ich keine Angst vor dem letzten Gericht zu haben. –
So tröstlich diese Geschichte vom Zwiebelchen ist, so leicht könnte sie mißverstanden werden, nämlich: Es kommt vor Gott auf meine Leistung an! Verschenke ich also im Leben tausend „Zwiebelchen", kann ich mich beruhigt vor Gott hinstellen und mir voller Wohlgefallen selbst auf die Schulter klopfen.
Weil das also ein falscher Akzent ist, deshalb habe ich auch noch dieses Kreuz mitgebracht. Ich möchte mit diesem Kreuz in der Hand ein Zitat von Martin Luther vorlesen. Sie wissen, es gibt unter den Christen leider bis heute diese ungute Trennung, die u.a. auch darin ihre Ursache hatte, daß Luther sich gegen das damals gängige Ablaßwesen wehrte: „Wenn das Geld im Kasten klingt, die Seele in den Himmel springt." Heute sind wir mit den evangelischen Christen einig, daß damals Martin Luther in wesentlichen Punkten recht hatte und uns diese heute nicht mehr trennen.
Nun also das Zitat. Martin Luther hat gesagt: „Mir ist es bisher wegen angeborener Bosheit und Schwachheit unmöglich gewesen, den Forderungen Gottes zu genügen. Wenn ich nicht glauben darf, daß Gott mir um Christi willen dies täglich beweinte Zurückbleiben vergebe, so ist es aus mit mir. Ich muß verzweifeln; aber das lasse ich bleiben! Wie Judas mich an den Baum hängen, das tue ich nicht. Ich hänge mich an den Hals oder Fuß Christi wie die Sünderin, ob ich auch schlechter bin als diese. Ich halte meinen Herrn fest. Und dann spricht er zum Vater: ‚Dies Anhängsel muß auch durch! Es hat zwar nichts gehalten von all deinen Geboten, Vater, aber es hängt sich an mich, was will's! Ich starb auch für ihn. Laß ihn durchschlüpfen!' – Das soll mein Glauben sein."
Hören wir das grenzenlose Vertrauen dieses Menschen? Ich bringe keine

Leistung – wie der Zöllner, der spricht: „Gott sei mir Sünder gnädig!" (Lk 18,13), oder wie die Sünderin, die stumm die Füße Christi benetzt (Lk 7,38), denn ich war zu schwach. Nein, ich habe keine so starke Zwiebel vorzuweisen, daß sie mich aus dem Sündenpfuhl herausziehen kann, aber ich habe dich, Jesus! Voller Vertrauen klammere ich mich an dich, lasse dich nicht los! Und du wirst sagen: „Komm, Vater, laß dieses Anhängsel auch durch!"
Was denn nun? Zwiebelchen oder das Kreuz unseres Herrn Jesus Christus? Nicht die Leistung, oder nicht so sehr die Leistung, sondern das Vertrauen rettet uns!
Jetzt könnten Sie einwenden: Dann kann ich ja – Entschuldigung – der größte Drecksack sein oder werden, wenn es nur aufs Vertrauen ankommt und Gott seinen Himmel quasi verschenkt. (Das wäre Berechnung und hieße, Jesus gründlich mißzuverstehen – wie im Gleichnis von den Talenten = Mt 25,14ff nachzulesen.)
Können wir den evangelischen Christen denn nachsagen, daß sie sich *nicht* um die Gebote kümmern? Der Unterschied war: Manche katholischen Christen hielten sich an die Gebote aus Angst vor dem letzten Gericht; für evangelische Christen galt: Mein Glaube wurzelt *im Vertrauen auf die Liebe Gottes*. Meine Dankbarkeit Gott gegenüber ist so groß, daß ich alles daransetze, die Liebe Gottes nicht zu verletzen, so wie wir einen geliebten Menschen nicht enttäuschen möchten. Also: Nicht gute Werke machen einen Christen, vor allem nicht, wenn sie vorgezeigt werden, sondern ein Christ tut gute Werke, weil sie wie von selbst als gute Früchte aus dem Bäumchen wachsen, das seit der Taufe heißt: Ich vertraue auf Gott und die ausgestreckte Hand Jesu (Mt 14,31).
Darum finde ich es sehr tröstlich, daß auf vielen Särgen das Kreuz zu sehen ist und auch auf vielen Grabstätten. Da haben wir den Glauben sichtbar vor Augen: Ich halte mich an Jesus Christus fest! Und der wird alle, die sich ihm anvertrauen, in das Reich des Lichtes und des Friedens ziehen.

Meditationsmusik
Währenddessen schmücken Kinder ein Kreuz mit Rosen.

89. Auf dem Pilgerweg (Zeit – Ewigkeit)
(Eine ca. 1 m große gebastelte Jakobs-Pilgermuschel, die zu öffnen ist; darin eine Bibel, eine große Pyxis = goldene Dose für Hostien, ein Kreuz und ein Ein-Gesätz-Rosenkranz, dessen Perlen aus Muscheln bestehen.
Zur Erstkommunion eventuell ein T-Shirt mit Jakobsmuschel für jedes Kommunionkind = Wir sind Pilger)

Lesungen: Gen 12,1–7: Abraham, der erste Pilger; Lk 24,13–32: Die Emmausjünger pilgern mit Jesus; Joh 14,1–6: Auf dem Weg zum Vater, der viele Wohnungen bereithält.

Gl. legt eventuell die Kleidung an, in welcher der hl. Jakobus in vielen Kirchen dargestellt ist; dazu ein Pilgerstab (um sich zu stützen und Hunde in den Dörfern Spaniens abzuhalten), Pilgerhut (Schutz vor Regen und brennender Sonne) und Pilgermuschel zum Umhängen (= Schale zum Trinken und um Nahrung zu erbetteln).
In Spanien sieht man oft Verkehrszeichen, die den Weg zur Stadt des hl. Jakobus nach Santiago de Compostela zeigen und darauf einen Pilger, der so aussieht, wie ich jetzt vor euch stehe.
Eigentlich sind alle Menschen Pilger, sind nur Gast auf Erden (GL 656), denn unsere endgültige Wohnung ist uns im Jenseits versprochen (Joh 14,2). Was brauchen wir auf unserem langen Weg außer der täglichen Nahrung? Das Wichtigste ist in dieser Riesenmuschel versteckt.

1. *(Gl. nimmt die Bibel heraus)*
   Jakobus zog damals unermüdlich von Ort zu Ort, um den Menschen die Gute Nachricht von Gott zu verkünden. Auch wir sollen das, was wir hier von Jesus hören, weitersagen. *(Bibel auf den Altar legen)*
2. *(Pyxis mit Hostien herausnehmen)*
   Wie den Israeliten in der Wüste das Manna zu überleben half, so stärkt uns das Brot „vom Himmel", Jesu Leib, auf unserer Pilgerreise. *(Pyxis auf den Altar legen)*
3. *(Kreuz herausnehmen)*
   Jeder von uns hat seine Last, sein Kreuz zu tragen. Es gibt kein Dach auf der Welt, unter dem es keine Probleme gibt. Jesus sagt: Nehmt euer Kreuz täglich auf euch und folgt mir nach (Lk 14,27).
   Ein Kreuz ist leichter, wenn wir damit in die Fußstapfen Jesu treten und dazu „ja" sagen. *(Kreuz auf den Altar legen)*
4. *(Muschel-Rosenkranz herausnehmen)*
   Dieser Ein-Gesätz-Rosenkranz kommt aus der Stadt des hl. Jakobus in Spanien. Jede Perle ist eine Muschel. Die vielen „Perlen" sollen sagen: In Gemeinschaft mit anderen Menschen, vor allem wenn es betende Menschen sind, fällt alles leichter. Darum sind unsere Treffpunkte hier so wichtig. Wir beten ein „Ave Maria" gemeinsam für alle, die unterwegs sind – unterwegs ins Reich Gottes. *(Rosenkranz danach auf den Altar legen)*

(Verkürzt und verändert nach einer Erstkommunion-Dankmesse des Arbeitskreises St. Elisabeth, D-41466 Neuss-Reuschenberg)

Weltmission

90. Gehet hin in alle Welt!
(Gegenstände wie im Text)

Lesungen: 1 Tim 2,1–8: Er will, daß alle Menschen gerettet werden; Mt 28,16–20: Missionsbefehl; Mk 16,15–20: Geht hinaus in die ganze Welt!

(Die SprecherInnen gehen mit dem Gegenstand ans Mikrofon und lesen den aufgehefteten Text. Dann stellen sie sich zu einem offenen Halbkreis auf.)

1. Auf dieser **Weltkugel** leben rund sechs Milliarden Menschen, darunter eine Milliarde katholische Christen. Am Tag der Weltmission werden wir daran erinnert, daß diese Erde noch wie ein offenes Feld daliegt – offen für die christliche Frohbotschaft. Wenn *wir* es nicht bestellen, säen andere ihre Überzeugungen aus.

2. Mit solch einem **Kreuz** in der Hand zogen Missionare und Missionarinnen in alle Welt hinaus und riskierten Kopf und Kragen. Sie zeigten mit Wort und Beispiel auf dieses große Plus, das positive Zeichen, in dessen Mitte der Gekreuzigte hängt.

3. Im Gepäck trugen sie die **Bibel**, das Wort Gottes, um aller Welt zu bezeugen: Ihr alle seid von Gott geliebt und in seinem Sohn erlöst – ob eure Haut nun rot, braun, gelb, schwarz oder weiß ist.

4. Viele Glaubensboten sahen aber auch, daß den Menschen das Notwendigste zum Leben fehlte. So halfen sie beim Bau einer gerechteren Welt und lehrten, **Brot, Reis** oder **Kartoffeln** als Grundnahrungsmittel fruchtbarer anzubauen.

5. *(Glas/Krug mit Wasser zeigen)* Unreines Wasser und Wassermangel brachten oft Krankheit und Tod. Die Missionare mobilisierten die Heimatgemeinden und die Mächtigen, solidarisch den Armen zu helfen.

6. *(mit **Hostienschale und Kelch**)* Aber der Mensch lebt nicht vom Brot allein. Die Seele bleibt oft hungrig zurück. Darum feiern sie mit den Menschen auch das Mahl, das im lebendigen Brot und Trank Christus selber anbietet.

7. *(mit **brennender Kerze**)* So brachten die Glaubensboten Licht in manche Finsternis dieser Welt. In unserer Zeit sind die Völker der neuen Welt in der Lage, das Licht zurückzubringen – zu einem Europa, wo die Leuchtkraft des Christentums zu verlöschen droht.

8. Wie in diesem **Reißverschluß** der Läufer die beiden Seiten miteinander verbindet, sind die reichen Länder nach wie vor aufgerufen, den ärmeren

Völkern zu helfen. Und die ärmeren Länder können uns zeigen, daß die Kirche überzeugend an der Seite der Ärmsten stehen kann. Es wäre schön, wenn hier wie dort gesagt werden könnte: „Seht, wie sie einander lieben!"

9. Dieser **Missionsrosenkranz** mit seinen bunten Perlen erinnert uns daran, daß alle Bemühungen und Hilfeleistungen vom Gebet begleitet sein müssen, wenn sie Segen bringen sollen.

10. Mein *bunter Blumenstrauß* will Sinnbild sein für die große Vielfalt in den Kulturen der Völker und für den Glaubensreichtum in der Weltkirche. Träumen wir davon, daß wir einmal gemeinsam mit allen anderen Weltreligionen das Lob Gottes singen und uns gegenseitig in der Nächstenliebe überbieten!

Anhang

Register der eingesetzten Symbole und Zeichen

Die Zahlen beziehen sich auf die *Nummer* der Predigt

Abfalltonne 4
Amethyst 34
Anker 49
Aquarium 46
Äskulapstab 71
Atom 68
Auferstehungsblume 53
Axt 9

Babuschka-Puppe 1
Baumscheibe 72
Bergkristall 16
Bibel 89, 90
Bild 6
Blatt Papier 12, 22
Blindenbinde 83
Blume 53
Blumenstrauß 90
Blumenzwiebel 18
Briefumschlag 62
Brot 90
Büroklammer 50

„Clown" 14

Delphin 55
Dornenkrone 21, 23

Edelstein 69
Ei 26
Eisberg 20
Elefant 13
Erstkommunionkleid 33

Faden 58
Fahne 29
Fahrrad 65
Fallschirm 54
Farbkasten 17
Fernglas 79
Fessel 83
Feuer 38
Flamme 38
Flasche 67

Fotoapparat 30
Frosch 70

Gehstütze 12
Geißel 21, 23, 83
Glasfenster 47
Glasscherbe 47
Glastropfen 63
Grab 86
Grabstein 21

Hahn 83
Halbedelstein 69
Hand 24, 76
Handspiegel 15, 57
Handy 75
Herz 6, 19, 83
Herzschrittmacher 52
Hirsch 84
Hochsitz 3
Hohlkreuz 27
Hostie 34, 90
Hund 79

Ikone 80

Jerusalemer Kreuz 44

Kaktus 60
Kamel 13
Kartoffel 90
Kelch 90
Kerze 4, 23, 90
Kette 83
Kirche 42, 43
Klangspiel 81
Kleid, weißes 33
Kommunionkleid 33
Korb 8, 83
Kran 43
Kranz 85
Kreuz 22, 25, 27, 44, 59,
    83, 84, 86, 88–90
Krippe 6

Krücke 12
Kugel 82
Kuscheltier 5, 34

Leiter 21
Leuchter, siebenarmig 74
Lot 56
Luftballon 39

Malteserkreuz 59
Mantel 23
Marienikone 80
Matrjoschka-Puppe 1
Meßgewand 79
Monstranz 36
Muschel 89
Myrte 66

Nagel 21
Narrenzepter 15
Nase, rote 16
Netz 11, 83
Nußknackerfigur 10

„Obdachloser" 61
Osterkerze 28, 29, 38

Palmzweig 85
Patchwork 48
Pfeife 45
Pferd 13
Photoapparat 30
Pilgermuschel 89
Pyramide 7
Pyxis 89

Rahmen 6
Regenbogen 32, 87
Reis 90
Reißverschluß 90
Rettungsring 49
Ring 64
Rose 82
Rose von Jericho 53

Rosenkranz 82, 89, 90
Rosenstock 86
Rückspiegel 57

Samenkorn 21
Schiff 49, 83
Schiffsglocke 49
Schlange 71
Schlüssel 83
Schmetterling 21
Schmuckkästchen 72
Schmusetier 5, 34
Schnecke 78
Schwamm 21
Schwert 83
Seekarte 49
Seil 28, 72, 82
Sonne 6, 36
Spaten 9
Speiche 41

Spiegel 15, 57, 72
Stein 23, 83
Stern 2
Stimmgabel 51
Strahl 86
Strick 23
Sturmlaterne 49

Tandem 65
Taube 40
Taufkleid 33
Teddy 5
Traghimmel 37
Trillerpfeife 45
Tropfen (aus Glas) 63
Tuch, weiß 21,
Tuch, schwarz 32
Tücher, verschieden-
   farbige 23
Tulpenzwiebel 18
Türklinke 79

Vogel 73, 77
Vogelkäfig 73
Vortragekreuz 25

Wagenrad 41
Wandbehang 48
Wasser 31, 46, 90
Wegweiser 84
Weihnachtspyramide 7
Weihwasser 31, 86
Weinstock 35
Weizenkörner 27
Weltkugel 90
Windel 12
Wollfaden 58

Zange 21
Zepter 15
Zwiebel 88

Stichwortregister

Die Zahlen beziehen sich auf die *Nummer* der Predigt

Advent: Siehe Kapitel; 18, 53
Allerheiligen 18, 59, 85
Allerseelen 86, 87
Angst 52
Aschermittwoch 17, 18
Auferstehung 26, 27
Ausdauer 70

Barmherzigkeit 9
Baustelle 43
Begeisterung 29
Beichte 4
Bequemlichkeit 3
Besinnung 3
Beten 22
Bund 32

Christsein: Siehe Kapitel
   Hauptgebot/Liebe/
   Christsein ...

Dreifaltigkeit 40
„Dritte" Welt 79

Ehe 64, 65, 69
Ehejubiläum 66
Eigenliebe 15
Erdteile 13
Erstkommunion: Siehe
   Kapitel; 89
Eucharistie 35
Ewigkeit 89

Familie 9, 50, 66, 69
Fasching 14–16
Fastenzeit: Siehe Kapitel;
   3, 4, 53
Fastnacht 14–16
Freude 14–16, 55
Freundschaft 72
Frieden 71
Fronleichnam 36, 37
Frühjahr 18, 53

Gebet 22
Geborgenheit 11
Gemeinschaft 35, 48, 55, 69

Gerechtigkeit 79
Gericht 69
Geschenk 8
Gewalt 71
Glauben: Siehe Kapitel
   Gott/Glaube;
   3, 7, 68, 89
Gott: Siehe Kapitel

Hauptgebot 41
Heilige 83, 84
Heiliger Geist 40
Heuchelei 75
Hoffnung 53, 55

Jahreswende 10,11
Jesus Christus 36, 54–56
Jubiläum, Kirche 42, 43, 47
Ehe 66

Karfreitag 19, 21, 24, 25
Karneval 14–16
Kirche: Siehe Kapitel; 51,
   55, 56, 62, 89, 90

175

Kirchenaustritt 45
Kirchweihfest 42, 48, 49
Kreuzweg 23

Lebensweisheiten 67, 74
Leid 21
Liebe: Siehe Kapitel
 Hauptgebot/ Liebe ...;
 50, 53, 72
Loslassen 76

Maria 80–82
Meditation 3
Mission 62
Müll 4
Mutter 80

Nachfolge 22, 62
Nächstenliebe: Siehe
 Kapitel Hauptgebot/
 Liebe; 70
Neujahr 10, 11, 68
November 28, 88

Ostern: Siehe Kapitel; 21,
 25, 54, 73

Palmsonntag 21
Passion 22, 23, 59
Pfarrfest 47, 48
Pfingsten: Siehe Kapitel;
 29, 30

Renovierung 43
Rosenkranz 82
Rücksicht 57

Sakramente: 31, 46, 63–66
Schiffahrt 49
Schöpfung 77, 78, 84
Selbstliebe 3, 22
Sinn des Lebens: Siehe
 Kapitel; 22, 28, 89
Sonntag 74
Sonntagsheiligung 73

Talente 69
Taufe 31, 46, 63
Treue 64

Umkehr: Siehe Fastenzeit;
 4
Umwelt 4, 77
Unterbewußtsein 20

Vertrauen 88
Vision 70

Wahrheit 16
Weihnachten: Siehe
 Kapitel; 2, 30, 54
Weihwasser 31, 86
Weißer Sonntag 33
Weltmission 90

Zeit 89
Zeugnisvergabe 69

Verzeichnis der Kurzgeschichten, die erwähnt oder benutzt wurden

Kurzgeschichten 1
Geschichte Nr.	Predigt Nr.
3	55
44	22
46	22
47	22
54	55
81	72
124	72
196	70
205	70
206	70

Kurzgeschichten 2
Geschichte Nr.	Predigt Nr.
4	55
17	70
40	9
45	50
190	74

Kurzgeschichten 3
Geschichte Nr.	Predigt Nr.
2	3
39	16
78	42

Kurzgeschichten 4
Geschichte Nr.	Predigt Nr.
88	49
119	72
137	72
179	74
190	63
224	61
225	61

Kurzgeschichten 5
Geschichte Nr.	Predigt Nr.
136	55
139	70
164	48
166	67

Schriftstellenregister

Die Verweise beziehen sich auf die *Nummer* der Predigt. Die Parallelstellen der Synoptiker sind in der Regel nicht angegeben. Einige Symbolpredigten verweisen nur auf die „Lesungen vom Festtag": Die Stellen sind hier nicht aufgeführt.

Genesis			*Jesus Sirach*	
1,1–10	63		6,7–17	72
1,26–31	69		29,8–12	76
2,2–3	74			
2,18–25	64		*Jesaja*	
9,12–17	32, 87		9,1–6b	2
12,17	89		30,26	36
			49,14–18	62, 69
Exodus			61,10–11	81, 82
3,1–14	38, 66		66,10–14	50
14,10–29	63			
33,7–11a	37		*Ezechiel*	
			36,24–28	20
Levitikus				
23,1–3	74		*Joël*	
			3,1–5	40
Numeri				
21,4–9	71		*Matthäus*	
			2,1–12	12, 13
Deuteronomium			4,1–11	18, 19
5,12–15	73, 74		5,1–12	14, 18, 59
30,10–14	41		5,14–16	47
			5,29–30	4
1 Samuel			5,38–41	71
19,1–7	72		5,43–48	36
			6,6–8	16
2 Samuel			6,16–18	17
12,7–13	60		6,26–34	77, 78
			7,12	57
1 Könige			7,24	42
8,22–30	42, 47		8,23–27	49, 55
18,41–46	80		9,9–13	61
19,3–8	34		9,35–10,8	62
			12,33–37	51
Psalmen			13,24–30	27
23	56		13,44–46	69
73,23–28	50		14,22–33	53, 55, 63, 70, 88
80	3		16,13–19	42, 83
91	54		16,24–27	84
104	77, 78		17,1–9	3, 18, 33, 36
148	77		19,3–6	64
			19,24	13
Kohelet (Prediger)			20,25–28	65
3,1–8	15		22,1–14	33
4,8–12	65, 72		22,15–21	76

22,34–40	56	*Johannes*	
23,1ff	75	1,1–11	2
25,24–28	69	2,13–19	20
25,31–40	59, 61, 68	3,1–13	54
27,46	19	3,14–18	71, 88
28,1–10	26	6,32–35	34
28,16–20	37, 46, 49, 62, 63, 66, 90	6,37–40	87
		6,48–51	34
		8,12	47
Markus		12,24f	27
3,1–6	73	14,1–7a	16, 28, 52, 56, 68, 89
4,30–32	53		
6,53–56	36	15,1–8	35, 65
7,1–23	75	15,9–17	58, 64, 72, 80
9,3	33	17,20–26	44, 48
10,13–16	50	19,25–27	80
10,34	87	20,19–23	38, 40
15,34	19		
16,1–7	26	*Apostelgeschichte*	
16,15–20	90	1,22	29
		2,1–11	38, 40
Lukas		2,17–21	40
1,39–47	3, 81	5,1–11	75, 76
1,46–56	80, 82	7,55–60	44
1,67–79	32		
2,10–14	6	*Römer*	
2,25–32	13	8,35–39	28
3,1–9	1	12,9–21	67
3,10–18	2		
6,20–23	14	*1 Korinther*	
6,24–26	15	3,10–14	43
6,31	57	4,9–13	14
6,37.41–42	16	9,24–27	68
7,36–50	60, 67, 88	13,1	15
9,22–24	22	13,4–8a.13	58, 65
9,29	33		
10,25–28	41	*2 Korinther*	
12,32	49	3,1–6b	62
12,49–53	38	3,17	50
13,6–9	9	5,1–10	28
13,18f	43	5,20.21 – 6,1–2	17
14,27	89	11,23–31	83
15,11–32	4, 9	12,7–10	53
16,19–31	79		
18,9–14	75, 88	*Galater*	
19,1–10	20, 67	3,26–29	40
22,14–20	32, 34		
23,46	19	*Epheser*	
24,1–12	26	2,11–19	84, 88
24,13–32	89	2,19–22	42
		4,24–5,2	4
		5,8–20	47

Kolosser
2,12–15	88
3,1–4	56
3,12–17	9, 35, 48, 51, 57, 58, 62, 68, 69

1 Timotheus
2,18	90

2 Timotheus
4,1–8	45

Titus
2,11–14	7
3,3–8	2, 7

Hebräer
4,12	87
12,22–24	32

Jakobus
2,1–9	75
5,7–11	70, 78

1 Petrus
2,2–10	42, 43, 49
3,13–17	55
5,6–11	49

1 Johannes
3,16–24	52
4,7–10	80

Judas
20–23a	43

Offenbarung
1,16	87
3,5a	33
7,2–17	33, 85
19,11.14	13
21,1–5a	68
21,22–27	16

Erfolgreiche Praxishilfen von Willi Hoffsümmer

Willi Hoffsümmer
88 Symbolpredigten durch das Kirchenjahr
Für Erwachsene, Jugendliche und Kinder
168 Seiten. kt.
ISBN 3-7867-1816-4

Willi Hoffsümmer verwendet in seinen Gottesdiensten Symbole, Gegenstände aus dem Alltag, um die Menschen dort abzuholen, wo sie stehen, und die Verkündigung anschaulich zu gestalten. Die 88 Symbolpredigten sind nach dem Kirchenjahr geordnet und mit einem Stichwortverzeichnis und Schriftstellenregister versehen.

Willi Hoffsümmer
15 Aufnahmefeiern für Ministrantinnen und Ministranten
Mit Zeichen und Symbolen
128 Seiten. kt.
ISBN 3-7867-2118-1

Mit diesem Buch schließt der bekannte Autor Willi Hoffsümmer eine Marktlücke: SeelsorgerInnen und Verantwortliche für die Ministrantenarbeit finden hier 15 ausgearbeitete Modelle für Aufnahmefeiern. Im Mittelpunkt der Feiern steht jeweils ein Symbol, das im Hinblick auf den Ministrantendienst und die Gemeinschaft gedeutet wird.

Matthias-Grünewald-Verlag · Mainz